武汉大学规划教材建设项目资助出版

思想政治教育方法导论

项久雨　著

Sixiang Zhengzhi Jiaoyu
Fangfa Daolun

WUHAN UNIVERSITY PRESS
武汉大学出版社

图书在版编目(CIP)数据

思想政治教育方法导论/项久雨著 .—武汉:武汉大学出版社,2021.9(2024.2 重印)
ISBN 978-7-307-22498-8

Ⅰ.思…　Ⅱ.项…　Ⅲ.思想政治教育—研究—中国　Ⅳ.D64

中国版本图书馆 CIP 数据核字(2021)第 154662 号

责任编辑:聂勇军　　责任校对:汪欣怡　　版式设计:马　佳

出版发行:**武汉大学出版社**　(430072　武昌　珞珈山)
(电子邮箱:cbs22@ whu.edu.cn 网址:www.wdp.com.cn)
印刷:武汉邮科印务有限公司
开本:720×1000　1/16　印张:20.25　字数:373 千字　插页:1
版次:2021 年 9 月第 1 版　2024 年 2 月第 3 次印刷
ISBN 978-7-307-22498-8　定价:50.00 元

序　言

深化新时代思想政治教育方法论研究

思想政治教育方法论是思想政治教育学科理论体系的基本组成部分，思想政治教育方法是思想政治教育学科的重要理论范畴。思想政治教育目标的实现、实施效果的好坏，都离不开科学方法论的指导。进一步深化探究思想政治教育方法论对把握思想政治教育规律，丰富思想政治教育理论体系，加强思想政治教育学科建设具有重要价值。当前，学术界关于思想政治教育方法论的研究积累了丰硕的学术成果，为《思想政治教育方法导论》一书的深化研究打下了扎实的理论基底。本书在研究过程中坚持把构建思想政治教育方法论体系作为目标，从概论——认识方法——决策方法——实施方法——评估方法——研究方法六个方面全面探究了思想政治教育方法论的内容体系，为促进思想政治教育科学化发展做出了贡献。

洞悉时代之需是学术研究的重要起点。不断深化探究思想政治教育方法论是新的历史条件下赋予思想政治教育工作者的全新任务与重要使命。面对思想政治教育主体、思想政治教育客体、思想政治教育媒介以及思想政治教育环境所出现的新情况、所发生的新变化，思想政治教育方法的适应性与针对性有所降低，以往的思想政治教育方法所取得的教育效果有所下降，因而推动思想政治教育方法的改革创新是每一位思想政治教育工作者应当关注的关键任务，同时，以科学有效的思想政治教育方法论指导思想政治教育实践活动也是思想政治教育工作者的基本素养。本书在回应时代之需的基础上，从历史与现实、理论与实践双重维度进行研究，致力于构建科学有效的思想政治教育方法论体系，提升思想政治教育工作的实效性。本书内容丰富、结构完整，采用总—分—总的研究思路，其内容主要分为六篇：第一篇是思想政治教育方法论概论篇，从整体上论述了思想政治教育方法论的概况。第二篇思想政治教育认识方法篇、第三篇思想政治教育决策方法篇、第四篇思想政治教育实施方法篇、第五篇思想政治教育评估方法篇，这中间四篇从实践发展的维度对思想政治教育方法论的内容体系进行了构建。第六篇是思想政治教育研究方法篇，本篇再次从整体的、学术研究的角度对思想政治教育研究方法的重要性及研究流程、技巧等作进一步的概括和分析，对推进思想政治教育方法论研究的科学化具有重要意义。

本书在研究过程中具有一定的创新性：一是研究方法的创新。本书在研究过程中善于借鉴其他学科领域先进方法以推动思想政治教育方法的改革创新。比如综合借鉴人文社会科学中心理学、社会学、哲学等学科的研究方法，自然科学中的实验法等，通过对众多学科研究方法进行吸收和借鉴，从而推动思想政治教育方法的丰富和发展。二是研究视角的创新。本书注重从历史、当下、未来三个维度探寻思想政治教育方法的改革创新。站在历史发展的维度，本书全面梳理了中国古代思想政治教育方法、中国共产党人的思想政治教育方法，通过吸收、借鉴历史经验，指引当下思想政治教育方法研究；从当下维度出发，本书密切关注思想政治教育工作实践的各个领域，注重从不同的工作实践中不断总结经验、凝练理论，寻找指导思想政治教育工作实践的具体方法；从未来维度来看，本书结合大数据、人工智能等数字化信息技术来积极分析和预测思想政治教育方法的发展动态与发展趋势，积极抢占思想政治教育学科发展的空间与阵地，不断增强思想政治教育学科发展的生命力。三是保持研究的开放性。本书在研究过程中不仅梳理了中国古代、中国共产党思想政治教育方法论，还借鉴了西方思想政治教育方法论，以为我所用。本书对西方思想政治教育方法的学习和借鉴，坚持在立足本国实际的基础上对西方思想政治教育方法进行客观分析，坚持去粗存精、为我所用的原则来完善我国的思想政治教育方法论。通过认识西方国家思想教育、政治教育、道德教育的实质和特点并借鉴其有益部分，找寻破解我国思想政治教育方法存在困境的具体方法，从而更好地服务于我国思想政治教育方法改革与创新的实践。

《思想政治教育方法导论》是一部在谋篇布局、思想体系、内容结构、理论创新、实践运用等方面都具有一定特色的学术力作。其一，坚持整体性研究范式。本书在研究过程中坚持整体性而不是碎片化的研究范式，坚持从系统论的角度探寻思想政治教育方法与方法之间的有机联系，致力于从整体上认识和把握思想政治教育方法体系的合理结构与科学建构，推动思想政治教育方法论的内容建构，进一步提升思想政治教育学科研究的科学化与实效性。其二，坚持用马克思主义立场、观点、方法指导思想政治教育方法论研究。本书在研究过程中坚持辩证唯物主义方法论、坚持继承性与创新性的辩证统一。本书在研究中不仅批判性地继承已有的思想政治教育方法论研究成果，而且在新的历史条件下不断改革与创新思想政治教育方法，同时，在创新的过程中不断赋予思想政治教育传统方法新功能，有效促进思想政治教育的创新发展，彰显思想政治教育方法论的时代价值。其三，坚持问题导向性。强烈的问题意识是将学术研究引向深入的关键。习近平总书记指出："要有强烈的问题意识，要以重大问题为导向，抓住关键问题进一步研究思考，着力推动解决我们发展面临的一系列突出矛盾和问题。"对思想政治教育方法论的研究要以当前思想政治教育实践出现的重大问题为导向。本书对思想政治教育方法论的研究，重点解决快速变迁的经济社会环境对思想政治教育方法论发展提出的新期待，日益严峻的意识形态斗争对其提出的新挑战，专业化学科建设对其提出的新要求。其四，坚持政治导向性。政治导向性是思想政治教育方法论研究的根本指导原则。本书研究坚持以马克思主义为指导，在习近平新时代中国特色社会主义思想指引下进行思想政治教育方法论研究。当前，我国进入全面建设社会主义现代化时期，立德树人是新时代中国特色社会主义教育发展的根本任务；落实立德树人根本任务，使广大人民群众都参与到实现中华民族伟大复兴的进程中来是当前的重要任务。本书对思想政治教育方法论研究也是围绕立德树人这个中心环节而展开的，强调以科学有效的方法论为指导，更好地服务于立德树人的目标与任务，提高思想政治教育的实效性。其五，坚持实践导向性。思想政治教育方法论体系的构建管不管用、有没有效，实践是最好的试金石。对思想政治教育方法论的研究，关键是要以实践为导向，在构建思想政治教育方法论的内容体系时，致力于在实践中优化思想政治教育方法，实现新时代对思想政治教育提出的新目标和新任务。

总体来说，《思想政治教育方法导论》一书具有理论性与实践性的双重特质，本书不仅致力于构建一个新的思想政治教育方法论研究体系，提供新时代思想政治教育方法论研究的新思路与新方案，还强调思想政治教育方法论的应用价值与实践价值，解决新时代思想政治教育实践面临的新问题与新挑战，推动思想政治教育实践发展，服务于国家治理体系与治理能力现代化建设。思想政治教育方法论研究是一个常论常新的问题，因此本书在研究过程中肯定存在一定的不足，期待同行专家的批评指正，以待将来作进一步完善。我希望《思想政治教育方法导论》的出版能够对思想政治教育学科的理论研究与思想政治工作实践发展起到积极的推动作用，希望思想政治教育学科能够在各位专家学者的共同努力下不断发展完善。

马克思在《关于费尔巴哈的提纲》中有一段名言："全部社会生活在本质上是实践的。凡是把理论引向神秘主义的神秘东西，都能在人的实践中以及对这个实践的理解中得到合理的解决。"我们从中不难看出，唯物辩证法思想和社会实践观点是贯穿其中的主线，成为马克思主义哲学的标志性成果，对我们理解思想政治教育方法的产生、发展和创新具有重大的指导意义。当下，我们已经踏上全面建设社会主义现代化国家的新征程，我们的大学生是民族的希望，是党的事业的接班人。因此，优化思想政治教育方法，把他们培养成中国特色社会主义事业的合格建设者和可靠接班人，对于实现中华民族伟大复兴，确保我们在世界百年未有之大变局中"破题"而出，确保第二个百年奋斗目标的实现，具有重大的实践意义。所以，从这个意义上讲，这本《思想政治教育方法导论》的出版正当其时，恰逢其势。

是为序。

张耀灿

2021 年 8 月 20 日

前　言

思想政治教育是中国共产党的优良传统与政治优势，是党在长期革命、建设、改革实践中形成的处理占社会主导地位的思想政治理念与广大人民内部思想政治观念之间矛盾的方法和艺术。思想政治教育从思想、组织等维度全面保障了中国共产党的核心领导地位，在中国革命、建设、改革和复兴的历程中始终发挥着生命线的关键作用。

党的十八大以来，以习近平同志为核心的党中央将意识形态建设、精神文明建设作为极端重要的工作，强调思想政治工作的目的是“巩固全党全国人民团结奋斗的共同思想基础”,① 提出高校“要坚持把立德树人作为中心环节，把思想政治工作贯穿教育教学全过程，实现全程育人、全方位育人”,② 并把思想政治工作提升到国家治理体系和治理能力现代化的高度，极大丰富和发展了中国共产党思想政治教育的理论与实践。

党的十九大宣告中国特色社会主义进入新时代的历史方位，经济社会的发展在面临光明前景的同时也遭遇了前所未有的严峻挑战，尤其是思想道德领域还存在诸多亟须破解的难题和痼疾。这就要求思想政治教育工作能够因事而化、因时而进、因势而新，加快适应新的历史变化，更好地服务于党和国家事业的建设。因此，以遵循思想政治工作规律、教书育人规律、学生成长规律为原则，加强和改进思想政治工作，不断提升思想政治教育的有效性与说服力，致力于满足教育对象成长发展的需求和期待，是提高思想政治教育实效性的关键。

党的二十大报告在全面回顾总结过去五年工作和新时代十年伟大变革的基

① 《习近平谈治国理政》第3卷，外文出版社2020年版，第316页。

② 《习近平谈治国理政》第2卷，外文出版社2017年版，第376页。

础上，提出了新时代新征程中国共产党的中心任务，并清楚地认识到意识形态领域发生全局性、根本性转变，强调党和国家事业工作存在的不足、面临的困难和问题，明确指出意识形态领域仍旧存在不少挑战。意识形态工作是为国家立心、为民族立魂的工作，事关党的前途命运、国家长治久安，是思想政治教育的重要抓手和重点工程。完善思想政治工作体系，健全用党的创新理论武装全党、教育人民、指导实践工作体系，推动理想信念教育常态化制度化是坚持马克思主义在意识形态领域指导地位的根本制度、发挥思想政治教育巩固全党全国各族人民团结奋斗的共同思想基础作用的核心与关键。党的二十大报告是一篇新时代如何开展思想政治教育的纲领性文献，为新时代党的思想政治工作提供了根本遵循，指明了思想政治工作创新发展的方向和思路，有助于推动思想政治工作走深走实，取得更大的成效。思想政治教育在新时代新征程上要学习好、宣传好党的二十大精神，贯彻好、落实好党的二十大报告对于思想政治工作的新要求，"牢牢掌握党对意识形态工作领导权，全面落实意识形态工作责任制，巩固壮大奋进新时代的主流思想舆论"。①

思想政治教育工作离不开方法论的指导，掌握和运用科学有效的方法是思想政治教育工作顺利开展的必要前提。思想政治教育方法论是指导思想政治教育方法运用的科学指南，同时"思想政治教育方法导论"也是思想政治教育专业人才培养的核心主干课程之一，必须配套使用能够反映时代特征、满足现实需要的高水平教材，因此教材编写工作至关重要。本书立足新时代思想政治教育发展的新期待、新要求、新挑战、新实践，结合思想政治教育方法研究的现有成果，对思想政治教育方法论作了全新梳理、补充和修编。全书分为六大篇，共二十章，篇章划分主题鲜明，章节内容逻辑连贯，有利于打通思想政治教育专业师范性与非师范性的界限，在凸显教材专业性的同时增强教材的普适性、可读性。

首篇为概论篇，从历史回溯的维度系统梳理了思想政治教育方法及体系构建、思想政治教育方法的历史发展、思想政治教育方法的改革创新。通过学习本篇，需要弄清以下几个重要的问题：第一，思想政治教育方法与方法论的内涵以及两者之间的区别与联系。第二，思想政治教育方法论的基本研究对象。第三，思想政治教育方法论的哲学理论基础、学科理论基础以及同其他相关学

---

① 习近平：《高举中国特色社会主义伟大旗帜 为全面建设社会主义现代化国家而团结奋斗——在中国共产党第二十次全国代表大会上的报告》，人民出版社2022年版，第43页。

科之间的关系。第四，思想政治教育方法论体系的建构方式及结构内容。第五，思想政治教育方法改革创新的原则和方向。

第二篇为思想政治教育认识方法篇，从信息处理的维度系统介绍了思想政治教育信息获取方法、思想政治教育信息筛选方法、思想政治教育信息分析方法。通过学习本篇，需要掌握以下内容：第一，社会调查法、观察体验法、心理测试法、科学预测法在思想政治教育信息获取中的具体应用。第二，如何筛选思想政治教育信息的有效性。第三，分析思想政治教育信息的科学方法。

第三篇为思想政治教育决策方法篇，从理性选择的维度系统介绍了思想政治教育决策方法的功能价值、思想政治教育决策方法的特点类型、思想政治教育决策方法的操作步骤。通过学习本篇，需要掌握以下内容：第一，如何利用良好的决策方法来提升思想政治教育的科学性、有效性、规范性。第二，思想政治教育决策方法的特点和类型。第三，开展思想政治教育决策时的具体步骤。

第四篇为思想政治教育实施方法篇，从教育实践的维度系统介绍了思想政治教育的基本方法、思想政治教育的一般方法、思想政治教育的特殊方法、思想政治教育的综合方法、网络思想政治教育法。通过学习本篇，需要掌握以下内容：第一，全面理解书中所介绍的十余种方法的基本概念。第二，了解每一种方法的适用范围和运用效果。第三，了解每一种方法的优势和局限，并进一步思考如何改进完善。

第五篇为思想政治教育评估方法篇，从成效评价的维度系统介绍了思想政治教育评估方法的重要意义、思想政治教育评估方法的科学原则、思想政治教育评估方法的具体内容。通过学习本篇，需要掌握以下内容：第一，进行思想政治教育评估时所应遵循的原则。第二，进行思想政治教育评估时可以采取的方法。第三，了解不同思想政治教育评估法的区别与联系。

第六篇为思想政治教育研究方法篇，从推进发展的维度系统介绍了思想政治教育研究方法的重要性、思想政治教育研究方法的流程性、思想政治教育研究方法的技巧性。通过学习本篇，需要掌握以下内容：第一，开展思想政治教育研究的重大意义。第二，开展思想政治教育研究的科学方法。第三，思想政治教育研究方法的关键技巧。

思想政治教育方法论问题是思想政治教育学科的核心问题，不同的方法论立场往往会影响思想政治教育的实践逻辑起点，进而衍生出不同的问题意识、结构原理乃至命题系统，最终则会决定思想政治教育价值实现的程度与质量。

思想政治教育方法论研究的对象绝不是孤立的方法，它的认识对象和研究对象都是基于各方法之间的先在事实，即方法之间的内在联系，这种联系建立在方法的产生、形成和发展规律的基础上。质言之，思想政治教育方法论就是思想政治教育方法的有机集成，是一种关系主义的达成，它呈现出的是一种思想政治教育方法的理论学说。因此，思想政治教育方法不是教育主体的自发创造，而是一种在实践活动中自觉的时空性建构。这意味着思想政治教育方法论不仅指向理论问题，而且更重要的是要解决实践问题。

在思想政治教育发展史上，方法论争论从来没有停止过，如形式逻辑和辩证逻辑之争、解释学范式和实证主义范式之争、归纳法与演绎法之辨，等等，这些都深刻影响了思想政治教育方法论的继承与改革、创造与转换，同时彰显了这一学科的生命活力。

“实践是检验真理的唯一标准”，理论从实践中来，最终也要回归到实践中去。思想政治教育方法论的未来性向度必将在中国特色社会主义的宏大实践中不断得以延展和生长。

目　　录

第一篇　概　　论

第二篇　思想政治教育认识方法

第三篇　思想政治教育决策方法

第四篇　思想政治教育实施方法

第五篇　思想政治教育评估方法

第六篇　思想政治教育研究方法

第一篇 概 论

思想政治教育学习者、研究者与工作者在学习、运用思想政治教育方法之前，必须充分了解思想政治教育方法的核心概念、研究对象、理论基础、体系结构以及历史发展、改革创新等基础问题。通过概论篇的学习，思想政治教育学习者、研究者与工作者必须深入了解思想政治教育方法的基本概念与研究对象，重点掌握思想政治教育方法的理论基础与体系结构，准确把握中国共产党思想政治教育方法的历史脉络，明确在新的时代条件下思想政治教育方法创新发展的方向与路径。

第一章　思想政治教育方法论及体系建构

本章介绍了思想政治教育方法、方法论的内涵以及两者之间的区别与联系，并对思想政治教育方法论的基本研究对象展开了详细的阐述，在此基础上进一步论述了思想政治教育方法论赖以存在及发展的哲学理论基础、学科理论基础以及同其他相关学科之间的内在联系，并对思想政治教育方法论体系的建构方式及其结构内容进行了系统的阐释。

第一节　思想政治教育方法论的核心概念

方法一般被认为是人在认识世界与改造世界的过程中，为实现或完成预期目的而施行的一定的手段、途径或方式。思想政治教育方法则是在从事思想政治教育活动的过程中所采用的思想方法与工作方法，它作为思想政治教育理论与实践的重要媒介，在思想政治教育的实践活动中始终发挥着关键作用。

方法论就是关于人们认识与改造世界的方法的理论。思想政治教育方法论是在辩证唯物主义与历史唯物主义的指导下，以解决人的认识与思想行为等问题为目标所采用的诸多方法构成的理论体系，也是思想政治教育理论体系的重要支柱。

本节针对方法与方法论、思想政治教育方法与方法论的概念等内容进行全面阐释，并深刻剖析思想政治教育方法与思想政治教育方法论之间的区别与联系。

一、“何为方法”：思想政治教育方法的含义

一般来说，思想政治教育方法是思想政治教育工作者在从事思想政治教育活动的过程中所采用的思想方法与工作方法，其在根本上属于方法的范畴。因

此，要科学认识思想政治教育方法的内容及其含义，必须首先解决“何为方法”的问题。

（一）方法的含义与特点

人类关于“方法”概念的认知并非一蹴而就，而是有着一定的发展历程的。在中国古代历史上，“方法”最早被理解为测定方形的法则与方式，出现在战国思想家墨子著作《墨子·天志中》中，原文这样阐述：“中吾矩者谓之方，不中吾矩者谓之不方，是以方与不方，皆可得而知之。此其故何？则方法明也。”①而后，“方法”的使用由工具技术层面延伸到思想和为人处世层面，例如，《朱子语类》记载：“伯丰有才气，为学精苦，守官治事，皆有方法。”②方法的意涵逐步扩大，指向关于思想、话语和行为的办法、门路和程序等。在英语语境中，方法（method、means、way）则有着方式、工具等语义，众多国外研究者认为方法是实践过程中最重要也是最基本的要素，是主体认识客体的桥梁和工具。在人类漫长文明史的发展历程中，中外思想家对“方法”一词的认识逐渐深化、清晰，最后形成了相对统一的观点。

在现今时代背景下，方法一般被认为是人们在认识世界与改造世界的过程中，为实现或完成预期目的而施行的一定的手段、途径或方式等。在人的现实生活过程中，人发挥主观能动性，通过应用一系列的方式、手段、途径、程序来达成预先设定的目标与追求，而这些方式、手段、途径、程序的总和便成为方法的内容。方法是主体的认识工具，是主体在能动活动中实现与客体相联系的中介，在各种实体之间发挥着至关重要的桥梁作用。

方法在形式上是主观的，在内容上是客观的。方法之所以是主观的，首先在于方法的存在是以现实的个人为基本前提的，是人依据自身主观目的与客体发生关系的中介，没有人的存在，便不会有方法的存在，并且，方法不是直观意义上的实体工具，而是为人所应用的意识产物。而方法之所以是客观的，是因为方法是与客体紧密相连的。作为使用方法的主体，人在设立预期目的、选取主要方法的过程中必然受到客体的内容、形式、运行规律等多方面的制约，因此，方法的内容在主观上并非被随意地创造出来，而是依据对象的内容、形式与客观规律，因而具有一定的客观性。同时，万事万物皆有其特殊性，所以面对富含多样性的对象，必须坚持具体问题具体分析的原则，立足于不断变化

① 《墨子·天志中》。
② 《朱子语类》。

发展着的客观实际，采取适合对象的多样性的方法。

此外，方法是处于复杂的联系之中的，并且是不断演化发展着的，具有内在的辩证特性。世界上的一切事物皆处于普遍联系之中，没有任何一个事物可以绝对孤立静止地存在。同样，人类创造的各式方法之间也并非完全相互隔绝，而是相互联系、相互影响、相互作用的。不同方法之间有其共性，各个方法亦有其个性，在一定条件下，不同方法之间的共性与个性可以相互转化。在认识活动与实践活动中，人往往会采用多种多样的方法，通过有效利用不同层级、不同性质的方法来达成综合的效果。而随着人的认识能力与实践能力逐渐得到拓展与深化，在改造客观事物与对象的过程中会不断改进自身采用的方式与方法。同时，方法的客体也是时刻处于运动变化之中的，这也决定了必须把握对象的客观发展状况，对所采用的方法进行更新。因此，正是在人主动地认识事物与改造事物的过程中，方法实现了由单一到多元、由简单到复杂、由不完善到比较完善的突破与发展。

（二）思想政治教育方法的含义与特点

思想政治教育方法，是思想政治教育主体在思想政治教育活动过程中所采用的思想方法与工作方法，因此，思想政治教育方法是思想政治教育全局中起到联结性、贯通性、激发性的不断运动着的关键要素，并且，在思想政治教育方法的具体内容中既存在着广泛应用于其他领域的普遍方法，也存在着思想政治教育特有的部分，而依照不同的方式进行划分，会得出不同的结论。比如，以不同理论层次对思想政治教育方法进行划分，可以分为原则方法、具体方法、操作方法等，而按照实践环节的划分方式，则可以分为思想政治教育的认识方法、决策方法、实施方法、评估方法、研究方法等。

与一般性的方法相通之处是，思想政治教育方法也具备形式上的主观性、内容客观性和内在辩证性。思想政治教育是人与人之间的现实活动，其方法是主体在不断获得深化后的认识过程中被总结出来的，因而具有鲜明的主体特征。同时，思想政治教育方法内容的客观性不仅缘自受教育者作为客体的思想状况，更缘自教育者对思想政治教育客观环境的深入研判与具体把握。这是因为，思想政治教育的认识活动与实践活动总是以思想政治教育环境为空间开展的，在对受教育者的思想进行改造的过程中也会采用一定的方法来不断地改造客观环境，最终使思想政治教育活动本身与受教育者的思想行为以及客观环境相适应，并且，同一般方法一样，思想政治教育方法与时刻变化发展着的客观实际紧密相连，因而也总是处于辩证的发展过程当中，而这一个过程，同时也是教育者与受教育者自觉地运用客观规律开展思想政治教育实践活动的过程。

二、“何为方法论”：思想政治教育方法论的内涵概念

世界观是人对于“何为世界”“世界如何”等问题的根本观点，一定的世界观在人的思想行为过程中的运用，就会表现为一定的方法。方法论就是关于人们如何认识与改造世界的理论，因而就是基于一定的世界观生成的关于方法的理论。

（一）方法论的含义与特点

方法论从来都不是孤立地、先天地生成的，而是由人在认识与实践的过程中逐渐形成的世界观所决定的，有怎样的世界观，便会有怎样的方法论。人在具体的认识活动与实践活动中，将作为普遍性原则的世界观与不断变化发展着的具体实际相结合的过程，就是世界观向方法论，进而向可操作的方法转化的过程。方法论除了对方法的内容进行总结研究之外，还会对方法本身的性质与特点，方法之间的联系方式与联系规律，方法的生成、变化与发展的各种内在规律等问题进行深入的探讨与研判。因此，方法论就其本质而言即是研究人如何认识与利用客观规律，进而认识与改造大千世界的理论。

依照不同的形式与内容，可以对方法论进行一定的层次划分。一般情况下，关于探索、思考世界本原问题及思维与存在的关系问题的方法理论可以被称为哲学方法论；关于在各式各样的具体学科与思维领域中开展研究与思考的一般性方法理论可以被称为一般科学方法论；而关于在某一种特定的具体学科与思维领域中开展研究实践的方法的理论则可以被称为具体科学方法论。以上三个层次的方法论并非各自孤立，而是有着紧密的联系。哲学方法论对人在研究关于现象、本质等诸多问题的过程中所采用的方法进行研究，为一般科学方法论、具体科学方法论提供基本的思维前提，有着不可替代的指导性意义。而一般科学方法论则是对人在许多领域中所采用的具有普遍性的方式与方法进行研究，从而对具体科学方法论的形成、变化发展起着一定的导向作用，成为哲学方法论向具体科学方法论进行有效转化的理论中介。具体科学方法论则是通过对某一具体领域中的方法进行有针对性的系统归纳与分析，来对一般科学方法论进行相对精准细化的补充与拓展，并且成为哲学方法论在具体科学领域起到明确指引作用的理论转化形式。

方法论不是纯粹抽象静止的教条，而是从实践中来、到实践中去的历史性

理论。在人类社会历史中，一定的阶级会在一定的现实活动中产生一定的世界观，从而形成一定的方法论，采用一定的方法开展现实活动。在中国历史上，不同的思想流派从各自的阶级立场出发，通过经验总结等方式形成了总体上以伦理道德为价值指向的认识与实践的方法理论。在西方历史上，近代自然科学的兴起使得方法论的概念在人们的视野中逐渐清晰。而马克思主义的方法论，就是以辩证唯物主义与历史唯物主义的世界观为普遍性原则建构起来的，不断丰富完善关于无产阶级如何认识世界、改造世界的方式与方法的理论。它不仅是作用于理论领域内的认识工具，更是无产阶级在自觉开展社会历史实践过程中进行阶级斗争、追求全人类解放的实践指引。

(二)思想政治教育方法论的含义与特点

思想政治教育方法是思想政治教育主体在理论研究与工作实践中为实现一定的目的所采用的思想方法与工作方法。思想政治教育方法论正是在辩证唯物主义与历史唯物主义指导下，以解决人的认识与思想行为等问题为目标所采用的诸多方法构成的理论体系。一言以蔽之，思想政治教育方法论是关于思想政治教育方法的理论体系。

思想政治教育方法论与思想政治教育原理有着极为密切的内在联系。从一般意义上而言，运用思想政治教育原理指导思想政治教育之现实活动这一过程的实质便是思想政治教育方法论得以形成、变化、发展的过程。同时，随着思想政治教育现实活动的改进与发展，思想政治教育方法论中的一些有用部分逐渐得到历史性的积淀，成为思想政治教育原理的重要组成部分。另外，作为思想政治教育原理之重要组成部分的那些与方式方法紧密相关的规律性总结与升华，也会在思想政治教育现实活动的运作中体现为具备可操作性的手段。

思想政治教育方法在形式上是主观的，在内容上是客观的，而思想政治教育方法论也有着类似的特性。思想政治教育方法论是相关研究者总结提炼而出的相对系统化的理论体系，因此在形式上是主观的，在内容上也带有人的思维的主观烙印。但是，思想政治教育方法论的内容，本质上是来源于一定时期内的客观现实。对此，列宁曾有过这样的论述："人的经验就是对客观实在的适应，唯一科学的'方法论'和科学的'唯能论'就是客观实在的模写。"①因此，思想政治教育方法论的客观性在很大程度上决定了方法论与方法的科学性与现实性，也为其更好地指导思想政治教育实践的价值意涵创设了基本的前提要

① 《列宁选集》第2卷，人民出版社1995年版，第204页。

素。因而，思想政治教育方法论的建构与发展的过程，就是人的尺度与物的尺度逐渐结合的过程，是人认识与运用思想政治教育方法的活动由不客观到比较客观、由不完善到比较完善的发展过程。

三、“方法与方法论”：思想政治教育方法与方法论的区别联系

思想政治教育方法与思想政治教育方法论之间有着极为紧密的联系，同时也存在着一定的区别。深入比较思想政治教育方法与方法论之间的区别与联系，可以帮助我们更加准确地理解思想政治教育方法论的实质。

(一)思想政治教育方法与方法论的主要区别

在基本性质上，方法往往是作为方法论的研究对象与理论来源存在的，而思想政治教育方法论则是对方法的相对系统的抽象总结与理论把握。在内在联结上，思想政治教育方法的应用是方法论实现其科学性与价值性的必然途径，而思想政治教育方法论作为一个理论的结构性优化则为方法的适时更新创造了重要基础。在相互作用的动态关系中，思想政治教育方法的不断修正与更新对思想政治教育方法论有着至为关键的检验与修正作用，而方法论则对方法有着极为重要的指引与支撑功能。在整体特点上，思想政治教育方法是多样化的，具有较强的具体性，思想政治教育方法论则有着鲜明的抽象性与体系化特征。在发生形式上，思想政治教育方法产生于思想政治教育的实现历程之中，思想政治教育方法论则产生于以现实过程为基础的经验总结与理论研判之中。在基本目标上，思想政治教育方法之演进以解决其实施所遇的现实问题为核心归旨，方法论的更新与修正，则以对方法进行及时、有效的总结并探究出相对较优的方法为直接追求。

(二)思想政治教育方法与方法论的内在联系

思想政治教育方法与方法论并非无缝对应，而是有着一定的相互转化的过程。思想政治教育工作者以马克思主义的基本原理为指导，在现实践履的开展过程中深度总结了系统化、抽象化的方法论体系，并通过自觉地把握与运用思想认识的客观规律，在具体的思想政治教育活动过程中，将原本体系化的普遍性方法原理，转化为工作实践时的思维支持与精神动能，进而达成一定的价值目标。同时，思想政治教育工作者与受教育者双方以科学的反馈机制为中介，对思想政治教育方法应用的效果与发展趋势进行评估，进而优化之前所采用的方法的内容与结构等，并在此过程中观察并分析方法演进发展的规律与趋势，

来推进思想政治教育方法论的不断更新与完善。

第二节　思想政治教育方法论的研究对象

在一定的问题域内，从研究对象外在的复杂现象入手，通过经验总结与理论升华，形成对研究对象所遵循的客观规律的认知，进而利用客观规律指导实践活动，是所有科学理论的共通之处。因此，基于对作为思想政治教育研究对象的以下三种基本规律进行研究，能够增进对思想政治教育方法横向与纵向联系的认识，并利用关于这些规律的科学理论更好地推动思想政治教育方法体系的不断发展。

一、思想政治教育方法的形成、变化与发展规律

思想政治教育方法并非旁置在时间维度之外的事物，它具有长期动态演进历程，这也构成了使其具有鲜明之发展特性的客观根源。进而言之，思想政治教育方法的形成、变化与发展并非漫无限制、全然随机的，而是时刻被一定的社会历史条件所制约，它也受到自身规律的影响，并对一定的规律保持着基本的遵循。

(一)思想政治教育方法的形成、变化与发展过程

人民群众通过从事劳动实践创造了社会与历史，而思想政治教育方法亦因之生发于人民群众所施展的特定践履之中，呈现出突出的历史特性。随着人民群众认识世界与改造世界的能力逐渐提高，对思想政治教育活动客观规律的认识与利用程度也在不断加深，从而能够在长期的历史实践中，有针对性地对之前采用的思想政治教育方法加以修正、完善，并且不断创造全新的思想政治教育方法，从而不断解决实际生活中思想与行为问题，达成在不同时代条件下的思想政治教育目标。思想政治教育方法产生的客观条件也是时刻处在变化发展之中的。一定的思想政治教育方法，绝对无法同一定的社会历史条件相脱离，而是生发于处在一定历史条件下的社会土壤之中的，并且会随着社会环境的转变而不断地予以自我调适、自我修正，从而不断适应崭新的历史条件，进而能够作为社会意识的一部分被持续地传承与发展，并逐渐走向比较成熟的状态。因此，思想政治教育方法具有辩证的历史发展特性，并且持续地遵循着其发展的客观规律。

(二)思想政治教育方法的形成、变化与发展规律

思想政治教育方法论将思想政治教育方法的形成、变化与发展规律作为研究对象，思想政治教育方法论作为一门研究人的思想行为的科学学科，必须透过一定条件下现存的纷繁复杂、变换多元的事物表象，深入对象自身演进的内在逻辑，从中厘清内在的逻辑线索与历史脉络。只有这样，才能总结出具有普遍性意义的科学原理，不断丰富并优化思想政治教育方法的理论体系，避免陷入教条化、机械化的研究倾向。同时，通过系统性地把握这些规律性认识，可以进一步提升思想政治教育方法的认识水平与认识能力，提高对思想政治教育方法形成、变化与发展规律的利用程度。

二、思想政治教育方法内在、外在的联系规律

思想政治教育方法的内在、外在的联系规律，一般被理解为思想政治教育之方法在内在与外在的双重面向中所固有的、本质的、必然的、稳定的联系，为思想政治教育之核心研究对象之一。

(一)思想政治教育方法的内在联系

思想政治教育方法的内在联系，就是内在于方法的各种要素之间的相互影响、相互作用、相互制约，它构成了思想政治教育作为一个理论概念与现实运动的内在本质。若将思想政治教育方法作为一个有序连结的系统来看，这一系统不是由人的思维凭空建构的单一的形式物，而是由不同层级、不同导向的具体方法所构成的结构体，有着丰富的具体内容。各式各样的思想政治教育方法并不是杂乱无序、毫无关联孤立存在的，而是通过复杂的方式相互联系起来，具有纵向与横向的共性。此外，对于单一的方法而言，其内部的各要素之间也有着密切的联系。如方法的来源、内容、形式、目标等，皆有着内在的紧密关联，并在动态构建中得以修正。

(二)思想政治教育方法的外在联系

思想政治教育方法的外在联系，就是思想政治教育方法与外在要素的相互影响、相互作用、相互制约，它形成了思想政治教育方法的外在现象。教育方法的形成、变化与发展与教育的主体和客体、教育内容、教育目标、教育环境等其他要素有着千丝万缕的联系，它与内在联系共同规定了思想政治教育方法在思想政治教育系统中的定位、价值与外在表现形式。

思想政治教育方法的内在、外在联系不仅表现出横向的空间性，也有着纵向的发展性。事物在横向意义上的空间联系，只能蕴含着发展的可能与动力，而不能真正获得前进。在发展的过程中，思想政治教育方法的内在、外在联系不断形成、变化、发展的过程本身便是思想政治教育方法在探索中实现进步与上升的过程。在现代社会条件下，社会发展与转型的节奏日益加快，人的思想行为复杂性不断提高，思想政治教育方法的内在与外在联系也在走向多元化。许多新技术、新阵地、新思潮成为思想政治教育面临的时代新问题。因此，坚持联系的、发展的观点，不断推进对思想政治教育方法内在、外在联系的新研究、新阐释，是思想政治教育工作者、研究者甚至是全社会的历史任务。

三、思想政治教育方法的范围、条件的适用规律

思想政治教育方法的范围、条件的适用规律一般被认为是思想政治教育的核心研究对象之一，是方法取得其现实性与具体性的联系根据。

（一）运用思想政治教育方法的范围性与条件性

从思想政治教育方法的发生来看，人的思维运动不是超越时空的，更不是全能的，而是建立在一定条件下的现实基础上，并且受到主客观条件的制约，因此主观的思维仅仅凭借抽象的能力是不足以形成正确的认识的。我们必须立足于具体的范围与条件，从对应的范围与条件中获得客观的内容，将抽象的概念与具体的现实实际联系起来，才能够产生一种可以被确证的、更富有历史性的科学认识，并且，正如马克思所言："从抽象上升到具体的方法，只是思维用来掌握具体、把它当做一个精神上的具体再现出来的方式。但决不是具体本身的产生过程。"①因此，方法的具体性归根结底还是以客观范围与条件为前提的。任何一种思想政治教育方法作为在内容上具有客观性的主观产物，一旦超脱于一定的具体范围与条件，就会变成毫无意义的空洞概念，丧失了其自身的丰富内容，不能够运用于现实性的思想政治教育实践，因而也就丧失了其根本的价值。思想政治教育方法并非抽象的、普适的贫枯教条，其生成、发展与应用，都处于一定的具体条件的制约之中。也正是由于各种条件与范围的限制与作用，思想政治教育方法自身的矛盾运动才能在规定的状态下获得新的范围与条件的规定性，从而获得自身的发展。

---

①《马克思恩格斯选集》第2卷，人民出版社2012年版，第701页。

（二）把握思想政治教育方法的具体性与现实性

只有对思想政治教育方法的范围、条件的适用规律进行研究，才能够明确各种思想政治教育方法的具体性与现实性，把握各种方法的内在与外在的规定性，推动方法论体系结构的完善与发展。同时，通过研究各种思想政治教育方法的范围、条件的适用规律，可以建立起运用、评估、调整方法的基本标准，并且正确认识方法与具体情况相结合的角度与程度，在思想政治教育各个环节中采取符合各种方法运用的客观规律的方式，将关于方法的科学理论与具体的实践条件结合起来，避免主观主义、教条主义的错误，使得在实践中被采纳的方法真正发挥效能，也使得教育者对方法的总结与反思能够把握住关键，后续对方法的研究与改进也能够在合理的范围与条件内相对合理地进行。

第三节　思想政治教育方法论的理论基础

思想政治教育方法论一方面以思想政治教育实践为理论来源，另一方面也以建立在实践基础上的其他相关理论为理论基础。依照不同层次的划分，思想政治教育方法论的理论基础可以分为哲学理论基础、学科理论基础和知识借鉴基础。其中，哲学理论基础是马克思主义哲学，学科理论基础是思想政治教育学原理，知识借鉴基础则是其他相关学科中可供思想政治教育方法论借鉴的理论。本节对这三种理论基础进行介绍，并对其之所以成为思想政治教育方法论的理论基础的原因进行简要阐述。

一、“叩问哲学之源”：思想政治教育方法论的哲学理论基础

任何一门具体科学的形成、变化与发展都不可能同一定的哲学理论基础相脱离。实际上，任何具体科学的研究者都在自觉或自发地接受一定哲学思维的指导。一定的哲学理论间接地构成了一定的具体科学理论的来源，而对不同哲学的世界观与方法论的选择，会在很大程度上影响着研究的基本逻辑与结果。因此，具体科学理论时时刻刻与哲学理论基础发生着紧密的联系。

思想政治教育方法论的哲学之源，是马克思主义哲学的辩证唯物主义与历史唯物主义。诞生于 19 世纪 40 年代的马克思主义哲学，产生于近代西方哲学的理论基础和工业革命的变革性社会基础之上，是关于无产阶级及其运动的世界观、方法论的科学理论体系，而思想政治教育方法论得以形成、变化与发展的哲学基础，便是马克思主义哲学。马克思主义哲学是近代社会政治、经济与

文化发展的必然产物，它从根本上适应了无产阶级开展革命斗争与谋求全人类解放的基本需要，同时也真正实现了对既往社会科学、人文科学、自然科学、思维科学的总结与升华，并在哲学历史上第一次完成了唯物主义与辩证法的统一、唯物辩证的自然观与历史观的统一、实践基础上的科学性和革命性的统一，实现了对西方传统形而上学的历史性超越。

马克思主义哲学既构成了思想政治教育方法论的世界观基础，也构成了其方法论基础。世界观是人对于整个世界的根本观点，而人自主地运用世界观去认识世界与改造世界，便形成了相应的方法论。世界观决定了方法论的形成、变化与发展，方法论也能够在与实践联系的过程中深刻地影响着人的世界观的形成、变化与发展，并且能够完成向世界观的转化。而在现实意义上，世界观与方法论的意义也是以二者相互的联系与转化为前提的。世界观唯有进一步转化为方法论，才能在现实层面上起到指导人的作用；方法论唯有遵循并体现一定的世界观，才能够实现其根本的现实价值，并且获得长久的发展。作为一门具体科学的方法理论，思想政治教育方法论始终应当坚持科学的世界观与科学的方法论有机统一的基本原则，将历史唯物主义、辩证唯物主义的世界观与思想政治教育方法论开展的现实境况之间的可能性联系建立起来，并以马克思主义哲学的方法论作为重要的直接内容与间接指导，同时也应将方法问题的理论升华到马克思主义世界观的高度，最终实现其本身的科学性、价值性的高度统一。

（一）马克思主义哲学的科学性

思想政治教育方法论以马克思主义哲学为哲学之源，原因在于马克思主义哲学的科学性。马克思主义哲学的科学性，主要源于其鲜明的实践品格。马克思曾在《关于费尔巴哈的提纲》中如此论述：“哲学家们只是用不同的方式解释世界，而问题在于改变世界。”①在这部“包含着新世界观的天才萌芽的第一个文件”中，马克思一针见血地指出了哲学的历史任务：指导现实的人更好地开展社会历史性的实践活动。马克思主义哲学立足于时刻变化发展着的社会历史条件，对物质的第一性、思维能够认识存在等基本命题进行了科学论证，从而将实践观提升到了理论核心的高度。思想政治教育归根结底是具有社会历史性的现实活动，因此对一切方法及其内在规律的探究，不能仅仅停留在孤立地推演而出的抽象逻辑上，必须在时刻联系现实的思想政治教育活动的过程中获得

① 《马克思恩格斯选集》第1卷，人民出版社2012年版，第140页。

基本的意义，不断推进思想政治教育方法及目标与客观对象思想状况之间的统一。因此，坚持马克思主义的实践观点，为思想政治教育保持其现实性的品格与凝聚客观性的力量奠定了基本条件，并且，马克思主义哲学的实践观在揭示人类社会与自然界运动发展客观规律的同时，进一步阐明了社会存在与社会意识的辩证关系、实践与认识的辩证关系，为思想政治教育方法的必要性提供了理论上的支撑。社会意识的相对独立性要求我们毫不动摇地坚持思想政治教育的重要地位，通过推进先进思想意识在全社会的普及，来助益于社会主义伟大斗争、伟大工程、伟大事业、伟大梦想的历史性发展。实践与认识的辩证关系揭示了这样一个规律：人的思维是在主客观因素的辩证运动中得以形成、变化与发展的，而一定的思想认识归根结底来源于人的实践。因此，处理好实践与认识的辩证关系，要求思想政治教育坚持一切从实际出发、具体问题具体分析的基本原则。具体来说，就是对教育对象思想行为的把握应当摆脱孤立的思维推演，深入探究其所处的不断发展着的、特定的客观环境与物质条件，并且，对一定的思想政治教育方法的科学性与真理性的真正检验标准，也只能是一定时期内的思想政治教育实践。

(二)马克思主义哲学的革命性

思想政治教育方法论以马克思主义哲学为哲学之源的原因，更在于马克思主义哲学的革命属性。作为孕育、生发于大工业时代的实践哲学，马克思主义哲学破除了传统哲学以抽象理论掩盖阶级实质的桎梏，具备了极为鲜明的实践特质与阶级属性。在这一基础上，马克思主义哲学指明了人类获取自身解放的奋斗方向，并发现了担当完成这一伟大解放使命的先进阶级——诞生于资本主义社会的“若不从其他一切社会领域解放出来从而解放其他一切社会领域就不能解放自己的领域”①的无产阶级。马克思主义哲学完成了对以往抽象的、孤立的、虚伪的中立价值的彻底清算，并毫不掩饰地声明其服务于无产阶级进而是全人类的解放事业的理论指向，形成了超越性的世界观与方法论。因此，马克思主义哲学从诞生之日起，便确立了高度先进的阶级属性与革命品格，并且始终代表着无产阶级与人民群众的根本利益与前进需求。在社会主义事业中，“思想工作和政治工作，是完成经济工作和技术工作的保证，它们是为经济基础服务的。思想和政治又是统帅，是灵魂。只要我们的思想工作和政治工作稍

① 《马克思恩格斯选集》第1卷，人民出版社2012年版，第15页。

为一放松，经济工作和技术工作就一定会走到邪路上去"。① 习近平总书记指出："意识形态工作是党的一项极端重要的工作"，②"要着力统一思想认识，把思想政治工作贯穿改革全过程"。③ 思想政治教育作为一项改造人的思想内容、塑造人的文化品格、提升人的精神境界的工作，从来不是资产阶级自由化思潮所倡导的"中立价值"的工具，而是一项具有鲜明的无产阶级属性、人民价值指向的意识形态工作。因此，思想政治教育方法论以马克思主义哲学为理论之源，就是维护其理论的无产阶级属性，保证其实践的人民群众立场。我们应当毫不动摇地坚持马克思主义，保证符合人民根本利益的思想政治教育理论体系在正确发展方向上行稳致远，进而充分发挥思想政治教育工作引领社会发展方向、激发社会发展动力、凝聚社会发展力量、化解社会矛盾的重要价值。

（三）马克思主义哲学的系统性

思想政治教育方法论坚持以马克思主义哲学为哲学之源的原因，还在于马克思主义哲学的系统性，一方面，马克思主义哲学能够为思想政治教育方法论的研究提供原则与立场的正确规定。马克思主义哲学中蕴含着的坚持一切从实际出发，实事求是，坚持具体问题具体分析，坚持一切为了人民、一切依靠人民，坚持无产阶级立场等思维方法与价值选择，皆成为思想政治教育方法更新与具体操作的根本原则。另一方面，马克思主义哲学能够为思想政治教育方法论的研究提供全面科学的思维方式。这要求思想政治教育坚持对立统一、质量互变、否定之否定的思维方法，科学把握整体与部分、现实与可能、形式与内容、偶然性与必然性、原因与结果、现象与本质等重大范畴，正确认清社会存在与社会意识、经济基础与上层建筑、生产力与生产关系之间的辩证关系，从而在思维层面保证和提升思想政治教育方法论研究的现实性与科学性。

二、"夯实理论之基"：思想政治教育方法论的学科理论基础

思想政治教育方法论的学科理论基础是思想政治教育学原理，二者一同构成了思想政治教育学科理论体系的两大理论支柱。思想政治教育学原理为思想政治教育方法论奠定了认识上的基石，而思想政治教育学原理运用于客观实际便生成了思想政治教育方法论，二者在思想政治教育实践与研究的过程中实现

① 《毛泽东文集》第7卷，人民出版社1999年版，第351页。
② 《习近平谈治国理政》，外文出版社2014年版，第153页。
③ 《习近平谈治国理政》，外文出版社2017年版，第410页。

了一定意义上的相互转化。思想政治教育学原理与思想政治教育方法论归根结底都是为现实的思想政治教育服务的，都具备着从实践中来、到实践中去的根本理论指向，二者不可被完全剥离开来。因而，注重原理对方法论的理论基础进行夯实的作用，对于思想政治教育活动行稳致远具有不可替代的重大意义。

(一)思想政治教育学原理为思想政治教育方法论提供了基本理论的指导

思想政治教育学原理是对思想政治教育的客观规律与多重矛盾的经验总结与抽象把握，其理论体系兼具宏观性与具体性双重特质，既通过对思想政治教育的发生与发展、本质与特征、地位与功能、过程与规律、目标与内容等诸多方面的基本范畴进行了整体性的理论建构，又对思想政治教育活动中的许多具体问题保持高度的关注。思想政治教育学原理对个体思想、行为机制与规律的研究，为思想政治教育方法论提供了纵向的历史性与预见性的视野；思想政治教育学原理对思想政治教育的各种矛盾的研究，则有利于思想政治教育方法论廓清对象所呈现的纷繁复杂的外在迷雾，研判对象的质性逻辑，在有针对性地处理各种现象的对立统一关系中选取不同的方法，更好地助益于思想政治教育实践。

(二)思想政治教育学原理为思想政治教育方法论提供了范畴上的规定性

“范畴是区分过程中的梯级，即认识世界的过程中的梯级，是帮助我们认识和掌握自然现象之网的网上纽结。”①质言之，范畴是人在思维中将事物的属性进行划分所依据的共同性质，即“对事物本质属性和普遍联系的反映，既是主体和客体联系的纽结，又是学科体系最一般或最基本的概念，具有高度概括性和稳定性”。② 思想政治教育学原理对思想政治教育学的基本范畴进行了切实规定，把握了在思想政治教育理论与现实的双重维度中的各种事物之间的稳定的、本质的联系，从而在各个层级上使得思想政治教育学具备了区别于其他学科的规定性。同时也使得思想政治教育方法论的理论主题得以确立，并为其理论内容的不断丰富提供基本依据与研究边界。思想政治教育学原理对范畴的规定，既表现对为原因与结果、必然性与偶然性、可能与现实、现象与本质、

① 《列宁全集》第55卷，人民出版社1990年版，第78页。

② 郑永廷主编：《思想政治教育学原理》，高等教育出版社2018年版，第11页。

内容与形式等更具有普遍性的基本范畴的规定，也表现为对思想政治教育学科内常用的教育者与受教育者、思想与行为、灌输与疏导、内化与外化等基本范畴的规定，这使得以上提到的种种范畴具体展开为思想政治教育方法论研究长期面临的基本论题。因此，诸多基本范畴的建立使得思想政治教育学原理与方法论具有了思维依据上的内在一致，成为联系二者的坚韧纽带。同时，思想政治教育学原理在不断发展过程中衍生的诸多层次的范畴也会在很大程度上成为思想政治教育学方法论的理论依据与支撑。在这样的过程之中，思想政治教育学原理中的各种范畴不断明晰化、体系化、时代化，推动了思想政治教育方法论的不断发展。

（三）思想政治教育学原理为思想政治教育方法论提供了原则上的规定性

首先，正确认识并处理好思想政治教育与社会经济基础、上层建筑之间的关系问题，是思想政治教育方法论的基本原则。思想政治教育从来不是孤立而成的封闭理论体系，而是形成、变化、发展于社会有机体中的现实活动，并时时刻刻与其他社会要素发生着千丝万缕的联系，同时也受制于生产力与生产关系、经济基础与上层建筑等社会基本矛盾的运动变化。从根本上来说，思想政治教育与经济基础之间的关系是被决定与决定的关系，也是反作用与被反作用的关系。一定历史条件下的人民群众在从事劳动实践中形成了一定的阶级，也形成了经济基础和与之在一定程度上相对应的上层建筑。“统治阶级的思想在每一时代都是占统治地位的思想。”①因而一定阶级，尤其是统治阶级，为了维持阶级生存或统治的基本需要，必然通过一定的思想政治工作达成预期的现实目标，这便赋予了思想政治教育不可磨灭的阶级属性。此外，思想政治教育工作通过提升人的精神境界与思想素养，引领社会思潮的前进与发展，达成意识形态教育的重要目标，也能够为经济基础与上层建筑的发展与变革提供重要的精神动力与智力支持。

其次，思想政治教育学中关于政治教育工作与其他工作之间的关系的原理，也成为思想政治教育方法论必须坚持的原则方法。思想政治工作是一项极端重要的工作，但其作用仍有一定的局限。因此，解决社会领域中的复杂问题，必须依赖于各种工作系统的相互配合、相互促进。就其现实性而言，经济工作、管理工作、技术工作等其他工作是思想政治教育的基础，这些工作系统

① 《马克思恩格斯文集》第1卷，人民出版社2009年版，第550页。

通过各种各样改造世界的活动来为思想政治教育工作提供一定的物质条件、客观环境与智力支持，并且为思想政治教育工作的开展提供一些可供借鉴的思想方法。而思想政治教育作为直接处理人的思想问题的工作，必须作为一条极为重要的线索贯穿于其他一切工作当中，从而保证经济、管理、技术等工作在政治路线上的正确性，并为这些工作的开展注入强大的精神动力与内在动能。要正确处理好思想政治教育与其他工作系统之间的关系，就必须坚持立足整体、把握重点的系统观点，以综合性的思维对待各项工作，同时也要坚持从实际出发、精神文明与物质文明两手抓等重要原则，注重采用那些与其他工作在根本上具有一致性的思想政治教育方法，推进思想政治教育工作与其他工作紧密联动、互为补充，从而达成良好的全局效益。

最后，思想政治教育学原理对思想政治教育中的其他具体原则的科学总结，也在一定程度上成为思想政治教育方法论的原则方法，甚至直接成为必须坚持的一般方法。例如，坚持灌输与引导相结合、精神奖励与物质奖励相结合、原则坚定性与策略灵活性相结合的原则，都成为思想政治教育方法论体系中的重要原则方法，长期指导思想政治工作的实践。

(四)思想政治教育学原理为思想政治教育方法论提供了目标上的规定性

思想政治教育是有计划、有目标的阶级性的思想改造活动，因而鲜明的阶级目的性成为思想政治教育的重要特征。思想政治教育学原理指明了其思想政治教育方法论共同的目标系统，从作为根本目标的“促进人的全面发展”，到作为具体目标的共产主义理想信念教育、社会主义核心价值观的普及、社会法治理念与道德素养的全面提升等，都是思想政治教育方法论必须坚持的目标。同时，思想政治教育学原理对思想政治教育各个环节的客观规律的系统总结，也有利于指导思想政治教育方法论对阶段性目标制定相对科学的发展规划，从而推动思想政治教育方法不断优化创新。通过形成全新的方法体系，思想政治教育能够适应社会主义国家不断变化发展的现实状况，在新的时代条件下增进其实际效果。

(五)思想政治教育学原理为思想政治教育方法论提供了内容上的规定性

思想政治教育推动人的全面发展，助益社会主义的伟大建设目标，要求思想政治教育的内容具备鲜明的政治性、目的性、科学性、系统性、时代性特征，这也成为思想政治教育方法的深刻烙印。思想政治教育的内容体系以马克思主义、毛泽东思想、中国特色社会主义理论体系为核心，更涵括了社会主义核心价值观、党的理论、路线与方针政策、中国近现代史、中华优秀传统文化和公民道德与民主法制观念等重要组成部分。思想政治教育方法论正是在其日渐丰盈的文化土壤中依照思想政治教育的基本思想与客观规律进行有目的的发展与创新。

三、“广聚他山之石”：思想政治教育方法论的知识借鉴基础

坚持以马克思主义哲学为指导，坚持以思想政治教育学原理为基本的认识与操作基础，并非意指思想政治教育方法论是一个完全“自说自话”的、孤立封闭的理论体系。思想政治教育方法论是一个开放的有机系统，它需要“广聚他山之石”，从其他学科的内容与方法中借鉴科学的因素，在交流中不断弥补自身的缺陷与不足，实现自身的不断发展。另外，思想政治教育方法作为教育者与受教育者发生关系的中介，其外延是极为丰富的，不应受制于强行划定的思维桎梏。检验思想政治教育方法真理性的科学标准，是思想政治教育实践的客观状况与结果。因此，从其他学科中引进与借鉴一部分符合客观发展规律与主观目标的方法，进而优化现行的思想政治教育方法体系，增进思想政治教育实际效果，是完全合理的。事实上，思想政治教育方法论在形成、变化与发展中无时无刻不在同其他学科发生着千丝万缕的联系。历史上许多已然被验证了其科学性与价值性的思想政治教育方法便直接来源于社会学、伦理学等相关学科方法。而随着技术知识的爆炸式增长，现代社会的变革已然使人类的社会性得到了前所未有的强化，各种学科理论在不断实现自我丰富的同时也在社会性的交往中不断交融、相互影响。这便要求思想政治教育方法论不断增进与其他学科互动互生关系的广度与深度，实现自身理论体系的不断更新、丰富与完善。

（一）心理学对思想政治教育的借鉴作用

心理学是研究心理现象及其规律的科学。它兼顾了较强的理论性与应用性，在对心理的现象及其本质与规律进行深度研究的同时，也注重研究并应用系统性的方式与方法来解决人的心理困惑，治疗人的心理疾病，保障人的心理健康。值得注意的是，保持受教育者的心理健康，提高受教育者的心理素质，也是思想政治教育的重要任务。心理学对人的心理中的知觉、认知、情绪、思维、人格等多方面内容的深入研究，能够帮助思想政治教育的研究者与教育者

正确认识并分析受教育者的心理状况及其因素，相对科学地预估受教育者心理的发展趋势，从而采用符合心理规律与受教育者心理状况的方式与方法。受教育者也可以在将思想政治教育的心理学内容进行内化的过程中，逐步增进对自我的认识，自觉地提升自身的心理健康水平，进而助益于其思想行为的不断改善。值得注意的是，在社会现象日益复杂、社会节奏日益加快、社会施加于个人的压力整体加重的时代条件下，心理问题更加成为思想政治教育必须面对的社会性难题。在许多条件下，澄清受教育者的复杂心理现象，抓住受教育者心理中的主要矛盾，有针对性地采取心理咨询、心理治疗等方法，已经成为思想政治教育的常用方式。

(二)社会学对思想政治教育的借鉴作用

社会学是系统地研究社会行为与人类群体的学科。它生成于近代以来人文社会科学复杂的理论体系之中，具有十分广泛的研究范围。“人的本质不是单个人所固有的抽象物，在其现实性上，它是一切社会关系的总和。”①只要是人的问题，必然也会涉及社会的问题。而思想政治教育从根本上来说是一项人与人之间的社会性活动，因而也无时无刻不在面临着各种各样的社会问题。因此，社会学研究的社会现象、社会生活、社会关系和各种社会问题也是思想政治教育学的理论关切之所在。通过吸收、借鉴社会学对复杂的社会现象及其规律的研究成果，有利于思想政治教育方法论密切联系变化发展着的实际，从思想政治教育中的个体所处的一切社会关系中去把握相对科学的教育方式与方法。此外，社会学中的许多研究方法、如社会观察方法、社会调查方法、社会分析方法、社会实验方法，以及定性研究与定量研究深度融合的研究方式，皆已成为不容思想政治教育忽略的路径。

(三)伦理学对思想政治教育的借鉴作用

伦理学是研究社会道德现象、本质及其内在规律的科学。伦理学注重研究道德的发生、发展，同时也研究道德的内容及其内在的运作规律，同时也对社会道德教育保持着较强的理论关切，而道德教育便是思想政治教育内容架构的关键一支，马克思主义伦理学以辩证唯物主义与历史唯物主义的基本观点，将道德作为一定社会历史条件下的产物进行研究，通过对道德现象的历史性、现实性把握，揭示道德的社会实质和发展规律。我国社会主义道德教育的生动实

① 《马克思恩格斯选集》第1卷，人民出版社2012年版，第139页。

践，便是以马克思主义伦理学为指导、为支撑的先进的历史性活动。伦理学在增进思想道德教育科学性与现实性的同时，也通过对人类社会历史上丰富的道德教育方法遗产进行系统的总结，深刻影响了思想政治教育方法的实践过程。

（四）美学对思想政治教育的借鉴作用

美学是研究人与世界的审美关系及其规律的一门学科。它以人类进行审美的现实活动为研究对象，旨在通过对人的审美意识与行为进行科学把握，来提升人的审美意趣。因此，作为思想政治教育重要组成部分的美育也是美学普及的现实维度。思想政治教育本身向更高层次发展的过程，也是提升自身感染力，实现自身美感的过程。因此，思想政治教育与美学对美的崇高境界的追求在本质上是一致的。同时，一些美育的典型方法，如艺术鉴赏、文化熏陶、形象感染等，也成为思想政治教育不可忽视的有效方法。

（五）教育学对思想政治教育的借鉴作用

教育学是一门研究人类的教育活动及其规律的社会科学。它通过对人类复杂的教育现象与教育问题进行深入研究，揭示出关于教育的一般规律。教育学在内容上与思想政治教育有一定的交叉，也有一定的不同，如德育、美育等都是二者的重要组成部分，但教育学以探讨学校教育方面的问题为主，注重对教学业务、教学理论方面的研究，以业务知识为主要研究对象与教育内容，而思想政治教育则通常适用于更为广泛的领域，并以马克思主义基本原理等意识形态性较强的理论作为教育内容的主体。教育学中的许多原则与方法，都能在一定程度上转化为思想政治教育常用的方法，在经过一定改造之后，能够以更为适合的形态在思想政治教育中得到应用。

（六）系统科学对思想政治教育的借鉴作用

系统科学是研究各种系统、系统原理、系统联系和系统发展的一般规律的科学。它产生于近代以来自然科学与人文社会科学交融发展的历史背景之下，注重研究系统的内容、结构与功能关系和系统的生成演化规律，从而进一步探明各种系统之间的共性与特性，优化并更新调控系统，修正系统的方式与方法，达成系统优化以发挥综合效益的目标。思想政治教育也是一个内部有序的动态系统整体，而系统科学的核心思想便是整体与运动的观点，因此系统科学对系统本身与其内在诸要素之间的关系与规律的研究成果，能够在一定程度上增进我们对思想政治教育系统的全面认知，达成更好的思想政治教育效果。此外，系统论在传统意义上的三大基本方法，皆对思想政治教育的思维与方法的发展有着重要的意义。首先是系统分析方法。系统分析方法立足整体的基本观点，注重从整体与外部环境、整体与局部、局部与局部之间的动态联系中把握系统的诸要素，具有整体性、动态性和目的性的思维特征。通过运用系统分析方法，可以估量思想政治教育整体样态的现实状况，从多元的维度与层次把握思想政治教育中的各种现象与规律，促进思想政治教育各部分达成内部的优化，实现综合效益。其次是信息论方法。对思想政治教育信息运作方式的合理厘定，可以揭示出思想政治教育系统中各个要素相互作用的运动关系，对思想政治教育过程中的各个要素的状况进行相对精准的把握，从而在信息的输入与输出环节进行合理调适，适应思想政治教育不断发展的现实需要。最后是控制论方法。控制论是研究系统内部与系统之间的控制与反馈的方法，其应用范围极为广阔，对现代科学产生深远的影响。采用控制论的方法，能够合理把握思想政治教育中的信息传导与其他诸要素之间的关系，不断优化思想政治教育决策、实施的效果反馈机制，对思想政治教育的内在运作模式与客观条件进行合理调控。

第四节　思想政治教育方法论的体系结构

思想政治教育方法论是一个内部有序的系统整体，其内容有着一定的层级划分。依照不同方法的基本特征与适用范围，可以将思想政治教育方法论分为三个主要层级：原则方法、具体方法、操作方法。三者缺其一，思想政治教育方法论便不能成为整体有序的系统。本节对思想政治教育的一些原则方法进行举例介绍，并对具体方法的基本内容进行阐述，之后论述操作方法的性质与特点，同时也指明三者之间的紧密关联。

一、“方向的指南”：思想政治教育的原则方法

思想政治教育的原则方法，是指在思想政治教育全局中起着指导作用的方法，它对思想政治教育方法体系中的具体方法和操作方法提供了方向上的指南，指明了思想政治教育方法发展的基本路线与内在遵循。由于篇幅所限，下面仅对其中的重点部分进行简要阐释，其他原则方法如思想政治教育与业务工作相结合的方法、精神鼓励与物质鼓励相结合的方法、灌输与引导相结合、一元主导与包容多样相结合等不再赘述。

（一）实事求是的原则方法

思想政治教育坚持实事求是的原则方法，就是从时刻变化发展着的客观实际出发，探究人的思想行为的内在规律，避免出现主观主义与教条主义的倾向，以长期的历史性实践来检验和修正已经形成的思想政治教育方法。脱离客观实际，空谈教育目标与教育内容的思想政治教育不会取得任何成就。正如习近平总书记所指出的那样："实事求是是马克思主义的精髓，是我们共产党人的重要思想方法。我们过去取得的一切成就都是靠实事求是。今天，我们要把中国特色社会主义事业继续推向前进，还是要靠实事求是。"①实事求是是中国共产党人的世界观与方法论，也是贯穿中国共产党的全部理论与实践的一条根本主线。我国思想政治教育事业之所以能够取得今天的成就，与坚持实事求是的思想路线密不可分。

（二）群众路线的原则方法

鲜明的政治性是思想政治教育的基本特征之一，因此为谁培养人，便成为思想政治教育必须解决的首要问题。思想政治教育本身作为一个概念是由中国共产党提出的，它担负着推动党内思想政治建设与教育人民群众的双重任务，中国共产党也代表着中国最广大人民的根本利益，因此党内思想政治教育与面向人民群众开展的思想政治教育是整体一致的，都是为了促进社会主义条件下的人的自由全面发展。所以，坚持走群众路线，坚持为党和人民培养思想政治素养较高的优秀人才，是思想政治教育的根本方向与基本原则。思想政治教育必须立足于人民群众所处的现实实际，注重把握人民群众在一定历史条件下的思想行为状况，要满足人民群众思想层面的根本需求，为人民群众不断提高自身的道德素质与政治素养创造条件，并将符合人民根本利益的科学的世界观与方法论厚植于人民群众生动的历史实践土壤之中。

（三）理论与实践相结合的原则方法

思想政治教育的根本目的在于改造世界，将马克思主义普遍真理、思想政治学原理与我国社会主义建设的现实实践相结合，是思想政治教育必须坚持的原则。理论只有从实践中得出，才能够成其为理论，实践只有在理论的指导

---

①　习近平：《在纪念朱德同志诞辰130周年座谈会上的讲话》，人民出版社2016年版，第9页。

下，才不会迷失方向。坚持理论与实践相结合，一方面要避免理论建构的主观化、教条化，坚持从当代条件下的具体的思想政治教育活动中汲取经验，将现实践履作为检视思想政治教育理论的真正标尺。另一方面也要充分发挥人的主观认识能力，不断提升理论的学理性与科学性，使思想政治教育实践在不断发展着的科学理论指导下有效开展。因此，思想政治教育的理论与实践相结合的过程，就是赋予理论真理性、科学性的过程，也是赋予实践以价值性与目的性的过程，更是思想政治教育作为一个系统不断发挥综合效益的过程。

二、“运用的模式”：思想政治教育的具体方法

思想政治教育的具体方法，是指在思想政治教育运行过程的基本框架内，与思想政治教育各个主要环节相对应的方法。它以原则方法为上层遵循，发挥着线索作用，且在应用条件与范围层面上为复杂的操作方法提供更有针对性的规定，在思想政治教育方法论的体系结构中发挥着重要的支撑作用。思想政治教育的具体方法构成了思想政治教育方法论的支撑性主干，对应着不同的操作方法体系。

（一）思想政治教育的认识方法

思想政治教育的认识方法是教育者通过对信息的获取与处理，在认识教育对象与教育环境的过程中采用的具体方法。它对思想政治教育的信息获取、筛选与分析的程序与规则进行了系统性的规定，从而为思想政治教育后续环节的有利运作创设认识前提。

（二）思想政治教育的决策方法

思想政治教育的决策方法是教育者在实施思想政治教育之前进行理性分析与方案规划的过程中采用的具体方法。在思想政治教育由认识到实践的过渡环节，决策者需要采取合适的决策方法，以便在一定程度上总结前期的认识成果，为接下来的思想政治教育确立目标、评估条件并制定可行性方案。

（三）思想政治教育的实施方法

思想政治教育的实施方法是思想政治教育在实践的过程中施行的具体方法。作为思想政治教育由理论落实到实践的基本途径，实施方法建立在认识方法、决策方法的基础之上，并向具体的实践领域进行了延伸，也是各种具体方法中最为重要的方法。

(四)思想政治教育的评估方法

思想政治教育的评估方法是对思想政治教育的各个环节进行信息反馈处理、合理调控要素的过程中所施行的具体方法。反馈调节是思想政治教育工作者及时地掌握教育动态，优化教育方案，完善教育思想的基本方式。因此，推进思想政治教育评估方法的现代化、精准化、机制化，有利于思想政治教育系统的不断优化。

(五)思想政治教育的研究方法

思想政治教育的研究方法是教育者与研究者在探究思想政治教育现象、本质及其规律的过程中采用的方法。推动思想政治教育研究方法的不断改善，是教育者与研究者提升研究素养能力的必然选择。通过提升思想政治教育的研究质量，有利于思想政治教育适应不断发展的社会历史条件，增强其实践效果，从而推动思想政治教育学科向科学化、全面化、系统化的方向不断发展。

三、“操作的范式”：思想政治教育的操作方法

思想政治教育的操作方法是在原则方法的指导下，对具体方法的运用操作方式。它适应了思想政治教育各个环节中更为具体的条件与范围，构成了具体方法向具体实践进行转化的主要内容，从而在精微之处丰富了方法论体系，成为方法走向现实的操作范式。相对于原则方法与具体方法，思想政治教育的操作方法具有以下三个特征。

(一)思想政治教育的操作方法具有严格的条件性

操作方法是原则方法、具体方法在处理现实的具体问题时的操作范式，因而有着极为鲜明的作用条件与作用逻辑，而一旦逾越这些条件，超脱这些逻辑，其实际意义便会走向消解。比如，思想政治教育认识方法中的问卷调查方法，仅仅能够起到在一定范围内获取信息的作用，而不能够直接帮助教育者进行教育实践。因此，必须深入研究各个操作方法所适用的范围，注重立足思想政治教育运作过程的全局，避免与部分环节相对应的操作方法的缺失。

(二)思想政治教育的操作方法具有鲜明的时代性

作为思想政治教育方法中与具体的实践联系最为紧密的层级，操作方法总是立足于一定历史时期内的具体对象与客观环境。一种现存的操作方法，一旦

落后于时代的发展与社会的需要，其实际效能便会大大削弱，其价值性与认可度也会大大降低。因此，思想政治教育的操作方法之更新总是与时代演进相伴，展现出一个相对活跃的运动状态，并且具备其所属时代的鲜明特征。但是，那些落后的操作方法并未完全消失在历史中，而是被保留了合理的、符合社会发展需要的因素，并被更具优越性的新生方法所吸收借鉴，从而以一种合理的方式得到传承。

（三）思想政治教育的操作方法具有相互的交融性

在思想政治教育的同一环节中，不同的思想政治教育操作方法之间并非完全冲突，而是存在着相互补充、相互交融的可能与需要。就实施方法而言，仅仅采用单一的操作方式，如激励教育法，不能够解决受教育者思想中的全部问题。在许多情况下，需要辅之以典型教育、心理健康教育、感染教育等方法，以综合的方式进行全面的教育，才能够在整体上实现良好的教育效果。因此，随着思想政治教育学科的不断发展，思想政治教育的综合方法将会发挥更加重大的作用，并且，应用于同一教育环节中的不同操作方法之间也是相互交叉、相互交融的，如典型教育法、比较教育法本身也蕴含着激励教育法与感染教育法的一些基本元素。因此，需要在长期的实践中增进对不同操作方法之间的交融方式的认识，从而不断优化综合方案，在避免过高地提高教育成本的同时获得良好的整体效果。

第二章　思想政治教育方法的历史发展

思想政治教育是人类社会的产物，特别是在阶级社会形成以后，思想政治教育作为统治阶级的重要实践活动，普遍存在于社会发展的历史过程当中，而思想政治教育方法也随着社会形态的演进而不断发展，形成了不同时代、不同地区、各具特色的思想政治教育方法系统。

本章将依循历史发展的脉络，探寻思想政治教育方法在不同的社会形态中的历史演变，重点介绍中国古代、西方国家和中国共产党思想政治教育方法的内容、特点与经验，既从纵向梳理三大思想政治教育方法系统的发展，也进行同时期思想政治教育方法的横向对比。

第一节　中国古代的思想政治教育方法

中国古代社会形态主要有原始社会、奴隶社会和封建社会三种，历经几千年的发展，中国古代思想政治教育也经历了雏形、形成、发展和成熟等阶段，有较为完整的一套目标和方法体系。在了解中国古代思想政治教育方法的发展之前，本节先对思想政治教育在中国古代的形成过程进行概述，以便形成一个整体印象。

在从猿到人的转变过程中，氏族制度形成，这种制度以血缘关系为纽带，形成了一定规模的社会集团，这便是原始氏族社会。氏族社会的教育活动主要是传承对图腾、祖先、自然或鬼神的崇拜，教育承载于日常的生活和生产活动当中，以口耳相传的方式进行，虽然当时没有文字，但从氏族社会产生的传统观念和家长观念影响深远。中国的夏商周时期，奴隶制建立，奴隶主成为统治阶级，开始在国家社会生活中进行思想政治教育活动。最初，统治者传承了古老的自然崇拜和鬼神崇拜观念，并对家庭和社会生产活动进行了一些规范。到商周时期，统治阶级开始意识到道德教育的重要性，并且把道德和政治结合起来，以阐释其统治的合法性。统治者弘扬“德政”“以德敬天”“明德慎罚”的统治思想，制定了一系列的道德规范和礼乐制度，实行尊卑有别、长幼有序的宗法等级制度，同时在社会推行道德教育和严刑峻法，以达到维护政治秩序的目的。春秋战国时期是中国古代奴隶社会向封建社会过渡的变革期，这一时期社会生产力水平大大提高，人们的思想活跃起来，文艺繁荣，形成了“百家争鸣、百花齐放”的盛况。各家都有着非常丰富的思想政治教育理论，例如儒家强调“德政”“礼法”“仁爱”“民本”，法家主张“法治”“法术势结合”“富国强兵”，墨家宣扬“兼爱”“非攻”“节用”等，儒家、法家、墨家等派别虽然立场观点不同，但都是从人性的角度出发，探索人的行为与思想规律，总结政治教育和道德教育的方法和手段，为统治者建言献策。秦统一中国后，采纳法家学说治理国家，忽视道德教育，通过焚书坑儒来加强思想控制，损失了许多道德教育的珍贵资源，但是秦朝也力推“书同文”，文字的统一使得各地文化、习俗得以交流互鉴，有效推进了封建政治制度的运行。到汉武帝时期，统治者为了实现大一统，加强中央集权，推出“罢黜百家、独尊儒术”政策，给予儒家思想正统与主导的地位。自此，儒家思想成为中国封建社会的主流意识形态，其思想政治教育观念奠定了此后统治阶级思想政治教育的基调。儒家丰富的思想政治教育资源，也是中国古代思想政治教育方法的来源和根基。

一、“修身自省　克己复礼”：中国古代思想政治教育方法的基本内容

中国古代思想政治教育的主要内容是道德教育，统治阶级通过制定和灌输符合其要求与利益的道德规范、伦理纲常、礼乐制度等，达到维护社会秩序、巩固统治地位的目标。中国古代思想政治教育的方法便是以君子的理想人格为目标，通过外在的社会教化和内在的自我修身这两条通路来开展思想、道德和政治教育活动。

（一）社会教化的方法

《说文解字》解释“教”为“上所施，下所效也”，《荀子集解》解释“化”为“驯至于善谓之化”。可见，教化是有主体与受体的，而且在中国古代教化中，主体与受体有上下的等级关系，如父母、君臣、长幼等。同样，教化需要达到一个效果即“善”。所以教化是普遍存在于社会中的，以善为代表的道德内容，通过各种方法和途径来培养人的教育活动。

第一，理论灌输的方法。灌输是中国古代最常用的思想政治教育方法，教育者把伦理纲常、行为举止和道德规范等，通过不同的途径和载体灌输给受教育者。例如，儒家经典如《论语》《大学》《礼》《易》《春秋》等被奉为圭臬，成为启蒙教育的必读书目，在后代更成为科举考试的必考书目，官方以制度来强制推行儒家的思想理论。另外，儒家经典中的内容常常被士大夫阶层用作家训，将其灌输在家族意识之中。中国古代学校教育把德育放在首位，无论是私学还是官学都在课堂上讲授儒家经典，主要内容涉及道德伦理、礼乐制度等，强调敬德保民的宗法等级观念。

第二，化民成俗的方法。这是在教育领域之外，运用政府机构和乡规民约来主导思想政治教育活动，对民众进行驯化与感化。中国古代历朝历代都有专事礼制的机构和官吏，由其对大小事务的礼法规制进行规定和推广。秦汉时期在地方设“三老”，他们虽专职教化，但却不是官方的机构与吏员，而是德高望重的乡绅，可以收集地方孝贤仁义之人或事，上报官府，被举荐的民众可以获得不同形式的嘉奖。汉代举孝廉更是人才选拔制度中的重要部分。这些方法是以某些道德标准来衡量和树立榜样标杆，给予物质和精神上的奖励，来激励和驯化民众效仿学习。在乡村、宗族之中，乡规民约是民众自发订立的规则与制度，起初并不具备官方效力，但由于在民间有一定的影响力，是民众互教互助的有效办法，到清朝时得到官方认可。乡规民约倡导的是孝悌忠信、礼义廉耻、和睦乡里的社会风尚，相较于经学典籍更具针对性和通俗性，对民众的感化力更强。

第三，言传身教的方法。中国古代思想政治教育十分重视教育者的言行举止，因为教育者是人们学习和模仿的对象，正人必先正己。孔子曰：“其身正，不令而行；其身不正，虽令不从。”①在中国的封建社会里，从最高的天子到底层的百姓，都被要求身体力行地去践行德性。“自天子以至于庶人，壹是皆以修身为本。”②天子作为统治者，要遵守繁复的礼法与规矩，一举一动都被写入史书，谨言慎行是最基本的要求。至于百姓，人人都身负不同的角色，如父母、教师、乡绅、族长等，只有做出好的道德表率，才不至于落人口舌，才有“不令而行”的威望。特别是教师，为人师表要做到知行合一，在任何时候都做到言传身教，才能以自身的人格魅力和教育活动来感染学生、教化学生。

第四，环境陶冶的方法。环境对于人的思想道德水平具有潜移默化的作

① 《论语·子路》。

② 《礼记·大学》。

用。中国古代思想政治教育提倡教育者通过创造良好的环境氛围，运用环境中的某些有利因素，促进思想政治教育活动的有效开展和推进人的思想道德水平的形成。“近朱者赤，近墨者黑”、①“蓬生麻中，不扶而直”、②“谈笑有鸿儒，往来无白丁”③等典故都能说明环境对人的塑造力与影响力。“孟母三迁”就是环境陶冶的典型案例，孟母为了给孟子创设良好的成长氛围，前后换了三个地方，才最终安居于学校附近，为孟子的学习与人格的养成奠定了基础。

第五，以礼制乐的方法。礼，指礼节规范；乐，指音乐舞蹈，后也指人的情感和意志。周公制礼作乐，是制定了各级贵族的政治和生活准则，目的是维护宗法制度。孔颖达注疏《礼记·乐记》：“乐主和同，则远近皆合；礼主恭敬，则贵贱有序。”礼乐制度是为了达到尊卑有序、远近和合的目的，把带有等级意识和道德仪范的内容借助礼乐传播给民众，以此影响人们接受礼仪规范，产生情感共鸣，达到一种润物细无声的效果。

（二）自我修身的方法

中国古代思想政治教育极为重视自我修身的方法，认为“修身为本”，统治者强调注重道德与礼乐等的灌输而非刑罚的强制，就是想要通过道德与礼乐使个人进行内在的自省与修身，而且修身往往与更大的政治理想相关联。《礼记·大学》中提到的“修身齐家治国平天下”的理想抱负贯穿了整个封建社会。

第一，见贤思齐的方法。“见贤思齐焉，见不贤而内自省也。”④自我修身的首要方法，就是对照既定的道德规范，来反省自身的思想和行为。在儒家的核心思想中，其塑造并推崇“君子”的理想人格，君子具有完美的德性与行为，自我修身的第一模板便是“君子”，民众要尽量学习君子的高尚品格。另外，在现实生活当中，人们自发地去寻找、发现并学习贤良的行为或人格。“三人行，必有我师焉。”⑤与人同行共事，一定能从别人身上学到一些东西，择其善者而从之，其不善者而改之。除了学习和模仿好的道德品行，也要时刻注意自己的言行举止，常常检视自己的言行，敢于面对和改正自己的缺点和不足。“行有不得，反求诸己。”⑥当做事不成功或没有得到预期的效果时，也要反省

---

① 《太子少傅箴》。

② 《荀子·劝学》。

③ 《陋室铭》。

④ 《论语·里仁》。

⑤ 《论语·述而》。

⑥ 《孟子·离娄上》。

自身，以汲取教训获得经验。

第二，克己复礼的方法。克己复礼即克制自身的欲望与行为，以符合礼制的要求。礼乐制度蕴含着尊卑善恶的等级观念和道德标准，其出发点正是克制人内心的欲望，避免发生更大的纷争。“礼由人起。人生有欲，欲而不得则不能无忿，忿而无度量则争，争则乱。先王恶其乱，故制礼义以养人之欲，给人之求，使欲不穷于物，物不屈于欲，二者相待而长，是礼之所起也。故礼者，养也。”①克己复礼虽然推行了很长的一段时间，但由于具有阶级局限性，并不符合人的思想行为规律，所以需要批判地看待它。

第三，学思结合、知行合一的方法。在自我修身方面，单纯地学习和接受理论并不能很好地提升个人的品德修养，只是思考而不学习具体的知识就会流于空想。“学而不思则罔，思而不学则殆。”②既要学习和掌握理论知识，又要仔细思考因果关系，以便内化和运用于社会生活。拥有良善的知识并不能称得上是贤德，知与行不相匹配则是纸上谈兵，要用良善的知识来指导仁德的行为。所以思与学并重才能有效地修身养性，知与行相统一才是自我修身的最佳体现。学思结合、知行合一其实是连贯一体的，学习掌握道德知识后，应思考其意义与价值，而后在生活与交往中贯彻践行之。

二、“明德慎罚　内圣外王”：中国古代思想政治教育方法的显著特征

中国古代思想政治教育方法丰富多彩，在两千多年的封建社会中，可以说形成了一个较为完整的方法体系，而这个方法体系有一些比较鲜明和突出的特征。需要强调的是，中国古代思想政治教育属于上层建筑，其内容、特征决定于中国古代的经济基础，所以中国古代思想政治教育的大系统是为古代社会统治阶级所服务的，所以其方法是站在统治阶级的角度去宣教价值规范、教化人民。

（一）德法相济

“徒善不足以为政，徒法不能以自行。”③中国古代统治者在开展思想政治教育活动时，虽然把道德教育作为主要的内容，也在道德规范的制定、推广和

① 《史记·礼书》。
② 《论语·为政》。
③ 《孟子·离娄上》。

实施上花费了许多的精力，但是为了实现政治权威，会辅以法制来保证德治的有效推进。“五刑之属三千，而罪莫大于不孝。”①中国古代思想政治教育者把孝亲作为一项重要的内容，古代律法中对不孝的行为有较为严重的惩罚。如《汉律》明文规定不孝之罪处枭刑，《隋书》记载十恶不赦的重罪就包括谋逆、不敬、不孝和不义等。中国古代思想政治教育“明德慎罚”，② 以德为主，刑法辅之，对于刑法的使用十分慎重，比较有效地实现了道德教育维护政治秩序的目标。

（二）树立理想人格

中国古代思想政治教育中，理想人格从最初塑造开始，就在道德教育中扮演着十分重要的角色。儒家经典中有圣人、君子、士、善人、贤人等理想人格的说法，这些理想人格都有共同的特点，即具有真与善的统一，是知识与道德的完美结合。“圣人”至真至善，是理想人格的最高级，在道德上成圣、在政治上立功是所有仁人志士的最高目标。“内圣外王”出自《庄子》，原是道家的政治思想，但是其内修圣人德性、外施王道的丰富内涵，与儒家思想高度契合，在宋代被大儒邵雍用以阐释其学说。内圣外王的理想人格，实际上是自我价值与社会价值的合一，这种方法的影响十分深远。

（三）言行合一

中国古代思想政治教育方法不仅要求民众遵守规定的道德行为，也很注重人们内在自我修养的提升。古代统治者将道德观念灌注于社会生活的各个方面，强调内省和自修，希望通过个人内心的道德觉悟来规范和指导外在的行为。以德为主的特点，是要把道德伦理礼法等观念内化于每个人心中，从而自发遵守，达到社会生活尊卑有序的效果。概言之，中国古代思想政治教育的方法虽然对外在状态和内在状态都做出了规定，但内在性的完满进而达至内在状态与外在状态的合一，是更为重要的。

（四）道德与政治紧密结合

从中国古代思想政治教育整个大的系统来看，道德与政治紧密结合的特点渗透在每一个子系统和每一个环节之中，其内容、目的、方法等都体现了这个

① 《尚书·吕刑》。
② 《尚书·康诰》。

特点。以道德规范、治政之道和礼乐文化为主的教育内容是为政治统治服务的，其目的就是稳定人心、规范行为以维护统治。中国古代对道德规范、道德实践的推崇，最终的落脚点都是政治实践，体现在思想政治教育的方法上，便是以政治权力设置相关的制度，如“举孝廉”“三老”和法律法规，来保证思想政治教育的有效展开。

（五）延续传承

中国古代思想政治教育萌芽于西周，成于儒家，传于后世。周公制礼乐，提出“克明峻德”，① 是对前朝暴政的反思，周朝从此施行“德政”，并对百姓也教以道德礼法。孔子倡导“克己复礼”，是在周朝礼乐规范基础上进行的创新与完善，之后儒家提出了一整套比较完整的思想政治教育方法，对不同的社会角色的道德与政治规范都有不同的要求。这些方法代代传承，是历朝历代统治者进行道德教化的活水源头，支撑了封建社会的政治建设。

三、“经验传承　理念维新”：中国古代思想政治教育方法的现实借鉴

新时代的思想政治教育，经济、政治、文化等时代环境比之古代有很大的不同，但思想政治教育并非凭空出世，新时代的思想政治教育是在古代思想政治教育的土壤中孕育生发的，不能与古代思想政治教育相割裂，而是要从传统的文化资源中汲取养分和经验，结合新的时代条件和环境，创新思想政治教育的方式方法。站在新时代的历史起点上，对待古代思想政治教育方法，应当采取“取其精华，去其糟粕”的态度，以批判的眼光审视古代思想政治教育方法，传承优秀的经验，对于某些不合时宜的方法进行改造，抛弃陈腐观念，做到经验传承、理念维新，使思想政治教育方法与时俱进。

（一）学校教育、家庭教育、社会教育齐抓共管，形成育人合力

中国古代思想政治教育重视学校教育，因为学校教育能最大限度地驯化国民，封建社会的知识分子阶层对家庭教育也比较重视，形成了家风家训等道德意味浓重的家庭教育。借鉴古代思想政治教育的良好经验，现代思想政治教育应当重视学校教育，回归家庭教育，补充社会教育，形成更加强劲的教育合力。

---

① 《尚书·尧典》。

现代的学校教育，不管是规模上还是内容上，都大大超过了古代，上层阶级才能接受正规教育的情况已不复存在，人人都享有受教育的权利和义务，因此，应抓好学校教育。家庭教育是塑造人最原初的实践活动，现代家庭教育要破除只见道德不见生活的弊端，关注孩童成长的思想、心理和行为状态，适时开展各个阶段的教育内容。社会教育是家庭教育和学校教育的补充，现代社会的生活方式丰富多彩，社会教育面对广大的社会成员，满足人们的精神和文化需求。党中央在《关于加强和改进新形势下高校思想政治工作的意见》中提出高校要形成“全员全过程全方位”的育人格局，学校教育、家庭教育和社会教育的联动，也带有“三全育人”的意味，打好配合战可以取得良好的效果。

(二)拓宽思想政治教育的途径，营造浓厚的教育氛围

中国古代思想政治教育把环境陶冶的方法运用到了社会生活的方方面面，为了开展道德教育而创造的诗教、礼教、乐教便是力证，这些德育形式较为隐秘地把道德观念融入丰富的载体之中，但又具有很强的渗透力，使人们在接受时减少抵触心理，且诗、礼、乐的形式容易理解和记忆，内化的程度高。现代思想政治教育也借助文体形式来传播价值观念。

学校思想政治教育的主渠道是课程育人，主阵地是日常思想政治教育。不同于古代以德育为主的学校教育，现代学校倡导学生德、智、体、美、劳、德全面发展，而德育不仅有专门的课程，还渗透在其他的课程之中，即思政课程与课程思政的协同育人。日常思想政治教育借助党团组织、校园文体活动和心理支持等形式，由专人开展丰富多彩的校园学习、文艺、体育、心理类活动，巩固课程系统之外的校园生活阵地。此外，网络平台的蓬勃发展，造就了网络思想政治教育的出现，在网络平台上引领价值导向，是适应时代环境求变创新的积极应对行动。主阵地、主战场和网络平台的多途径联动，为思想政治教育营造了浓厚的氛围。

(三)坚持以人为本，突出思想政治教育的目的性而非工具性

中国古代思想政治教育具有阶级局限性，虽然创造出了一套完备的政治道德理论体系和思想政治教育方法体系，但是都指向一个目标：维护政治统治。古代思想政治教育是古代社会统治者的工具，不论其道德伦理的思想内容多么完美多么深刻，都脱不开工具性的特质，受益者最终只是一小部分人。这与社会性质有密切的关系，封建社会决定了宗法制最高权威者的家即是天下，而这也正是封建制度最终衰亡的原因。马克思指出：“历史什么事情也没有做……

正是人，现实的、活生生的人在创造这一切，拥有这一切并且进行战斗。并不是‘历史’把人当做手段来达到自己——仿佛历史是一个独具魅力的人——的目的。历史不过是追求着自己目的的人的活动而已。”①人类社会的进步和发展，终归是为了满足人类自身的发展需要。马克思主义人学理论中对人的自由全面发展的阐述，便是现代思想政治教育的根本目标，换言之，现代思想政治教育中的人既是教育的起点也是教育的归宿，体现在方法上，就是要做到因材施教、循序渐进。

中国古代社会本位或说君本位的教育，虽然从教育技法上提出了因材施教的理念，但是在实际的教育活动当中不受重视。分班制度出现以前，各年龄段的学生学习同样的经书典籍，没有考虑到不同年龄阶段学生的接受和理解能力；明朝科举八股取士，对考试题材、格式、内容的“一刀切”导致了理学的僵化，读书人缺乏社会政治实践。孔子对两位弟子“闻斯行诸”②问题的不同回答，就是因材施教的典型示范。因材施教也可以称为个性化教育，由于每个个体的性格、思想水平和接受力不尽相同，模式化教育只会反个性化。教育者不能忽视个体之间的差异，要基于不同个体的需求和特点，做到个性化教育。除此之外，人的思想行为活动变化的规律具有普遍性，思想政治教育要根据人的思想形成不同阶段的特征，不急于求成，将道德品质、政治意识、法治观念等思想政治教育内容分层分段，在教育过程中做到循序渐进，以获得更好的效果。

第二节 西方国家的思想政治教育方法

在具体阐述本节内容之前，需要说明的是西方学术领域和社会生活领域都没有“思想政治教育”这一说法，但在西方的许多学术活动和社会实践活动，都关联到“思想政治教育”③的内容实质，也就是在比较思想政治教育学中常

① 《马克思恩格斯文集》第1卷，人民出版社2009年版，第295页。

② 《论语·先进》。

③ 一般来说，思想政治教育是指：“一定的阶级、政党、社会群体遵循人们思想品德形成发展规律，用一定的思想观念、政治观点、道德规范，对其成员施加有目的、有计划、有组织的影响，使他们形成符合一定社会、一定阶级所需要的思想品德的社会实践活动。”（参见张耀灿、郑永廷、吴潜涛、骆郁廷：《现代思想政治教育学》，人民出版社2006年版，第50页。）

说的：西方有思想政治教育之实，无思想政治教育之名。西方国家的道德教育、宗教教育、政治教育、公民教育和政治社会化等可以称为思想政治教育。西方思想政治教育的历史发展可以分为四个大的阶段，即古代、中世纪、近代和现代，这个划分方法与西方哲学史分期类似，实际上，西方哲学与各学科的发展密不可分。

西方古代思想政治教育，也就是古希腊罗马时期的道德教育与政治教育，这一时期的社会性质是奴隶社会，奴隶承担了大部分的生产劳动，使得奴隶主贵族有闲暇进行思考，从而促使了哲学的产生。早期智者思考世界从何而来，苏格拉底则把视线从自然转到人的身上，专注于伦理问题和城邦政治问题的研究，提出了许多著名的论断，如"美德即知识""未经审视的生活是不值得过的"等。苏格拉底形容自己是一只牛虻，叮咬鞭策着城邦的运行，他在广场街头与人们辩论探讨道德和政治的相关问题，使用他独特的"产婆术"，也称精神助产术，用反讽、诱导、归纳和定义四个步骤，帮助人们纠正原来的错误观念，以产生新的思想。柏拉图认为城邦首先是一个教育机构，因为城邦的好坏来源于城邦公民的品行和素质，只有通过教育培养人们和谐善良的品性，城邦才能是善的。因此，柏拉图提出了许多教育理念和方法：他是西方教育史上首个提出并建立了完整学前教育体系的人，他认为幼儿从出生开始就应该在专门的机构中养育，在不同的年龄需要接受不同的教育内容，且教育是终生的；他提出了算术、几何、天文、音乐的"四科"课程体系，同时也重视体育教育和音乐教育，认为体育训练身体而音乐陶冶心灵。柏拉图的城邦图景，是不同的灵魂特质从事不同的职业，理想国中的公民有统治者、护国者和劳动者，分别对应理性、激情和欲望三种灵魂特质，不同公民各司其职。亚里士多德继承了柏拉图的教育理念，也认为教育应由国家来主导，并根据对生物学和心理学的研究，提出教育应当遵循儿童身心自然发展的顺序，按阶段进行教育。他在自己的学校里设置了"百科全书"式的课程，主张学生在不同的时期培养应有所侧重；在教学方法上，亚里士多德注重实践，鼓励学生参与体验。古希腊三贤的教育思想和方法，奠定了西方教育学的基础，三者的共同点都是要通过公民教育，为城邦培养具有理性和德性、积极参与城邦政治生活的"好公民"。可见，教育与政治的关系是密不可分的。

西方世界在进入中世纪之后，宗教教育在长达千年的时间里占据了绝对的主导地位，政治教育和道德教育归属于宗教教育，有学者认为公民教育在中世纪是中断的，因为中世纪普遍运用"臣民"一词，而宗教的盛行，使得绝大多数臣民都成为教徒，接受教会的管理。中世纪的教会神权与世俗王权争夺最高统治权威，教会的权力逐渐增大，到达极盛后转入衰亡。在教会权威盛行时期，教会不仅掌控着思想领域，更掌握着政治、经济等领域，如任免官员、加冕国王、征收税款等。教会通过布道宣讲、宗教仪式、忏悔、管制体罚等方法来灌输教条教义，借上帝之名来灌注信仰，控制人们的思想，使人们服从于宗教神权。宗教主导的道德教育主要是根据宗教经典来阐释好的道德，中世纪主要宣扬节制、审慎、正义和坚忍等，倡导禁欲苦行的生活方式，压抑了人的本性。

中世纪后期，资本主义的萌芽促使新兴资产阶级的出现，加速了经济、文化和科技的发展，也导致了经济结构、思想观念和意识形态的变化。经过文艺复兴、宗教改革和启蒙运动等思想解放文化运动之后，近代思想领域冲破了封建王权和神权的桎梏，重新把眼光拉回到人本身，崇尚理性和科学精神。近代西方道德教育的出发点是肯定人的价值，夸美纽斯 17 世纪创立了完整的教育学理论体系，他主张人本主义的德育观念，希望通过教育使人获得全面的知识，从而改良社会。其中，夸美纽斯强调教育的内容要对社会生活有所帮助，帮助人更好地适应生活。夸美纽斯在道德教育中注重榜样示范，强调对道德行为的训练，但反对中世纪的棍棒教育。18 世纪的民主道德教育理论以裴斯泰洛齐和洛克为代表，他们认为道德教育在教育体系中的地位最为关键，道德形成于环境和教育中，裴斯泰洛齐明确提出了教育心理化的思想，强调要让教学过程适应儿童心理的自然发展。18 世纪，卢梭提出自然教育理论，关注人的自然本性，主张根据年龄来划分教育的不同阶段，教育要帮助儿童获得身心自由的发展。卢梭还认为，情感在道德教育中的重要性远胜于理智，道德情感的培养有助于养成自觉的行为规范。19 世纪实用主义道德教育理论的代表人物是斯宾塞，他认为道德教育的目的是培养儿童自我管理和自我教育的能力，仅仅教会他们道德规范和纪律约束是不够的，要让儿童在实践体验中感受教育。19 世纪赫尔巴特的灌输道德教育理论，具有权威管理的特征，要求培养人们对国家、纪律的绝对服从，对教条、规范的无条件接受，并且使用训诫、体罚、命令等手段，其道德教育的方法是管理、教学和训练。他把心理学作为其教育学的理论基础，将教育目标、过程、内容、方法都心理学化。

现代西方的道德教育理论，结合多学科进行理论研究，形成了具有代表性的几种流派，如实用主义道德教育理论、道德认知发展教育理论、社会学习理论、价值澄清理论等，这些道德教育理论是现代资产阶级生产关系影响下，科学化和人本化的理论体系，影响了现代世界的思想政治教育的体系建构。

一、“道德教化　价值澄清”：西方国家思想政治教育方法的核心内容

西方思想政治教育方法历史悠久，但许多在历史上占主导地位的方法，因为不适应当代经济、政治和文化的需要，已经被新的主流方法所取代，这些新的方法包括一些主流的道德教育理论中的方法论部分和隐性教育的方法。

（一）现代西方道德教育理论流派的教育方法

实用主义道德教育理论。杜威作为现代教育学的创始人之一，同时也是实用主义的集大成者。他反对传统教育的灌输和说教，批评传统教育压抑人性，脱离实践，他所倡导的“新教育”实际上是“对传统教育的一种批判”。① 杜威提出了“教育即生活”“学校即社会”等新观念。杜威十分注重学校教育与社会生活的联系，认为不必开展专门的道德教育课程，而应在学校生活和课程教育中进行间接的道德教育，道德教育的目标应是各学科教学共同而首要的目标，校园生活、教材和教法是学校道德教育的三种资源，三者的关系是“三位一体”。杜威倡导学生参与生活实践，因为道德价值可以从生活实践当中获得。

道德认知发展理论。皮亚杰和科尔伯格是这一流派的代表人物，科尔伯格吸收和继承了杜威、皮亚杰等人的思想，完善了道德认知发展理论。其中，奠定这一理论体系的重要基础，就是皮亚杰的儿童认知发展四阶段，科尔伯格后来发展成“三水平六阶段”的道德发展阶段模型。这一理论流派的核心观点就是：人的道德是与其认识紧密相连的，认知发展是人的道德发展的基础，人的道德发展不能超越其认知发展水平。道德认知发展理论提供了一整套具有操作性的方法，包括道德问题讨论法、公正团体法、价值分析法等。这里介绍两个最为重要的方法。其一，道德问题讨论法。教师提出道德两难的问题或情境，通过道德冲突来启发学生思考道德问题，并发展其道德判断力。比如著名的“海因茨”难题，让学生对难题做出选择并给出原因，从而判断出学生所处的道德认知发展阶段，并对其做出相应的引导。其二，公正团体法。即利用公正的机制和民主管理的团体力量，培养成员的公正观念和道德观念。这种方法以团体为单位，利用团体的教育力量，辅以民主管理的形式，制定和实行关于奖罚、义务和权利的共同原则，创设团体的道德氛围，达到成员自我教育的

---

① 赵祥麟、王承绪：《杜威教育论著选》，华东师范大学出版社 1990 年版，第 364 页。

目的。

社会学习理论。班杜拉是这一理论的奠基人，他提出社会行为的习得多数可以通过观察和模仿来完成，个体、环境和行为在观察学习的过程中相互作用，强化在观察学习中发挥着重要作用。因此，社会学习理论极为重视榜样示范和强化的方法。班杜拉认为，榜样示范广泛存在于社会生活之中，不仅人是榜样，环境、符号、文字语言等都是榜样。例如教师、家长、同龄人的行为，媒体和生活环境都可能影响到个人的观察学习，成为示范榜样。但是，榜样示范的作用不一定都是正向的、即时的，有些行为会导致错误的学习和模仿，而有些榜样示范的作用可能在以后才能表现出来。强化有三种方法，直接强化、替代强化和自我强化。直接强化即对学习者的行为做出直接的反馈，多采用奖罚的机制，奖励就是正强化，而惩罚就是负强化。替代强化是指学习者根据观察他人实施行为后所得到的结果，来判断行为是否道德，以决定自己的道德行为。自我强化就是学习者在接受社会的行为标准后，形成自身道德行为的目标与期望，从而对自己的行为进行正向或负面的强化。

价值澄清理论。这一理论的出场，缘于美国社会逐渐恶化的道德状况，因为多元价值观的冲突互动，儿童很难有稳定的道德发展，形成了冷漠、犹豫、矛盾、盲从等心理障碍。因此，评价与澄清价值比教授某种价值更为重要。价值澄清学派预设社会没有一套公认的道德原则或价值观，教师不能直接教授某套道德原则，只能帮助学生分析澄清其价值观。价值澄清的方法包括四个基本构成要素、三个阶段和七个步骤。四个基本构成要素是：关注现实生活，重在解决使生活复杂化或导致价值混乱的问题；接受学生的一切价值观，但不作评价，以便学生做出坦诚的表达；鼓励学生做出选择，进一步思考和反省，使其意识到个人价值的重要性，进而更好地选择和珍视日常行为；提高学生自我澄清和选择价值的能力。三个阶段和七个步骤是一体的，三个阶段是选择、珍视和行动，七个步骤是自由选择、从多种可能中选择、深思熟虑地选择、珍视与爱护自己的选择、确认自己的选择、根据选择行动、反复地行动。

(二)隐性教育的方法

隐性教育的方法在西方思想政治教育中极其普遍，从西方思想政治教育的本质、目的和手段都可以得见。隐性教育是相对显性教育而言的，显性教育即有组织、有计划、直接地进行教育的活动，例如德育课程和党团教育，具有目的明确、计划周全、手段直接的特点。隐性教育则突出了一个渗透性，就是把教育目的、计划都隐藏起来，使教育对象不知不觉地接受教育，既隐施教者，又隐受教者，更多是依靠环境来完成的。隐性教育的优势在于其潜隐性，将教育内容渗透到生活环境和日常氛围之中，避免了因说教和灌输造成受教育者的排斥和逆反心理，也变被动接受为主动接受，起到润物细无声的作用，主要包括以下几种：

宗教教育。宗教教育在思想道德教育中起着重要的作用，虽然宗教不再参与世俗权力的争夺，但因其掌控领域的特殊性，即属于思想领域的信仰，而西方信教的民众占大多数，宗教是西方信教民众的精神寄托，所以宗教教育与道德和政治的关系十分紧密。一方面，宗教除了信仰寄托，也教导信众一些道德观念。因为西方民众普遍信教，所以政府会利用教会来进行政治控制，例如灌输特定的价值观念，培养民族精神，从而进行政治控制。宗教教育的方法包括布道、忏悔、祷告等宗教仪式，这些仪式是宗教观念与道德观念的载体，通过这些日常的仪式把教条或道德观念灌输给信众。另一方面，宗教常常利用建筑、音乐、诗歌等形象生动的表现形式，把教义和思想呈现出来，强化宗教对人们的教育作用。举例来说，宗教建筑善用彩绘和浮雕，西方教堂内部有许多宗教故事的彩绘，或歌颂高尚或贬低罪恶，传递着某种价值观念。

通识教育。通识教育是在学校中开设通识课程，间接地对学生进行公民教育、政治教育和道德教育。西方的通识教育体系比较发达，涵盖历史、语言、艺术、文化、逻辑等多样课程，并且根据学段制定不同的教学内容与教学方法。例如，美国要求各级学校开设美国历史课程，小学历史课主要讲历史故事，中学历史课系统讲授美国的历史事实，而大学历史课则重在对历史进行思考，通过历史课来培养学生的爱国情怀。另外，关于政治制度、生活中的道德问题、不同民族的文化等都有相关的课程。通识教育的直接目的是丰富学生的知识面，提高文化素养，增强表达能力等，间接目的则是培养具有政治参与能力的公民。

社会活动。西方的道德教育很重视社会生活和实践活动的作用，认为生活实践有助于学生获得和强化道德观念。在学校，多样化的社团、学生工作管理和社区服务实践等活动，为学生参与社会活动提供了条件，学生可以在学校“小社会”中运用自己的道德经验去处理道德问题，参与学生事务的管理以达到锻炼组织领导能力的目的。社区服务活动涉及各个领域，可以提高学生的责任感，加深对社会的认知度。有的高校还将社区服务纳入学生的考核中，学生必须满足一定的分数才能毕业。

创设环境。思想政治教育的环境范围很广，可分成两大类：硬环境和软环境。硬环境就是硬件设施，比如校园的建筑、城市的博物馆、展览馆等；软环境则是硬件设施之外的，如制度、文化、媒体等形成的环境氛围。硬环境与软环境不能简单地割裂，因为二者往往是交织在一起的，校园环境中必然渗透着校园文化观念，博物馆则承载着城市的历史与人文。这些看似平常的生活环境，其中也渗透着价值观念。世界名校哈佛大学图书馆墙壁上的标语，就是很好的例子，那些激励学生学习的话语不只是要督促学生完成学业，其中更包含着自律、雄心、幸福等更深层的价值观。再比如校园中的荣誉墙其实就传递着积极向上的价值观，鼓励学生成为优秀的、具有某些能力的人才。一个学校、一座城市和一个国家的环境创设不可能没有目的，环境在物质上便利了人们的生活，在精神上则有一定的教化力量。

二、“多元相融　显隐结合”：西方国家思想政治教育方法的重要原则

西方国家思想政治教育方法目前已发展为一个架构庞大的体系，虽然理论方法多种多样，但有一些重要原则是贯穿始终的，如坚持多学科融合的多元相融原则、显性教育和隐性教育相结合的显隐结合原则，还有西方资本主义制度背景下的人本主义原则等。

（一）多元相融原则

多元相融原则不仅体现在价值观内容的层面上，更体现在西方国家思想政治教育方法研究的多学科交叉上。西方国家思想政治教育方法研究借鉴了许多学科的成果，例如哲学、心理学、社会学等，形成了许多理论流派，这些理论流派相互争鸣、求同存异，有助于思想政治教育方法的发展。因为单一的教育方法较为片面，无法完成思想政治教育对人的全面发展的目标，不同流派提供的理论是从多角度关注教育过程中方法的有效性，例如道德认知发展理论学派关注人的道德判断水平，社会学习理论学派则重视社会与人的互动影响。西方国家思想政治教育的多学科借鉴，一方面得益于西方学科体系建立和发展的深厚历史，另一方面得益于西方社会多元文化的传统。

（二）显隐结合原则

西方国家思想政治教育方法的一个重要原则是显隐结合原则，相比于德育课程这样外显直接的教育方式，隐性教育在思想政治教育中是占据中心位置的。因为西方资产阶级向来推崇自由民主的价值观念，正因为这个价值底色，直接灌输的思想政治教育显得背离了这种主流价值观，然而价值观教育是每一

个国家都不可能放弃的领域，西方国家对其坚持和捍卫的主流价值观念采取不遗余力的宣扬，但在更广泛的社会和学校环境中，对于思想、道德和政治上的教育则采取了潜隐的渗透性原则，这些教育的内容必然是与西方资产阶级的意识形态相符合的。西方国家没有思想政治教育这一术语，而是以公民教育、道德教育等词语替代，从这一点上便可见一斑。

(三)人本主义原则

人本主义原则就是以学生为中心，让学生真正拥有个体存在的独特性，一切以学生为本。具体来说，即打破教育者与受教育者之间的藩篱，把受教育者当成与教育者平等的主体，而非被动接受灌输的模式化客体。

人本主义原则也是西方资产阶级价值观的延伸，体现在西方思想政治教育方法上，一方面是方法本身的人本主义，另一方面是方法选择上的人本主义。西方国家思想政治教育方法的内容借鉴了多学科的研究成果，关涉到人的心理行为规律、道德认知发展水平和人与社会的相互影响等，这些理论本身涵盖了对人的需求、生理与心理的阶段特点、行为影响因素，以人为中心的理论指导着方法的实操。方法选择上的人本主义，针对不同的个体选择适用不同的方法，最大限度地尊重个体的身心状态和发展需求，达到发展个体独特性的目标。

三、“理论灌注　方法渗透”：西方国家思想政治教育方法的科学借鉴

中西方之间不同的历史文化背景带来了方方面面的差异，而差异的存在不仅可作学术上的比较研究，还能够为理解自身文化提供一面镜子，为发展自身提供参考和借鉴。西方国家思想政治教育方法的理论性、隐蔽性和生活化，为中国思想政治教育提供了一套不同的模式参考。对待西方思想政治教育方法的态度，同样也要去粗取精、去伪存真，借鉴具有科学性、实践性和人本化的思想政治教育方法，结合本土语境和本土特色，将其纳入思想政治教育方法的体系之中，并运用于思想政治教育的实践。

(一)开拓学科视域，灌注科学理论

西方思想政治教育理论流派呈现出多元、多样的发展趋势，多学科视域的开拓是其原因之一。借鉴其他学科的科学理论成果，其结果是对思想政治教育

的认识不断加深，每一个学科都有完整的独特的理论成果体系，可以成为思想政治教育方法研究的推进器。

中国思想政治教育领域虽然不乏学科交叉与融合的研究，但是真正运用到教学过程中的理论与方法还是比较少见的。道德认知发展理论的道德问题讨论法、价值澄清的探讨、社会学习的强化等方法都可以运用到教学实践的过程当中，增强个性化教育。但需要注意的是，不同的学科理论，是站在不同的角度来完善其理论的，比如道德教育分别有认知、情感和行为等侧重点不同的理论，这些理论有一定的局限性，即过度重视某一个体而忽略了整体，思想政治教育的格局应当是全面整体的，需要做好整合工作。

(二) 重视培养道德判断力

西方思想政治教育方法重视培养道德判断能力而非灌输道德规范，因为多元化的社会发展意味着多元化的社会思潮，多元化的价值观念之间产生冲突时，容易造成人们的心理障碍，顺从教育的弊端显露无遗。中国思想政治教育的方法一般是灌输和固化道德知识，通过行为训练来强化，但是在多元化的现代社会，不同价值观念的冲突与矛盾不再只是思想领域的争锋，会演变成现实生活中激烈的碰撞，道德判断和道德选择的能力缺陷越来越突出。重视培养道德判断和选择的能力，是尊重人的主体性，鼓励人们对道德问题进行思考和分析，从而做出独立且理性的道德判断和选择。

(三) 增加层次性与适应性原则

层次性原则指的是针对人的不同年龄阶段而采取不同的思想政治教育方法，年龄阶段由低到高，思想政治教育的方法也表现出由浅入深的层次性。例如小学、中学和大学，以及学段内划分的低中高年级，对应不同的年龄，有不同层次的教育内容。例如，英国小学阶段选取基本的道德常识作为教育内容，并培养学生养成好的生活习惯；中学则培养学生的爱国情怀和社会责任感；大学着重培养学生的政治参与能力。另外，不同层次之间的衔接也十分重要，断层或过度跨越会导致思想政治教育的有效性大打折扣。

适应性原则与层次性原则相关联，都是要根据教育对象的特点来选择与之相适应的思想政治教育方法，但层次性原则更为宏观，是基于群体的原则，适应性原则更加微观，是面对个体选择适当的思想政治教育方法，强调在丰富多彩的思想政治教育方法中灵活选择，以求获得最大化的教育效果。

第三节　中国共产党思想政治教育方法

思想政治教育是中国共产党运用马克思主义理论，在长期的政治实践中形成并发展出的优良传统和政治优势，思想政治教育的发展历史与党史、国史是融为一体的。党的思想政治教育的内容、方法等都产生于实践，在实践中获得知识并提纯为经验理论，再指导实践。因此，总结党的思想政治教育方法，要从党的思想政治教育史中挖掘素材，要了解建党以来革命斗争和发展建设的历史，探寻党的思想政治教育方法的根本方针，为新时代的思想政治教育总结优良传统和科学经验。

一、“形成—成熟—完善”：中国共产党思想政治教育方法的发展进程

中国共产党的思想政治教育及其方法的历史发展，和中国共产党的革命斗争史一样，是前进性与曲折性的统一，经历了初创、形成、探索、发展、再趋于成熟的曲折渐进过程。党的思想政治教育方法的发展紧密贴合了革命斗争的方向，可以划分为三个阶段：初步形成阶段、成熟发展阶段和不断完善阶段。

（一）中国共产党思想政治教育方法的初步形成阶段

1921年中国共产党的正式成立，标志着党的思想政治教育拉开了序幕。在此后的十余年间，党的思想政治教育方法也初步形成了。建党初期，党的迫切任务是开展阶级斗争教育，通过向无产阶级工人和农民宣传来扩大组织，因此，这一时期的工农运动蓬勃发展，党的组织也迅速扩大。在第一次国共合作时期，中国共产党在黄埔军校开展军队政治工作，积累了军队思想政治教育的经验。国共合作破裂之后，党确定实行土地革命和武装反抗国民党反动派的总方针，围绕武装斗争、土地革命和农村根据地建设来开展思想政治教育工作。

党的思想政治教育方法初步形成的标志是1929年毛泽东撰写的《古田会议决议》，该决议总结建党以来军队思想政治工作的经验，分析了党内存在的错误思想倾向，确立了党内马克思主义理论教育、军队政治训练、批评与自我批评、宣传鼓动等方法，也确立了及时对实践工作中的方法进行总结、概括和推广。这一阶段，党积累了工农运动和武装斗争的许多经验，总结出针对工人、农民和军队的思想政治教育及方法。首先，党对不同阶级人群的工作方法各有侧重，对地主阶级和买办阶级是坚决反对的；中产阶级和小资产阶级具有许多

不确定因素，在不同的时期要采取不同的办法；对于农民和工人则要极力地争取。其次，借助报纸刊物、学校等，广泛开展马克思主义的宣传教育活动；在农村革命根据地深入群众，利用标语、口号等媒介，带动群众在实践中理解党的路线、方针，用马克思主义力量武装群众。在黄埔军校首创军队思想政治工作，建立特别支部，宣传革命思想，发展党的组织，建立较为完善的政治教育制度，积累了军队思想政治教育的相关经验。土地革命战争时期，党创立工农红军，在军队的管理和建设过程中，针对成分复杂带来的不正确思想，一一驳斥并提出政治训练的解决方案，以"支部建在连上"确立了党对军队的绝对领导，并且确定政治工作在红军中的决定性意义。

（二）中国共产党思想政治教育方法的成熟发展阶段

抗日战争时期一直到中华人民共和国成立，是党的思想政治教育方法的成熟发展阶段。这一时期党面临的革命任务更加艰巨，要对抗帝国主义侵略，这场战争让全国人民都处于水深火热之中，为了斗争到底，党要运用思想政治教育来调动一切可能的力量，全员参与到抗日战争当中去。在土地革命战争时期，党对宣传鼓动、政治训练的方法已经有较为丰富的经验，抗日战争时期就是通过不断实践，把党的思想政治教育方法发展得更加系统、全面和深入。

党的思想政治教育方法成熟的标志，是毛泽东在1942年延安整风期间发表的著作《改造我们的学习》《整顿党的作风》等，其系统总结了党前期的思想政治教育方法。在这一阶段，党的首要任务就是争取抗战的胜利，因此在思想政治教育工作上，党的主要工作是宣传全面抗战路线，动员一切力量，利用报纸传单、戏剧影院、学校团体等，联系民众的日常生活，把政治动员转变成经常性的运动，如此战争才能取得胜利。此外，加强党内建设，强调共产党员自我教育的重要性，严整党内作风。1944年谭政在西北局高级干部会议上作的《关于军队政治工作问题的报告》，在理论上进一步深化阐述了军队政治工作的性质、方向、任务和方法，并概括出实践中具有成效的思想政治教育方法，如领导与群众相结合、一般与具体相结合、具体情况具体分析、典型教育法、检讨自省的方法、说服教育和感化的方法等。

（三）中国共产党思想政治教育方法的不断完善阶段

新中国成立以来，党的任务从斗争转向建设，巩固政权、恢复经济和完成社会主义改造是建国初期的重中之重。围绕这一时期党的中心工作，党的思想政治教育在土地改革、三大改造等运动中发挥了引导、组织和动员的作用。1957年毛泽东在《关于正确处理人民内部矛盾的问题》中，第一次系统阐述了社会主义建设时期党的思想政治教育的总方针和原则，也提出了要用不同的方法处理不同性质的矛盾，是思想政治教育的纲领性文献。1958年的《工作方法60条(草案)》进一步阐述了思想政治教育在党内的地位与作用，对思想政治教育方法进行了归纳和总结。此后不久，党的思想政治教育受到了"左"的错误的影响，在曲折中缓慢发展。以党的十一届三中全会为转折点，思想解放热潮随着真理标准大讨论兴起，党的思想政治教育随着党的工作重点的转移，回归到正确的方向。这一时期，党的思想政治教育重在引导人们解放思想，强调实事求是，团结一致向前看。从改革开放到新时代的今天，我国社会主义现代化建设高速发展，思想政治教育学科的建立将这一领域的探索和研究变得更加规范化和科学化，党的思想政治教育及其方法也在不断适应社会发展的过程中不断更新、完善。

二、"探索—总结—遵循"：中国共产党思想政治教育方法的根本方针

中国共产党的思想政治教育方法，是在马克思主义理论的指导下，结合中国革命实际发展出来的一套体系，在实践中证明了是适合中国发展道路、具有中国特色的方法体系。党的思想政治教育是动态发展的，其内容、方法、途径等都可能随着时代的变化而改变，因此，我们需要探索和总结党的思想政治教育方法的方针与原则，使动态发展的思想政治教育有基本的遵循。

(一)坚持马克思主义的指导

坚持马克思主义的指导是由中国共产党的性质所决定的。中国共产党是无产阶级政党，无产阶级政党的思想政治教育对象是无产阶级和广大人民群众，因此党把马克思主义作为最高理论指导，马克思主义理论也在中国共产党的政治实践中结合中国具体实际情况，形成了一系列具有中国特色的马克思主义理论成果。毛泽东同志谈到坚持马克思主义时曾说："我们说马克思主义是对的，决不是因为马克思这个人是什么'先哲'，而是因为他的理论，在我们的实践中，在我们的斗争中，证明了是对的。"①实践也证明了，马克思主义是对的。

① 《毛泽东选集》第1卷，人民出版社1991年版，第111页。

(二)坚持理论联系实际

理论联系实际是中国共产党人在长期的斗争实践中形成的。自党成立以来，实事求是和理论联系实际的原则反复被强调，“没有调查就没有发言权”“反对本本主义”“不做正确的调查同样没有发言权”等论断，在革命实践中都被证实是正确的。坚持理论联系实际，就是要摒弃教条主义，不盲目相信某一种思想政治教育方法，而是要因时因地因人开展思想政治教育，使思想政治教育方法有效性达到最大化。

(三)坚持服务于党的中心工作

中国共产党思想政治教育必须围绕党的中心工作开展。思想政治教育在党内“生命线”的地位，离不开思想政治教育对党的中心工作的推动作用，中国共产党强调思想政治教育要服从和服务于党的中心工作，因为社会的发展离不开思想政治教育。中国共产党从建党之初就开始运用思想政治教育，在扩大组织、统一战线、教育人民等工作中，在每一个革命阶段，思想政治教育都配合完成了党的中心工作。到后来，党的工作重心转为社会主义建设，出台了许多政策、路线和方针等，思想政治教育在人民群众中的解释、宣传和动员工作，为党的中心工作、其他工作都奠定了坚实的基础。

三、“继承—吸收—发展”：中国共产党思想政治教育方法的科学经验

中国共产党的思想政治教育方法经历了近百年的历史发展，是基于丰富的政治实践，吸收成功的经验与失败的教训而形成的优良传统。虽然党的思想政治教育方法只有百年历史，但不能否认中国古代优秀的思想政治教育方法也被浓缩成精华，结合党的革命需要，成功运用到现实中。中国共产党的一个优良传统就是总结经验，并把好的经验继承下去，发扬光大。

(一)批评与自我批评的方法

党的革命斗争时期，批评与自我批评的方法在思想斗争方面起到重要作用，而思想政治教育也在与各种错误思想的斗争中完善和发展自身。批评意味着监督和指出错误，是党内民主的一种体现，通过批评来消除党内的错误思想，用更加科学和先进的思想武装头脑，提升党内的思想理论水平。自我批评则是自我的监督和教育，是对自我进步的自觉追求，要求能够谦虚地提升自身

的党性修养。批评与自我批评的方法是为了保证党内能够团结统一和前进发展，公开的批评与自我批评方法实现了团结、批评、自我批评、团结的循环前进，能够增强党的凝聚力和战斗力。

（二）阶级分析的方法

阶级分析的方法是早期党的思想政治教育的重要方法。从1925年《中国社会各阶级的分析》、1927年《湖南农民运动考察报告》，再到1933年《怎样分析农村阶级》，阶级分析方法发挥了重要的作用，因为“这个问题是革命的首要问题”。① 在这个要求下，对中国社会存在的阶级进行分析，便是不可缺少的工作。毛泽东同志主要是从各阶级所包含的职业、所占有的资产，及其日常经济生活状况和对于革命的态度进行分析。值得说明的是，在对当时中国社会六大阶级进行分析时，每一阶级内部，根据人数分布、职业状况与社会地位的不同，毛泽东同志还会进行细分，并详细说明各阶级各阶层对于革命的态度，以及如何在最恰当的时候争取过来成为革命力量。阶级分析方法运用到现代思想政治教育当中，启迪思想政治教育工作者应当因材施教。现代社会分工越来越细，人的个性越来越呈现出多样性，思想政治教育是做人的工作，对于教育对象的分类、分层工作变得十分重要。思想政治教育工作者不仅要对不同的群体采取不同的教育方法，更要深入群体，了解群体对象的普遍性与特殊性，才能实现思想政治教育对人的全面发展。

（三）典型教育的方法

典型教育的方法分为正向的榜样示范与负面的典型示范，二者都是通过典型的人或事进行示范，教育人们提高思想认识的一种方法。但是榜样示范属于正向激励，鼓励人们向榜样学习其精神特质与先进事例，而负面的典型示范则是作为一个反面事例，引导人们避免做出不正当的行为。1929年，毛泽东写出《关于纠正党内的错误思想》一文，其中总结了党内六种个人主义的典型倾向，批评党内的报复主义、小团体主义、雇佣思想、享乐主义、消极怠工和离队思想，并提出了纠正方法。这是总结负面典型，敲响红军党内不良作风的警钟。榜样教育法在抗日战争时期使用较多，例如白求恩的榜样示范，在党内就起到了很好的激励作用。

---

① 《毛泽东选集》第1卷，人民出版社1991年版，第3页。

（四）实践调查的方法

实践出真知。为了答复党内外对于农民革命斗争的质疑，毛泽东在湖南进行了为期 32 天的考察，写出了经典的《湖南农民运动考察报告》。正是基于亲身的调研，毛泽东澄清了农民运动在党内与社会上的“污名”，认识到农民革命在国民革命中的作用，奠定了日后党走“工农武装割据”的道路。1930 年毛泽东为了对党内存在的唯心观点进行反思，写成了《反对本本主义》一文，深刻地指出“没有调查就没有发言权”。对于党在革命实践中遇到的问题，毛泽东同志坚持要从实践调研中寻找答案，“离开实际调查就要产生唯心的阶级估量和唯心的工作指导”。① 实践调研的方法是不可或缺的，一方面，现代社会高速发展，各种社会思潮暗流涌动，网络信息复杂多元，人们与真相事实间的距离越来越大，只有经过调查，话语才能服众。另一方面，不深入基层，不亲身观察调研，无法获得对思想政治环境、对象的真实了解，只唯书的思想政治教育工作者是不够格的。

① 《毛泽东选集》第 1 卷，人民出版社 1991 年版，第 112 页。

第三章　思想政治教育方法的改革创新

思想政治教育方法的发展离不开改革创新，只有深刻理解思想政治教育方法改革创新的必要性，把握改革创新的原则性，调试改革创新的方向性，才能在新的历史条件下不断赋予思想政治教育方法新的生机与活力，使思想政治教育方法得到持续、稳定的发展。

第一节　思想政治教育方法改革创新的必要性

新的历史条件赋予思想政治教育工作全新的任务与使命。面对教育主体、教育客体、教育媒介以及教育环境所出现的新情况、所发生的新变化，以往的思想政治教育方法的适应性与针对性大大降低，采取以往思想政治教育方法所取得的教育效果也大打折扣，因而推动思想政治教育方法的改革创新是每一位思想政治教育研究者与工作者应当关注的关键任务。

一、教育主体综合素养的全面提升

思想政治教育主体是思想政治教育的实施者，在思想政治教育的组织、策划、引领与评价等多方面都起到极为重要的作用，是思想政治教育体系中不可或缺的重要组成部分。近些年来，党和国家对思想政治教育主体地位和所发挥的重要功能给予了更高的重视，为培养优秀的思想政治教育工作者与研究者倾注了大量心血，也成功培养了一大批政治信仰坚定、理论功底深厚的思想政治教育工作者。随着当前对思想政治教育工作者条件要求的持续升高，考核管理机制的全面完善以及宣传工作的不断优化，思想政治教育主体的综合素质也得到了全面的提升。

（一）坚定理想信念，坚定政治信仰

思想政治教育工作者作为教育主体首先应该具备的是坚定的理想信念和正

确的政治信仰，而最根本的就是坚持中国共产党的领导和马克思主义的指导地位。“党校、干部学院、社会科学院、高校、理论学习中心组等都要把马克思主义作为必修课，成为马克思主义学习、研究、宣传的重要阵地。新干部、年轻干部尤其要抓好理论学习，通过坚持不懈学习，学会运用马克思主义立场、观点、方法分析和解决问题，坚定理想信念。”①思想政治教育工作者与研究者通过深入学习马克思主义理论及其中国化的最新理论成果，对于理想信念和政治信仰具有了更加深刻的理解，同时对于自身的任务使命具有了更加深入的认知。一大批政治信仰坚定、理论功底深厚的优秀思想政治教育工作者与研究者为思想政治教育工作注入了全新的生机与活力。

(二)夯实立德根基，彰显树人底色

习近平总书记在思想政治教育工作会议上指出：“要坚持把立德树人作为中心环节，把思想政治工作贯穿教育教学全过程，实现全程育人、全方位育人。”②夯实立德根基，打造树人底色的关键在于教育主体，即思想政治教育工作者的品德与修养。

当今的思想政治教育工作者主要呈现以下两方面的特点：一方面，思想政治教育工作者对于“以文化人”“以文育人”的深刻内涵有了更加深入的理解并予以充分的践行。这里的“文”不仅指丰富多彩的文化活动形式，更指思想政治教育工作者深切的人文关怀，用教育主体自身已具备的修为、品质、情怀去影响受教育者。第一，教育主体通过言传身教引导受教育者懂得感恩父母、师长、朋友，并树立受教育者对国家的热爱，培养受教育者的“家国情怀”，引导受教育者将人生价值与社会价值相结合，将人生理想与“中国梦”相呼应。第二，教育主体通过言传身教传递真情与关爱，对受教育者进行积极鼓励与热心帮助，使受教育者感受到叩击心灵的力量。第三，教育主体通过陶冶情操，在潜移默化的过程中使受教育者获得情感上的升华与“良性”的觉醒。另一方面，由于思想政治教育工作的本质是做人思想的工作，思想政治教育工作者在掌握本学科相关理论之外，还全面拓展了相关人文社会学科领域的知识视野。心理学、哲学、社会学、教育学等多个学科领域的融合，使思想政治教育工作更加符合规律、更加科学高效，切实提高了思想政治教育在完成立德树人根本任务时的针对性与实效性。

---

① 《习近平谈治国理政》，外文出版社2014年版，第154页。

② 《习近平谈治国理政》第2卷，外文出版社2017年版，第376页。

"立德"的本质是用正确的方法引导受教育者养成良好的思想品德，"树人"是在"立德"的基础之上使受教育者更好实现人生价值和社会价值。"一年之计，莫如树谷；十年之计，莫如树木；终身之计，莫如树人。"①新时代的思想政治教育工作者肩负立德树人的神圣使命，应坚持铸魂育人，滋润人心，为受教育者厚植爱国主义情怀，帮助受教育者将爱国情、强国志、报国行充分融入新时代的追梦征程之中，培养出一大批有德行、有才干、有理想的优秀社会主义合格建设者和可靠接班人，为国家富强、民族振兴、人民幸福付出更多的实际行动。

（三）提高专业素质，加强队伍建设

当前思想政治教育工作者的政治信仰坚定，知识背景日趋专业化，教学水平不断提高，传授能力显著提升。首先，思想政治教育工作者的入职门槛日趋严苛，各高校对于思想政治教育工作者自身综合素养的要求逐渐提高，因而思想政治教育工作者更注重提升自身的学历水平、专业素养与教学能力。其次，高校对于科研能力的重视，也促使思想政治教育工作者注重提升自己的科研能力。思想政治教育工作者通过科研深化对教学工作的认知，及时发现并改正教学过程中暴露的现实问题，明确自身专业素养与科研能力的提升方向。最后，随着科技化、信息化社会的快速发展，尤其是互联网的普及，各类知识和信息的传播及获取速度空前提高，这使得思想政治教育工作者需要以更快的速度和更高的效能掌握专业信息，以应对信息化社会出现的新形势、新情况以及新问题，这也在一定程度上提高了思想政治教育工作者的信息检索及分析能力。

二、教育客体发展需求的与日俱增

思想政治教育客体是思想政治教育的接受者，也是思想政治教育的实施对象。随着改革开放的深入发展，我国经济水平持续快速增长，人民生活质量日渐提高，受教育的范围不断扩大，国民科学文化素质不断增强，教育客体的发展需求逐渐呈现出了新样态和新特点。特别是近年来信息化、电子化时代的到来，互联网、大数据、云计算等行业蓬勃发展，对于教育客体来说，一方面，这是学习知识与获取信息的大好时机，是新的机遇；另一方面，如何在泥沙俱下、鱼龙混杂的互联网时代找准方向、坚定目标显得尤为关键。

---

① 《习近平谈治国理政》，外文出版社 2014 年版，第 127 页。

(一)教育客体的发展环境呈现开放趋势

当今世界正面临着“百年未有之大变局”，我国社会主要矛盾已从“人民日益增长的物质文化需要同落后的社会生产之间的矛盾”①转变为“人民日益增长的美好生活需要和不平衡不充分的发展之间的矛盾”,② 这意味着中国人民已经彻底告别物质匮乏年代，绝大部分中国人不会再为温饱而发愁，同时也具有更加丰富多元的美好生活需要。立足于新时代的历史方位，一方面，教育客体已经不再有基本生活需要的后顾之忧，更多的则是对精神文化的追求以及对自我价值、生命意义的思考，也就是说，在当今时代环境下精神文化日益成为教育客体更加看重的一个发展需求。另一方面，在这样一个物质丰裕的时代，现代文明成果被层层打开，开放和包容逐渐成为这个时代的代名词，教育客体有更多选择与探索的权利，也有更多机会去选择自己热爱的领域，充分展示自我的优势与长处。

与此同时，当今时代出现的新挑战与新问题同样也不能被忽视。随着物质不断充盈，科技不断发展，多元思潮通过互联网等新兴媒体平台对教育客体带来不同程度的影响。在面对海量的信息时，教育客体往往很难完全分辨是非，甚至更容易误入歧途，这极大地阻碍了教育客体自身的发展，妨碍了思想政治教育功能的发挥，降低了思想政治教育的真实性与有效性。面对教育客体呈现的新特点和新趋势，思想政治教育工作者也要适应新情况、聚焦新问题，积极运用新方法，将教学效果提升到一个全新的高度。

(二)教育客体的知识获取更加迅速多元

随着互联网的全面普及，尤其是5G时代的来临，各类知识与信息的传播及获取速度得到了空前的提升，教育客体拥有更多平台与窗口了解最新时政动态与前沿研究成果。以往教育客体只能通过阅读纸质书籍、参与实体课堂来获取新知识、学习新技能，但在经济和科技高速发展的今天，欣欣向荣的互联网、电子书，蓬勃发展的线上教学模式，都能极大地满足教育客体的学习需求。互联网时代的信息传输极大地提升了教育客体获取知识的效率，甚至思想政治教育工作者自身尚未习得、仍未掌握的信息和知识也早已通过互联网平台

① 《习近平谈治国理政》，外文出版社2014年版，第93页。

② 习近平：《决胜全面建成小康社会 夺取新时代中国特色社会主义伟大胜利——在中国共产党第十九次全国代表大会上的报告》，人民出版社2017年版，第11页。

得到了广泛的传播并为教育客体所掌握。因而部分教育客体在经验阅历、知识水平、国际视野等方面已经超过了教育主体自身，这一新形势为思想政治教育工作者开展教育工作提出了更高的要求，如何在新的时代条件下满足教育客体更加迅速、更加多元的知识获取需求，成为我们需要重点关注的新课题。

(三)教育客体的主体性地位日益凸显

在传统的教学过程中，教育主体作为权威信息的掌握者，在整个教学过程中更多扮演“知识权威”的角色，教学内容固定、教学形式单一是传统教学的主要特征，教育客体单向接受教育主体传授的一切知识并视其为权威也是传统教学的真实写照。这种由教育主体主宰的教学模式虽然有利于高效提升教育主体的教学水平和教学能力，却在很大程度上弱化了教育客体的能动作用，很难培养出具有较强竞争力的专业人才，特别是在当今开放、包容的时代条件之下，只有充分重视教育客体的主体性地位并挖掘每一位教育客体的内在潜力，才能真正培养出理论功底深厚、语言表达力强、思维逻辑缜密的卓越人才。

习近平总书记在学校思想政治理论课教师座谈会上指出，要坚持主导性和主体性相统一，思政课教学离不开教育主体——教师的主导，同时要加大对教育客体的认知规律和接受特点的研究，发挥教育客体主体性作用。思想政治教育工作不是简单的给予，教育客体也不是简单的接收，教学过程应当是一个思想双向流通的过程，教育主体与客体之间应当建立稳固的呼应关系，一方有所呼，另一方必有所应。这就要求在鼓励教育主体发挥主导作用的同时，充分调动教育客体参与教学过程的积极性与主动性。从这一角度来看，思想政治教育方法的改革与创新势在必行。

三、教育媒介种类形式的不断丰富

传统意义上的思想政治教育媒介主要包括纸质书籍、报纸、期刊、宣传画等，它们为传播思想政治教育内容、促进受教育者身心健康成长、培育德才兼备的人才等发挥了非常重要的作用。面对现代信息技术的飞速发展，传统媒介逐渐暴露出形式较为单一、影响力度较小、传播渠道较窄、交流方式落后等现实问题。进入互联网时代，随着电子化教学的不断普及，网络社交平台蓬勃兴起，融媒体模式深入发展，教育媒介的种类与形式都得到极大扩展。总的来看，思想政治教育媒介形式不断丰富，打破了以往思想政治教育工作所面临的时空局限。

(一)电子化教材

电子化教材主要是指以系统化的教育内容为依托、以信息技术为载体，根据某些标准编订的旨在培养国家和社会所需人才的电子教学材料，它的最大价值在于为每位学生提供合适的教育。纸质教材是面向集体的教学文本，无法考虑到每一个体不同的学习需求，教育者往往会根据统一的标准要求所有的学生学习，难以做到因材施教，而电子化教材却能够克服这些弊端。首先，电子化教材面向的是每一位学生个体，很大程度上满足了现代社会对人才个性化、差异性的要求，在促进学生个性化发展方面大有作为。其次，电子化教材可以超越时空局限，对于教材本身而言，它能够大大减少传统纸质教材容纳内容有限、更新速度较慢的问题；对于学生而言，电子化教材能够超越时间和空间的限制，学生可依据自身的需要制订适合自身的学习计划。再次，电子化教材中的互动体验模式也是纸质版教材望尘莫及的，例如内嵌式语音、视频资料、课后习题、交互式评价等子系统既能生动展现教学内容的系统性与全面性，又能从多维度挖掘教学内容的深度与广度，为学生提供体验感更强、效果更好的学习模式。最后，电子化教材还能够实现学科内部及跨学科的资源整合，实现学科内部内容纵向延展和跨学科领域内容的横向互通，在教学内容的综合性、教材容量的无限性等方面其都是传统纸质教材所无法企及的。

(二)网络社交平台

随着互联网、智能手机的普及，当前的学生群体可以说是“无人不网”，网络的即时性、交互性、虚拟性、共享性等特征，无一不对教育尤其是思想政治教育实践活动的全过程产生广泛而深远的影响。自 2001 年网络思想政治教育这一概念被提出至今已有 20 年了，网络思想政治教育也逐渐成为学术界重点关注的研究领域。如何将网络平台的显著优势与思想政治教育的科学模式有机融合，成为当前所有思想政治教育工作者面临的一个亟待解决的现实问题。

近年来，微信公众号、微博、QQ、知乎等虚拟网络交流平台逐渐成为常见的教育媒介，也成为广大教育工作者开展思想政治教育工作的重要平台；伴随 5G 等网络信息技术的革新和高速发展，B 站、抖音、快手等网络视频平台应运而生，受到广大青少年特别是 95 后、00 后学生群体的欢迎和追捧。网络社交平台具有鲜明的时效性、多元性和互动性。首先，随着网络社交平台软件的开发，信息传播的速度得到极大的提升，强大的数据库和高速的信息处理能力突破时间与空间的局限，人们可以最快的速度，随时随地了解需要的信息。

其次，在世界趋于多元化的背景之下，网络社交平台给了使用者更多的表达机会，大家可以畅所欲言，尽情表达自己的看法和见解，在各种观点和思维的碰撞中擦出绚烂的火花。面对网络社交平台的包容性与兼容性，如何满足受教育者不断增加的教育需求，积极传播和引导正确的、先进的思想和信息成为当务之急。最后，网络社交平台突破了传统的点对点分享模式，促进了信息的分享与互动，提升了信息传播速度，扩大了信息的辐射范围。

（三）媒体融合的教育形式——融媒体

随着数字科技的不断成熟与发展，信息传播的媒介不再单一，而是逐渐打破了传统意义上媒体间的边界，在多个媒体平台之间跨越，在多个媒介格局中融通，呈现出媒体间相互交融、整合的发展态势。融媒体就是多种媒体优化组合的产物，它有机融合了传统媒介的可信性与新媒介的舆论性优势，呈现媒介一体化的发展趋势。融媒体平台的升级和信息传播总体格局的改变，为思想政治教育工作创造了新的文化环境，同时也为正确价值观念的传播带来了千载难逢的好机会。习近平总书记曾指出：融合发展关键在融为一体、合而为一。党的十八大以来，从提出推动媒体融合发展的重大任务到推动媒体融合向纵深发展，从加强顶层设计到提出采编发流程再造以及融媒体中心建设，习近平总书记为媒体融合发展绘就了蓝图。思想政治教育工作是传播国家主流意识形态和塑造人正确世界观、人生观与价值观的一项至关重要的事业，如何抓住融媒体网络平台的发展机遇，推动思想政治教育在新时代继续焕发出生机与活力，这既是党和国家在教育转型时期将压力转化为动力的一个关键着力点，同时也是思想政治教育工作任务的重要一环，是在新的时代背景之下开展思想政治教育工作、提升思想政治教育接受度和实效性所必须面对和解决的重要时代命题。

四、教育活动所处环境的日新月异

教育活动的实施离不开其所处的环境。当教育活动顺应其所处环境的变化并充分利用环境中的有利因素时，教育活动会受到积极影响，产生有利于个人和社会发展的教育结果。当教育活动违逆其所处环境、全盘否定其中的有利因素时，教育活动也会因此受到消极影响，阻碍个人与社会的发展，产生不尽如人意的教育结果。习近平总书记指出："形势在变、任务在变、工作要求也在变，必须准确识别、科学应变、主动求变。"①当前，我国已全面进入互联网时

① 《习近平谈治国理政》第3卷，外文出版社2020年版，第108页。

代，科学技术水平不断提高，信息传播技术加速发展。改革开放40余载以来，我国物质条件得到了极大的改善，十九大报告宣布中国特色社会主义进入新时代，社会主要矛盾发生根本性变化。国际环境也发生着深刻而复杂的变化，全球经济与文化的相互交织与交融对我国而言既是机遇，也是挑战，这些均对思想政治教育提出了新要求。

(一)物质条件更加丰盈

改革开放40多年以来，我国在经济上的进步是划时代的，综合国力也在持续增长，人民生活水平日益提高，社会保障体系不断完善，中国人不会为基本温饱问题而担忧，而这种物质繁荣带来的必然是对精神层次上的更高追求——对文化与教育繁荣的不懈追求。

教育活动所面临的关键机遇。在以习近平同志为核心的党中央正确领导下，中国特色社会主义现代化建设迈入了全新的征程，在经济社会持续发展的同时，人民群众的精神生活需要也越来越受到重视。习近平总书记高度关注思想政治工作，指出"要坚持把立德树人作为中心环节，把思想政治工作贯穿教育教学全过程，实现全程育人、全方位育人"。① 从个体需求上看，在物质条件丰盈的今天，人们接受教育的理由已经从对基本生存性需要的满足转变到对真、善、美等更高层次的精神需求上来。个人的兴趣与爱好的发掘、生命意义与人生真谛的探寻以及个人价值与社会价值的实现成为当前社会背景下人民群众的普遍追求。

教育活动所应对的全新挑战。一方面，少数群体在对外开放的过程中逐渐受到不思进取、精致利己等思想的影响形成了错误的价值观念，从而给思想政治教育工作者开展教育活动带来严峻的挑战。思想政治教育工作者应当重点思考如何引导受教育者达到更高层次的精神追求，摆脱错误的价值取向，实现有价值的人生。另一方面，随着物质条件的改善、科技水平的进步，无论是施教者还是受教者都很容易过于依赖碎片化的知识。碎片化知识的获取看似节省了时间、提高了获取效率，但同时也严重影响了受教者系统性思维的建立。

(二)互联网及信息技术的高速发展

近年来，互联网信息技术不断发展与全面普及深刻改变了人们的生产与生活，同时也全方位、深层次影响着教育活动，给教育活动带来了很大的发展机

① 《习近平谈治国理政》第2卷，外文出版社2017年版，第376页。

遇，同时也相应地带来了危机挑战。互联网是把双刃剑，在信息爆炸的互联网时代，每个人都有独立获取信息的便利渠道，各类良莠不齐、鱼龙混杂的信息铺天盖地席卷而来，无时无刻不在影响着互联网时代的每一位个体。在这样的背景下，信息内容来源广泛，信息传播媒介多样，信息传播速度迅捷，信息影响程度深远。在传统教育活动所处环境中，教育者凭借自身在信息和知识储备量上掌握的绝对优势，可以较为容易地驾驭课堂并巩固自身在课堂教学中的主导性地位，但是如今受教育者特别是年轻一代受教育群体善于接受新事物，使用新媒介，掌握新信息，表达新观点，往往能够通过各类网络平台和数据库迅速了解多方面的知识，其知识储备量甚至可能会超过教育者。同时受教育者还能学到不同于课堂讲授的内容、观点和价值判断，这一方面可以开拓受教育者视野，增强其主体性地位，促进其综合素质的提高。但另一方面，对于甄别能力不强的受教育者而言，极易出现理解上的片面和偏差，甚至对教育者及教学内容深受质疑，从而对教育活动的正常开展带来不利影响。

（三）全球文化的交融与交汇

改革开放以来，中国文化不断走向世界，世界文化也逐渐走进中国，多种文化在传播过程中交流与碰撞，发生交互影响。现阶段，不同国家、区域、民族的文化通过互联网技术深刻影响着我国社会的各个领域，尤其是在经济生活和教育教学领域。外来的优秀文明成果在一定程度上为我国构建社会主义文化强国提供了充分的借鉴，使其迸发出全新的活力。但是，中西方文化的相互借鉴和交互影响难免会产生意识形态的冲突，西方价值观念透过多重媒介潜移默化地影响受教育者的思想认知与价值取向，不仅容易导致受教育者抵触、质疑我国思想政治教育的现实问题，还会在一定程度上影响教育活动与人才培养的质量，甚至会对国家安全带来极大的威胁。因此，思想政治教育工作者必须认真梳理我国文化发展脉络，仔细甄别外来文化的优劣，全面提升受教育者对社会多元文化的鉴别力和对不良文化的抵御力，进一步夯实理想信念根基，为实现中华民族伟大复兴的中国梦厚植思想基础。

第二节 思想政治教育方法改革创新的原则性

原则是指人们看待或处理问题时所遵循的基本准则。思想政治教育方法在改革创新的过程中既要满足时代发展要求和现实需要，又要符合思想政治教育自身的任务和目的，遵循一定的发展原则。本节从思想政治教育方法改革创新的原则性出发，从四个维度探讨其应遵循的主要原则，即继承性与创新性的辩证统一、借鉴性与独立性的有机融合、全局性与局部性的统筹兼顾、现实性与前瞻性的充分结合，力图促进当代思想政治教育方法的科学发展。

一、继承性与创新性的辩证统一

思想政治教育方法的发展，是继承性与创新性的辩证统一，既是批判性地继承历史上已有的思想政治教育方法成果，又是在新的历史条件下不断改革与创新思想政治教育方法的过程。只有坚持在继承的基础上创新，在创新的过程中不断赋予传统方法新功能，思想政治教育方法才能真正有效促进思想政治教育的发展，并在新时代的背景下彰显其重要价值。

（一）坚持在继承的基础上进行改革创新

社会的进步与时代的发展深刻改变着思想政治教育的背景和环境，这对思想政治教育及其方法都提出了新的发展要求。但是，如果只是一味追求创新和改变，丢弃了历史和传统，那么改革与创新就失去了必要的前提和基础。因此，没有继承，就无法实现创新，思想政治教育的改革与创新必须在继承的基础上进行。

一方面，坚持继承思想政治教育历史进程中积累的宝贵经验。思想政治教育方法是一种相对独立的存在，属于历史知识的范畴，但同时它能够很好地超越产生时的具体条件，并在之后的思想政治教育中发挥重要作用。历史的车轮滚滚向前，时代背景和社会环境都发生着巨大的改变，尽管具体的教育内容和教育目标也会随之发展和变化，同时有些教育方法被淘汰和替换，但一定会存在一些教育方法能够通过加工、改进和完善，在新的时代背景下焕发新的生命活力。当思想政治教育方法能够很好地适应一定社会历史条件、反映具体的教育内容和教育目标时，教育方法就不是消极被动的，它能在新的时代条件下增强教育内容的生命力、感召力和说服力，成为促进思想政治教育活动顺利开展和思想政治教育目标达成的有效手段。而当思想政治教育方法不能够很好地适应社会历史条件、反映具体的教育内容和教育目标时，它就会对思想政治教育的有效传播产生消极影响。因此，我们要正确理解思想政治教育方法的历史性、继承性和适应性，在传承的基础上加以改造创新而不是割裂其发展脉络。

另一方面，要坚决克服两种错误倾向。一种错误倾向是以历史条件的变化和思想政治教育具体内容和目标的变化为借口，企图全盘否定传统思想政治教育方法在新的时代条件下发挥的作用和意义。在 1938 年的六届六中全会上，毛泽东就曾指出："我们这个民族有数千年的历史，有它的特点，有它的许多珍贵品。对于这些，我们还是小学生。今天的中国是历史的中国的一个发展；我们是马克思主义的历史主义者，我们不应当割断历史。从孔夫子到孙中山，我们应当给以总结，承继这一份珍贵的遗产。"①另一种错误倾向则是全面肯定和接受传统方法，无视时代条件和具体情况的变化，拒绝面对新形势，研究新问题，总结新经验，运用新方法。在新的时代条件下，如果无条件地照搬原有的传统方法，而不是结合时代新特点和新要求加以改变，那么必然会阻碍思想政治教育活动的正常开展，降低思想政治教育传播的有效性。习近平总书记曾就中华传统文化指出："我们要以更大的力度、更实的措施加快建设社会主义文化强国，培育和践行社会主义核心价值观，推动中华优秀传统文化创造性转化、创新性发展，让中华文明的影响力、凝聚力、感召力更加充分地展示出来。"②教育是文化现象的一种，在新的时代背景之下，我们不能对已有的思想政治教育方法成果故步自封，而是必须使其随着时代条件的变化而变化，不断改进、充实和完善，赋予传统方法新内容和新功能，防止思想政治教育方法走向形式主义。总之，思想政治教育方法的继承要克服两种错误倾向，使传统方法得到批判性的继承，使其成为思想政治教育方法改革与创新的基础。

（二）坚持在改革创新的过程中赋予传统方法新功能

思想政治教育方法的成功实践和不断发展是在继承性与创新性的统一之中实现的。前面我们说到，继承传统是改革创新的基础，也是发展的前提，但如果无条件照搬传统方法，无视具体条件的变化，那么势必会对思想政治教育带来消极影响。因此，改革创新是发展的动力和关键，也是思想政治教育能否继续发展的决定性环节。

一方面，改革创新是思想政治教育发展的必由之路。思想政治教育的发展，同特定的时代条件和社会历史条件是分不开的。当具体时代条件和实践需要发生变化时，教育内容、教育目标和任务也会随之发生相应的变化，这时，服务于原定内容、目标和任务的思想政治教育方法，一部分仍有继续留存的价值，但另一部分则会被时代淘汰，被新的方法替代。如中国共产党历史上曾发挥过重要作用的思想政治教育方法——诉苦教育法，在现在看来就因不合时宜

① 《毛泽东选集》第2卷，人民出版社1991年版，第533~534页。

② 习近平：《在第十三届全国人民代表大会第一次会议上的讲话》，人民出版社2018年版，第9页。

而被淘汰。因此，改革创新既有对思想政治教育方法的肯定和接受，同样也包含着对陈旧方法的否定和改造。

另一方面，改革创新是一个“扬弃”的过程。思想政治教育方法的改革创新，是我国在新时代背景之下面对现实问题、谋求深入发展的客观要求。如何解决新的社会主要矛盾，使人民日益增长的美好生活需要与不平衡、不充分的社会发展相协调？如何在以经济建设为中心的前提下进一步深化改革，使社会主义核心价值理念深入人心，遏制腐败思想、丑陋现象的蔓延。如何面对日益复杂的国际环境，在经济全球化、政治多极化、文化多元化、信息一体化的背景下防止文化垃圾的传播和敌对势力对我国的危害？思想政治教育方法的改革创新，是对仍有留存价值的传统方法进行合理扬弃的过程，通过不断创新思想政治教育方法体系，对传统方法加以内容上的完善、形式上的创新，使之在新的时代背景下更具有适应性、系统性和针对性，切实指导新的思想政治教育实践。也就是说，思想政治教育方法的改革创新就是要赋予传统方法新的时代内涵和时代价值，使其能够面对新情况，解决新问题，发挥新作用，使传统思想政治教育方法在新的时代条件下焕发新的活力。

二、借鉴性与独立性的有机融合

思想政治教育方法的改革创新离不开借鉴性与独立性的有机融合。一方面，借鉴性是其独立性的重要条件，只有充分学习、借鉴和融合其他学科与其他国家的先进理论和方法，才能建立起独立的思想政治教育方法体系和理论体系；另一方面，思想政治教育方法改革创新的独立性是借鉴性的前提，只有保持一门学科方法的独立形态，才能保证学科根基不被动摇，其完整性不被破坏。因此，借鉴性是独立性的条件，独立性是借鉴性的前提，二者统一于思想政治教育方法之中。

（一）在独立自主的前提下借鉴其他先进理论方法

思想政治教育具有一套成体系的、独立性的教育方法，并在实践的过程中得到了充分的检验和肯定。如果过于夸大借鉴的作用，甚至一味照搬照抄，使思想政治教育方法失去独立性，那么思想政治教育方法就会失去基础甚至面目全非，导致思想政治教育方法无法真正发挥其应有的作用，达不到教育的最终目的。因此，必须在独立自主的前提下借鉴其他先进理论方法。

一方面，思想政治教育方法的理论基础具有独立性。在哲学基础上，思想政治教育方法论以辩证唯物主义和历史唯物主义作为哲学基础。任何一门具体科学的研究都不能离开理论的指导，即不能离开哲学思维，从事科学研究时我们要么运用唯物主义和辩证法作为指导，要么运用唯心主义和形而上学作为指导。其中，马克思主义哲学是无产阶级世界观和方法论的理论体系，它不仅是马克思主义全部学说的基础，还是所有具体科学的指导思想，是经过实践检验了的科学的指导思想。马克思主义哲学不仅为思想政治教育指明了方向，同时也为思想政治教育提供了根本方法与途径。因此，思想政治教育方法论必须坚持马克思主义哲学这一理论基础独立发展。在学科基础上，思想政治教育方法论以思想政治教育学原理作为学科理论基础。作为思想政治教育学科两大理论支柱的思想政治教育学原理和思想政治教育学方法论，二者既紧密联系在一起，又有着很大的区别，思想政治教育学原理是思想政治教育方法论的学科理论基础，一旦离开理论去讲方法，最终只会导致思想政治教育违背规律并走向失败。所以，只有坚持思想政治教育学原理这一学科理论基础的独立发展，思想政治教育方法论才能有理可依，才能真正具有应用性。

另一方面，思想政治教育方法论自身具有先进性。在借鉴其他先进理论和方法之前，我们首先应看到思想政治教育方法论自身的先进性，从而更加坚定思想政治教育方法的独立性原则。在经济全球化、政治多极化、文化多样化、科学技术快速发展的今天，对于人才的培养要求不仅仅停留在知识的传授和对创新能力的注重上，还要在思想政治教育上下功夫。思想政治教育相比于其他学科，一个很明显的区别就在于其较为浓厚的政治色彩和鲜明的政治属性。思想政治教育方法论具有的先进性使其成为国家意识形态教育最主要的途径，这是其他教育方式所无法达到或者无法如此直接达到的，思想政治教育方法若不能独立发展，不仅会使受众对其产生理解偏差，阻碍教育目标的实现，导致思想政治教育方法论自身体系的解构，甚至会导致国家意识形态出现危机等。因此，我们必须坚持思想政治教育方法的独立性。

(二)在借鉴融合的过程中保持方法的独立性发展

借鉴是指通过与他者相对照以便吸取教训、取长补短，进而更好地为我所用，是一种利用他者有益之处来改进自己不足的实践活动。思想政治教育方法的独立性并不意味着闭门造车、故步自封，而是在借鉴融合先进思想与方法的过程中保持原有方法的基础、本质与核心不被动摇。这里的借鉴融合并不是一种简单的拼凑，更不是一种替换和照搬，而是综合吸纳其他学科的先进思想和优点长处，以丰富思想政治教育方法的主体内容。借鉴性是独立性存在的重要条件，只有融合借鉴其他思想理论的先进之处，才能使思想政治教育方法保持先进性，进而确保其独立性。

一方面，借鉴国外思想政治教育方法。国外思想政治教育方法经历了长时期的发展，具有明显的西方文化传统与特色。在当代，西方国家思想政治教育的方法是西方资本主义经济、政治、文化制度的产物，它的终极目的是为西方国家社会经济、政治、文化制度服务的。因此，借鉴西方国家思想政治教育方法并不是否定我国已有的制度与成就，而是通过认识西方国家思想教育、政治教育、道德教育的实质和特点并借鉴其有益部分，找寻破解我国思想政治教育方法存在困境的资源和途径，更好地为服务于我国思想政治教育方法改革与创新的实践。正如习近平总书记所说："解决中国的问题，提出解决人类问题的中国方案，要坚持中国人的世界观、方法论。如果不加分析把国外学术思想和学术方法奉为圭臬，一切以此为准绳，那就没有独创性可言了。如果用国外的方法得出与国外同样的结论，那也就没有独创性可言了。"①这就要求我们对西方思想政治教育方法的学习和借鉴要立足于本国实际，在对西方思想政治教育方法客观分析的基础上有的放矢、去粗存精、为我所用。

另一方面，借鉴其他学科领域先进方法。在思想政治教育方法的改革创新上，我们还需要综合借鉴多学科的理论成果与方法。很多社会学科的理论，例如心理学的方法、社会学的方法、哲学的理论和方法等都值得借鉴，以推动思想政治教育方法的发展。除此之外，自然科学中的实验法、定量研究法和质性研究法都对我国思想政治教育方法有很大的借鉴意义，尤其是当前系统科学和自然科学领域产生了大量新的方法理论，这些都是值得当今我国思想政治教育方法所借鉴和吸收的。

三、全局性与局部性的统筹兼顾

思想政治教育方法的改革创新，一方面要从大局出发，具备宏观的全局性战略目标和任务谋划；另一方面又要重视和支持局部的发展，从某一个具体的要素及分支的现实问题入手并寻求优化路径。正确处理全局与局部的关系，统筹看待思想政治教育方法在大方向上的宏观性与具体内容的微观性，对于思想政治教育方法在新的时代条件下协调发展有着重大的战略性意义。

（一）从大局出发，谋略全局

所谓全局是指事物的整体以及其发展全过程。唯物辩证法认为，任何客观

① 《习近平谈治国理政》第2卷，外文出版社2017年版，第341页。

事物都是作为一个整体存在的，都有其变化与发展的全过程。全局是影响事物存在与发展的决定性力量，把握好全局对于事物的存在与发展有着至关重要的作用。毛泽东就曾指出全局的重要性："指挥全局的人，最要紧的，是把自己的注意力摆在照顾战争的全局上面。"①因此，我们在进行思想政治教育方法改革时要从大局出发，胸怀全局，谋略全局。

坚持马克思主义理论的指导。马克思主义理论由马克思和恩格斯创立，经历了列宁主义、毛泽东思想、中国特色社会主义理论体系几个阶段的发展，思想政治教育方法也随之得到不断发展与完善。中国特色社会主义理论体系是包括邓小平理论、"三个代表"重要思想、科学发展观、习近平中国特色社会主义思想等重大战略思想在内的科学理论体系，是马克思主义中国化的最新成果，在当代中国，坚持中国特色社会主义理论体系就是坚持马克思主义。中国特色社会主义理论体系坚持马克思主义基本原理，并将其与中国社会主义现代化建设相结合，在新的时代条件下为我国社会的发展指明了方向，也为我国一切工作提供了科学方法。因此，思想政治教育方法在全局上要以中国特色社会主义理论体系作为指导，整体把握思想政治教育方法的方向，推动思想政治教育方法的改革与创新。

立足国际国内发展的现实状况。当今世界正在经历"百年未有之大变局"，文明、技术、制度和权利等维度正在发生深刻变化，新的一轮产业革命蓄势待发，以中国为代表的发展中国家的崛起逐步打破西方主导的一元格局，新的发展模式新的治理模式逐渐焕发出生机，变局之中蕴含着诸多变数，旧力量与新力量加剧博弈，机遇与挑战增多，但和平与发展的态势仍占据主流。从国内情况来看，在"两个一百年"的历史交汇点上，全面建成小康社会任务的圆满完成，脱贫攻坚任务取得巨大胜利，开启社会主义现代化建设伟大征程伴随着第十四个五年计划的蓝图徐徐展开，在此背景下，思想政治教育即将迎来新的发展态势。应对新情况，运用新方法，解决新问题，在当代社会的实践中不断完善、改进与发展，才能够真正发挥思想政治教育方法的作用，为社会主义现代化建设服务。

开展思想政治教育方法新研究。从全局来看，思想政治教育方法的发展不仅要有正确理论指导和客观实践支撑，还需要开展相关研究。新的方法不会自发产生，而是由一定的理论内容和实践内容所决定。但是，新的方法也具有相对独立性，它可以反作用于一定的内容，或促进或阻碍这部分内容的发展。因

① 《毛泽东选集》第1卷，人民出版社1991年版，第176页。

此，对于思想政治教育方法的改革创新，要深入研究古今中外思想政治教育方法，深入研究中国共产党传统思想政治教育方法。除此之外，还要研究和探讨思想政治教育新领域、新途径和新功能中所要用到的新方法，使当代思想政治教育方法在与各类优秀思想的碰撞和在实践的反复总结与升华中不断丰富与发展。从全局来看，对过去和现在的思想政治教育方法研究越是深入和系统，我们就越能准确把握思想政治教育方法的发展趋势，这不仅有利于推进思想政治教育方法的改革创新，同时也有利于提高思想政治教育的水平。

(二)重视局部，带动全局发展

与全局相对应，局部是指构成事物的各个方面、要素、分支以及事物发展全过程的某一阶段。局部与全局是相对的两个概念，每一个局部自身又是一个全局，也存在着如何处理一系列全局性的问题，因此，只有认真研究、仔细把握好每个局部自身的全局性关系问题，才能够做好自身的各项工作，进而促进大整体的发展。当然，局部也具有相对独立性，局部之和既有可能大于全局，也有可能小于或是等于全局，局部功能的大小与好坏会直接影响到全局的变化与发展，关键性局部有时甚至会对全局的兴衰起到决定性作用。因此，思想政治教育方法既要有全面性、总体性的谋划和布局，又要做好每个局部工作，用局部的功能与作用带动全局的整体发展。

社会主义现代化建设的不断发展对思想政治教育方法的改革创新提出了新要求。党的十九大报告明确指出，中国特色社会主义进入新时代，我国社会主要矛盾已经转化为人民日益增长的美好生活需要和不平衡不充分的发展之间的矛盾。在新的时代机遇和时代条件之下，社会结构与社会样态都发生了新的变化，人们更加关注对真、善、美的追求和对自我实现、生命意义的思考，也就是说，精神追求是当今时代人们更加看重的一个发展需求。同时，在社会逐渐向开放、包容、多样的方向发展时，人的主体性意识也明显增强。因此，思想政治教育方法的改革创新也应该适应社会的发展以及人的变化这种趋势，在掌握基本教育理念的基础上改变传统的教育模式，更加凸显主体性教育的意义。

经济全球化浪潮的持续推进对思想政治教育方法的改革创新提出了新挑战。随着经济全球化浪潮的不断推进，不同国家、地区之间在思想文化领域的交流和碰撞更加频繁，由此也带来了很多文化观念与社会价值观方面的冲突与矛盾。这就要求我们在进行思想政治教育方法改革创新时应当更加旗帜鲜明地坚定社会主义意识形态的主导地位，加强思想文化建设，进而对经济、社会、文化以及个体的发展予以正确科学的指导。我们要正确处理民族的与世界的、过去的与未来的、传统的与现代的、主导的和多样的之间的关系，进一步优化思想政治教育方法体系。

社会信息化的深入发展对思想政治教育方法的改革创新产生新影响。今天，科学技术的突飞猛进使社会信息化的程度日益提高，一方面，其不仅为思想政治教育提供了相关学科的最新知识与最新方法，也能更直接地为思想政治教育提供现代教学与传播手段。另一方面，社会信息化的发展不仅变革和发展了人们获取信息和知识的方式，潜移默化地影响着人们的思维方式与行为方式，同时也使现实生活世界与虚拟生活世界之间更加分裂开来，使虚拟性与现实性的矛盾更加突出。因此，思想政治教育方法要充分利用社会信息化带来的有利条件和有利影响，趋利避害，不断更新和完善自身，树立现代化教育理念，运用先进教育技术，开发多种教育资源，增强人们在信息社会中生存与发展的本领，进一步推进思想政治教育的网络工作，实现思想政治教育方法的现代化。

四、现实性与前瞻性的充分结合

思想政治教育方法的改革创新需要做到现实性与前瞻性的充分结合，一方面，思想政治教育方法的改革创新不能不顾及现实甚至脱离现实，必须立足于客观实际，解决现实存在的问题，若只是为了超前而超前，那么就会偏离轨道，最终无法达到其应有的教育效果；另一方面，改革与创新是需要向前看的，思想政治教育方法的改革创新如果不能领先于时代、超越于现实，失去了前瞻性，同样也很难培养出适应将来社会需要的人才。因此，思想政治教育的改革创新必须将现实性与前瞻性紧密结合在一起，才能做到不偏不倚，更好地达到思想政治教育目标。

(一)立足现实，脚踏实地

思想政治教育方法改革创新的现实性是指在思想政治教育方法改革创新的过程中，要立足于现实，高度关注当前面临的形势与问题并为其寻求解决方案，把握好思想政治教育方法的现实性意义，进而提高思想政治教育方法的有效性与实效性。

从国际看，国际竞争归根结底是综合国力的竞争，这主要表现为经济、政治、军事、文化、教育、科技实力的竞争。今天，世界正面临着百年未遇之大变局，中国特色社会主义事业正处于一个国际竞争日趋激烈的世界背景之下，此时，强有力的思想政治教育将作为强大的精神力量为综合国力的不断增强发挥重要作用，这就要求思想政治教育方法从国际大背景中找到存在的现实问题，不断提高我国的竞争力。

从国内看，思想政治教育方法的改革创新需要立足于中国特色社会主义事业的伟大实践。如今，中国特色社会主义进入新时代，党的理论、路线、方针、政策及奋斗目标需要更加深入而广泛的宣传，党和政府开展的一系列改革与建设的新举措需要更有说服力的解释与推广，人民日益增长的美好生活需要应得到更大程度与更高标准的满足，实践中出现的新课题和新矛盾需要认真研究探讨并给予及时疏导和解决，这些任务是否能够有效完成，关系着中国特色社会主义社会的发展以及中国特色社会主义事业的大局。

（二）超越现实，放眼未来

思想政治教育方法改革创新的前瞻性是指在思想政治教育方法改革创新的过程中，在充分把握现实的基础之上放眼未来，把握好理论内容、时代主题、环境因素以及自身的发展条件，在对人们思想观念的发展趋势以及思想政治教育方法的发展趋势进行科学评估的基础之上，不断改进思想政治教育方法，增强思想政治教育方法的主动性、积极性和针对性。

思想政治教育方法的发展具有分化趋势。过去，思想政治教育仅仅局限于自身领域和日常规范，常常就思想而论教育、就教育而论教育，严重制约了思想政治教育作用的发挥。如今，思想政治教育正向不同的领域拓展：第一，在复杂多变、竞争激烈的社会中，必须发展预防教育与超前教育，运用与之相对应的教育方法，例如思想预测方法、预防教育方法和思想政治教育决策方法等，切实帮助人们在复杂多变、竞争激烈的社会中做到思想领先、减少风险，增强对未来的认知程度；第二，思想政治教育必须深入内心深处，研究新形势下教育的内化方法，进一步普及心理健康知识，开展心理咨询和心理测试，进行心理诊断和心理分析，切实提高教育效果；第三，当前，中国社会和经济等各个方面都发生着巨变，思想政治教育方法必须融入时代特色，在新的历史时期稳步向前，改进当前教育内容及教育方法，大力培养新时代社会主义现代化建设所需的各类人才。

思想政治教育方法的发展具有综合趋势。今天，思想政治教育向相关领域不断渗透，与相关学科相互融合，这对思想政治教育方法的发展提出了新的要求。首先，思想政治教育向业务与经济领域不断渗透，与相关工作相结合，这就要求我们克服传统教育分工中的局限，采用发展与渗透相结合的方法使之相互促进、相得益彰。其次，思想政治教育向环境渗透并与之相结合，通过对制度环境、物质环境等的选择、建设与优化，达到实施教育并感染受众的目的。再次，思想政治教育与网络相结合是大势所趋，思想政治教育方法与手段的现代化应是一个创造性运用的过程，它不应仅仅涉及教育的某一个方面，而是涵盖调查与收集、处理与分析现代化的全过程，涉及思想政治教育反馈、评估、环境建设现代化等，只有把握好思想政治教育方法的这个发展趋势，综合有效运用现代化手段，才能真正创造出富有时代气息的育人环境。

思想政治教育方法的发展具有社会化趋势。在我国古代，思想政治教育的等级性、强制性和依附性非常明显，这既是封建社会剥削阶级统治的产物，又是社会化程度低的反映。新中国成立后，社会主义制度的建立为人民提供了平等的社会关系，社会主义市场经济体制的改革和对外开放的深入发展增强了人们的自主性以及生活的民主程度，思想政治教育方法也必须提高社会化水平。这要求思想政治教育方法一是要增强平等性，建立教育主体与教育客体之间平等双向的互动交流模式；二是要增强自主性，通过民主协商、沟通评议、自我批评等措施使思想政治教育真正成为人们共同参与的活动；三是要增强自觉性，通过发展自我教育等方式，帮助受教育者自觉提高自我修养，减少对教育的依赖性。简而言之，思想政治教育方法的社会化就是改变教育主体目前的工作状况，引导教育客体在平等互助的环境中自觉学习思想政治教育相关内容，掌握一定的教育方法，积极参与到思想政治教育活动中来。

第三节　思想政治教育方法改革创新的方向性

思想政治教育方法的改革创新并不是没有方向的，相反，其必须有一定的方向指引和趋势规划，只有调试好思想政治教育方法改革创新的方向性，思想政治教育方法才能把握正确发展道路，深刻反映时代呼声，提升思想政治教育的影响力和教育效果。

一、坚持在融合多元学科方法的探索中推动改革创新

思想政治教育方法的发展必须具有鲜明的时代属性。随着现代科学与技术的发展，各个学科之间的联系日益紧密，学科方法之间也在不断渗透与结合，进而产生新的理论与方法。思想政治教育方法主要是研究如何有效做人的思想政治工作的方法，这就决定了思想政治教育方法的改革创新必然要随着自然科学与人文科学的发展而发展，在融合多元学科方法之中探索新方法。

(一)思想政治教育本身就是一门多学科交融的学科

作为一门多学科交叉形成的新兴学科，思想政治教育本身就借鉴和融合了多学科理论、概念、功能与方法，这些理论与方法进而能够不断地促进当代思想政治教育方法的发展。我们要肯定融合多学科方法的重要地位和意义，并不断加强对其他自然科学和人文科学方法理论的融合研究，通过批判性借鉴和创造性转化，使其能够为思想政治教育服务，加强思想政治教育中思想教育、政治教育、心理教育、道德教育等方法的科学发展，丰富与完善思想政治教育方法体系，推动思想政治教育方法向科学化、潜隐化、现代化的方向不断发展。

(二)多元学科方法的融合是思想政治教育方法发展的不竭动力

思想政治教育是一个多学科交融的年轻学科，综合吸收和借鉴多学科理论和方法不仅有利于促进思想政治教育本身的不断完善与发展，也能促进思想政治教育方法走向系统化与科学化，是思想政治教育方法发展的不竭动力。其中，哲学、心理学、计算机、社会学等知识都是思想政治教育方法发展的重要学科方法支撑。哲学是关于世界观和方法论的学说，它为思想政治教育方法提供了理论基础和方法指导，是思想政治教育方法的来源与依据，包括一切从实际出发、实事求是、理论联系实际、矛盾分析法等在内的理论与方法在新的时代条件下的思想政治教育方法中要得到更加广泛的运用。心理学研究的是人类心理现象及其影响之下的精神活动与行为活动的总和，其运用到思想政治教育领域可以有效揭示人在思想与行为上的规律，例如心理咨询法、激励教育法等都能够在思想政治教育方法中得到很好的运用。如今，网络日益成为思想政治教育的重要载体，这使得计算机的相关知识在思想政治教育方法领域得到了日益广泛的运用，特别是对于网络思想政治教育的发展有着极为重要的作用和意义，因此，计算机的很多理论与方法与思想政治教育的联系越来越紧密。社会学则能够在思想政治教育中就社会心理问题、人际关系问题以及社会环境分析与优化问题等进行深入探讨，通过心理疏导方法、人际关系吸引方法以及社会工作方法等有效分析与解决问题。因此，各门学科方法对思想政治教育的渗透与融合程度越来越深，对思想政治教育方法发展的影响也越来越重要。思想政治教育方法只有不断吸收与借鉴多元学科的方法，才能获得创新与发展的不竭动力。

(三)在马克思主义的主导之下融合多元学科方法

马克思主义是无产阶级的世界观与方法论，也是我国各项具体科学的指导思想。思想政治教育方法的改革与创新任何时候都离不开马克思主义的指导，思想政治教育方法只有坚持马克思主义的主导地位，在马克思主义的主导下进行改革与创新，才能保证旗帜鲜明，政治方向正确，进而得到真正意义上长远的发展。在思想政治教育方法的改革与创新中，一定要处理好马克思主义的主导地位和融合多元学科方法之间的关系。一方面，我们要坚持马克思主义的主导地位不动摇。因为各门学科的方法与理论基础都是不尽相同的，并非所有方法都是以马克思主义为理论基础，这样势必导致非马克思主义的观点和理论被阐发和运用，影响思想政治教育方法的发展。因此，一定要对各门学科方法进行科学的研究，取其精华、去其糟粕，保证马克思主义在思想政治教育方法中的主导地位，防止相对主义、人本主义等思想对马克思主义主导地位的挑战。同时，为了进一步提升马克思主义对思想政治教育方法的主导地位，还需要加强对马克思主义方法论的研究及其应用，在新的历史时期使包括唯物辩证法、历史唯物主义在内的理论更具有说服力和影响力，使发展中的马克思主义方法论特别是马克思主义中国化的理论成果更加紧密地与我国现阶段发展实际和思想政治教育的需要相结合。另一方面，我们也要在坚持马克思主义主导地位的基础之上加强对多元学科方法的借鉴与吸收，以充实新的时代条件下的思想政治教育方法，使其先进性更能得到凸显，进而更好地帮助思想政治教育方法自身的发展及思想政治教育目标的实现。

二、坚持在继承传统教育方法的基础上推动改革创新

传统的教育方法是思想政治教育工作者的宝贵财富，思想政治教育工作者对待传统的教育方法既不能采取全盘否定的方式，也不能采取一味接受的方式，必须充分依据当今社会发展的现实情况选择具有借鉴意义的教育方式。思想政治教育工作者必须在吸收经验、汲取教训的基础上推动思想政治教育方法的改革与创新。

(一)继承中国古代的教育方法

中国古代社会经历了原始社会、奴隶社会以及封建社会。进入春秋战国时期，礼崩乐坏，封建制度随之逐渐建立起来，诸子百家提出了各种各样的思想道德教育的理论与方法，其中以孔孟为代表的儒家创立的理论与方法最为系统。总的来看，中国古代教育方法博大精深，源远流长，经历了几千年的历史发展，因此其教育方法相应来看比较完善，特别是儒家的思想道德教育方法，在中国封建社会一直居于主导性地位。

以孔孟为代表的儒家思想最突出的特点就是强调伦理道德，并将政治与伦理相结合。在我国封建社会，无论是政治制度、礼仪规范还是社会习俗都深刻体现出伦理道德的要求，而这种伦理道德的要求又是直接为封建统治阶级服务的。儒家不仅确立了伦理道德思想，还形成了一套相对完整的伦理方法体系，这其中既有针对治国理政的，也有针对自身修养的；既有综合的，也有单个的。自春秋战国形成以来，这个方法体系就一直被历代统治者继承和沿用、完善和充实。如今，我国已进入现代社会，大步迈进中国特色社会主义新时代，对于儒家伦理道德方法中的专制性、保守性、封闭性、等级性内容应加以批判和否定，但是其注重伦理、讲求道德的传统及方法，不仅是中华民族的传统美德，更是我们思想政治教育方法在改革创新中理应得到传承和发扬的珍宝。

中国古代的思想道德教育虽然也会注意外在因素的作用，例如通过环境的感化、刑罚的强制等，但是这些都是辅助的教育方式，内化的教育则是我国古代思想道德教育的主要方式。在治国教民的方法上，儒家强调以德服人，以德教民，这是一种追求内在价值的教化方法，以征服人心的方式达到教化的最佳效果。孔孟还将这种方法由国家推至家庭，并由政治层面推至道德层面，使之覆盖面更广，教化效果更佳。在个人修养方面，儒家强调个人自觉地进行内在控制，强调通过个人的自我认知、自我克制、自我教化、自我反省来达到道德教育的目的，为封建社会的正常秩序和统治阶级的治国理政服务。内在性的教育方式在今天仍有借鉴价值，我们在思想政治教育方法的改革创新中应将这种方法与客观实际相结合，使之焕发出新的时代光彩。

(二)继承中国共产党的思想政治教育方法

思想政治教育是党的优良传统，思想政治教育方法作为思想政治教育付诸实际的现实存在形式同样也是党的宝贵财富。在新的历史条件下，继承党的思想政治教育优良传统、正确方针及方法，对于熟练掌握和科学运用思想政治教育方法有着重要的意义。

首先，继承党的思想政治教育正确方针。中国共产党长期坚持思想政治教育，并在思想政治教育的实践中提出思想政治教育必须围绕党的中心工作、服务于实现党的基本路线的正确方针，这保证了中国共产党革命和建设的顺利进行以及伟大目标的接续实现。中国特色社会主义进入新时代，伴随着的是改革开放深入发展，我国社会的主要矛盾发生了新变化，但是，“一个中心，两个基本点”的党的基本路线依旧具有鲜活的生命力，深刻反映出我国社会发展的客观规律，同时也为我国思想政治教育指明了根本方向与根本途径。

其次，继承党的理论与实际相结合的原则。这是中国共产党在长期思想政治教育工作中总结出的正确原则，也是我们今天开展思想政治教育必须遵循的原则，它反映了行为与认知、理论与实际之间的辩证关系，揭示了理论教育与实践教育不可分割的内在联系，无论何时，它都是思想政治教育取得成效的最根本途径。历史经验向我们证明，如果不遵循这一原则，思想政治教育就可能犯教条主义或是经验主义的错误，唯有遵循这一原则，思想政治教育才能发挥积极的作用，达到其应有的效果。

最后，继承党的群众路线方法。群众路线方法是中国共产党一切工作的根本方法，也是中国共产党在思想政治教育方面形成的优良传统。中国共产党相信群众，尊重群众的首创精神并坚信其能够自己解放自己，思想政治教育如果脱离群众，就是脱离实际；同时，中国共产党也认为思想政治教育是群众性的工作而非少数人的特权，因此，各行各业的党员和干部都要进行思想政治教育，也正是群众性的这一特点，要求思想政治教育必须坚持群众自我教育与相互教育相结合的方法，不仅要引导群众自觉学习马克思主义理论、改造思想，还要引导群众在相互教育、相互影响、相互帮助的过程中收获成长，使思想政治教育更加充满生机与活力。

中国共产党关于言教与身教相结合的原则、解决思想问题与解决实际问题相结合的原则以及许多具体的原则与方法都是我们在新的时代条件下开展思想政治教育需要继承和发展的。

三、坚持在借鉴西方教育方法的过程中推动改革创新

立足于新的历史起点，思想政治教育方法的创新发展必须以开放的态度吸收人类文明发展的一切优秀成果，充分借鉴西方渗透性的教育方式、主体性的教育范式、社会性的教育模式，将西方科学有效的教育经验充分融入思想政治教育方法的改革创新中，推动思想政治教育方法真正与思想政治教育的现实活动紧密契合。

（一）借鉴西方渗透性的教育方式

教育行为与管理活动、日常生活的交叉与渗透既是西方国家的一项传统，又是当代西方国家的显著特点。西方国家除直接进行思想政治教育以外，更将教育与教化内容渗透到日常生活的方方面面，通过隐性的方式进行思想道德上的渗透和熏陶，充分发挥隐性课程的作用，寓教于乐，寓教于文；或是通过修建纪念馆、博物馆、艺术馆等多种场馆，运用现代化手段使传统与文明相结

合，以达到思想政治教育的目的；或通过报纸、广播、电视、网络等大众传媒进行教育教化，将以资本主义价值观为特征的生活方式展示在广告与节目之中，通过潜移默化的方式向大众渗透教化思想，等等。在长期的探索中，西方教育方式很好地把握住渗透性这一特点，充分显示出西方思想、政治和道德教育的巧妙性和隐蔽性。在我国，理论灌输有其存在的合理性与必要性，但是随着时代的发展与科技的进步，在如今多元的社会大背景之下，反复的灌输则会影响受众对教育内容的理解和吸收，甚至产生心理负担和逆反心理。因此，我们要借鉴西方渗透性的教育方式，在进行适当灌输的基础上运用隐性手段，将思想政治教育贯穿至日常生活和学习的方方面面，达到润物细无声的最佳效果。只有处理好公开灌输与隐性渗透的教育方式之间的关系，突出渗透性教育方式的重要地位和作用，才能真正提高思想政治教育的实效性。

（二）借鉴西方主体性的教育范式

在西方国家，自由主义历来被放在非常重要的位置，它更加明晰地承认个人是国家的终极价值。思想政治教育也不例外，思想政治教育的开展是以个人为发端的，其教育对象是人，因此，在实际的教育过程之中，我们要充分尊重教育对象的独立性和主体性，包容每位教育客体的差异性和自主性。西方各国在教育的过程中非常重视教育对象的主体性与能动性，进而激发每位学生的学习兴趣，更好地满足其个性需求。而在我国的思想政治教育教学之中，往往更多强调共性的培养，在现实的教育过程之中，教育对象仅仅只是被动的接受对象，教师则是拥有权威的一方，这样则会导致教育对象一味服从和认同，忽视其主体性需求，进而限制了教育客体的个性化发展与自主性的发挥。因此，我国思想政治教育要借鉴西方对教育客体主体性地位的重视，真正将人作为思想政治教育的出发点与落脚点，在尊重每位教育客体自身差异的同时引导其达到自我认知、自我完善与自我发展的目的。在具体方法选择上，思想政治教育要从个体的差异出发，针对不同群体以及同一群体的不同发展阶段采取不同的方法，因材施教，疏而导之；同时，我们还要增强对教育客体自我选择、自我辨别、自我发展能力的培养，通过丰富的内容以及创新的形式，引导教育客体在实践中形成正确的思维与行为模式。

（三）借鉴西方社会性的教育模式

人的本质决定了任何一个人的生活与教育都无法脱离社会这个大环境。教育不是独立于社会以外而单独存在的，教育的最大特点就在于它的社会性，教育的过程事实上也是生活和成长的过程。作为一项社会实践活动，思想政治教育具有复杂性与长期性，只有在整个社会的共同努力之下才能够完成，进而达到思想政治教育的既定目标与预期效果。在西方国家，思想政治教育活动并不是学校的特权，教师也不是教育活动的唯一实施者，家庭与社会同样在人的思想政治教育中发挥着重要的作用。西方国家在思想政治教育过程中构建起的学校、家庭、社会三位一体的教育模式取得了显著的效果，值得我国在思想政治教育方法的改革与创新中借鉴与学习，一方面，我们要重视学校教育的重要地位，充分发挥学校教育和课堂教育的作用，坚守思想政治教育的主渠道和主阵地，使学校成为重要的教育主体；另一方面，我们要强化家庭与社会的角色，在家庭中树立良好的家风，通过榜样示范、沟通交流等方式发挥家庭在思想政治教育中的重要作用，在社会上营造良好的氛围与环境，为思想政治教育的发展提供充足的物质条件、稳定的政治环境、健全的社会机制，等等。我们应借鉴西方教育中社会性这一教育模式，形成全方位的思想政治教育格局，进而不断增强思想政治教育的影响力与实效性。

第二篇　思想政治教育认识方法

思想政治教育认识方法是思想政治教育学习者、工作者与研究者在认识教育对象、教育环境、教育媒介的过程中所采取的方法。思想政治教育认识方法包括思想政治教育信息获取、信息筛选以及信息分析等内容。获取详尽全面的思想政治教育信息是有效筛选信息、形成准确分析的基础与前提。有效筛选思想政治教育信息是准确分析思想政治教育信息的关键步骤。准确分析思想政治教育信息是获取信息与筛选信息的最终目的。思想政治教育学习者、工作者与研究者想要掌握思想政治教育认识方法，既要认真学习思想政治教育信息获取方法，又要深入了解思想政治教育信息筛选方法，更要准确把握思想政治教育信息分析方法。

第四章　思想政治教育信息获取方法

思想政治教育信息是指在思想政治教育系统中得到利用，发挥作用，进行交流、传递、创造的信息。思想政治教育信息分布广泛，存在于人们社会生活的方方面面。按其性质而言，思想政治教育信息属于一种精神文化信息，是人们思想活动的表现，是人们根据实践对客观条件的能动反映。思想政治教育信息需要借助语言、网络和人的活动，离不开一定的物质、技术载体以及人的活动。根据思想政治教育信息与获取信息之间的时间差，我们可以将思想政治教育信息分为已经形成的、正在形成的和将要形成的信息。思想政治教育信息的获取方法则根据思想政治教育信息的分类，可分为社会调查方法、观察体验方法以及心理测评方法。

第一节　以社会调查方法全面获取信息

社会调查方法以社会活动为现实依据，通过对社会现状进行调查了解，从而达到认识社会、分析社会以及改造社会的目的。社会调查方法广泛应用于社会调查活动，具有自身独特的优势。在思想政治教育工作中，采用社会调查方法全面获取信息，能够更好地掌握社会动态，系统全面地获取思想政治教育信息。

一、社会调查方法在思想政治教育信息获取中的重要价值

社会调查方法，就是调查者通过多种途径了解相关思想政治教育信息的基本社会情况，并加以解决的方法。毛泽东同志曾说："你对于那个问题不能解决吗？那末，你就去调查那个问题的现状和它的历史吧！你完完全全调查明白了，你对那个问题就有解决的办法了。"①

① 《毛泽东选集》第1卷，人民出版社1991年版，第110页。

将社会调查方法引入思想政治教育领域，使其作为思想政治教育信息获取的重要方法之一，具有一定的必要性和重要性。首先，思想政治教育作为一项涉及全体公民的社会实践活动，覆盖面广、涉及因素众多且渗透性强，与各类社会活动相结合，具有一定的复杂性和综合性的特点。其次，人的思想状况并不是悬于空中，而是与现实结合，通过一定的举止行为、习惯特点等表现出来。要想真正了解调查对象的思想状况，获取思想政治教育信息，就必须深入社会开展调查。离开社会调查，就会出现对思想状况的错误分析，甚至走向唯心主义，不仅无法发挥思想政治教育的功能，反而会妨碍思想政治教育工作，造成思想混乱。因此，调查者不能仅局限于书斋的空想，必须深入社会实践，将研究内容与社会实践相联系，才能更好地提升针对性和适用性。最后，为了使思想政治教育能够更好地适应社会发展需要，培养社会需要的人才，更好地发挥其引导人、凝聚人、塑造人的作用，就必须进行一定的社会调查，真正了解社会的真实思想状况，及时发现问题，提供具有可操作性的解决方案，从而真正发挥社会调查的价值。

社会调查方法有利于收集信息。思想政治教育信息具有复杂性的特点，只有深入调查了解、细致分析的调查研究才能对其有全面详尽的认识。调查者通过对调查对象的思想状况、行为习惯以及所处环境等的调查，开展实践活动，能够获得重要的第一手资料，在具体分析时更好地将理论联系实际，根据现实具体情境借助理论知识进行探究，从而提高分析的准确性与科学性，为解决问题提供坚实基础。

社会调查方法是调查方法创新的需要和体现。社会调查方法将根据现代科学技术的发展不断改进具体方式，以增强其适用性。这是因为，作为收集思想政治教育信息、获取现实资料的方法，因其与调查对象有着密切联系，因此必须采用大多数调查对象熟知、熟悉的方式手段。这也对社会调查方法的创新性提出了更高的要求，随着社会科学技术手段的进步，社会调查方法也会得到相应的创新。

社会调查方法能够更好地培养调查者的科学精神和实践水平。社会调查方法通过对调查对象进行全面细致的调查了解，能够从实践中提高调查者理论联系实践的水平和创新思维能力，培养其提出问题、分析问题、解决问题的能力和实践意识，能够指导调查者更加准确地获取思想政治教育信息。

二、社会调查方法在思想政治教育信息获取中的应用原则

如果想通过社会调查方法有效获取思想政治教育信息，进而指导思想政治

教育，就必须选择科学的思想路线，遵循一定的应用原则，在应用原则的指导下开展社会调查。总体来讲，社会调查方法必须遵循实事求是的原则。实事求是是辩证唯物主义的思想路线和重要原则，也是中国共产党历来经验的科学总结，科学调查同样离不开这一基本原则。只有遵从客观事实，根据客观事实进行总结分析，才能真正体现社会调查的价值。

(一)坚持实事求是的根本原则

社会调查的目的就是为了了解社会真实情况，掌握真实信息，从而做出合理决策。如果根据虚假信息进行分析，那么结果必然是错误的，以其为指导的思想政治教育活动也必然是失败的。换句话说，社会调查所获得信息的真实度直接决定了社会调查的成功与否。因此，调查者首先应形成追求真话的意识，拒绝浮夸风、形式风，扎实调查，拒绝“走过程”，敷衍了事。其次，调查者也应在调查过程中努力营造敢讲真话、敢听真话的氛围，引导调查对象表达真实想法，反映真实情况，提高掌握信息的准确度。最后，调查者更应具备辨别真假信息的能力，避免虚假信息的干扰，提高信息的可信度。

(二)坚持群众观点与群众路线

群众观点是马克思主义的基本观点，群众路线更是中国共产党的工作路线。人民群众是社会生活的主体，更是历史的创造者。在社会调查过程中，调查者应始终坚持群众观点、群众路线，做到相信群众、依靠群众。而群众是否肯讲心里话，是否真正信任调查者，取决于调查者对待群众的态度。因此，作为调查者，不可居高临下、装腔作势，应拒绝形式主义和官僚主义作风，真正深入基层群众，和群众打成一片，拉近与群众的距离，减少陌生感，提高群众的信任度和满意度。只有虚心向群众请教，认真听取群众心声，真实反馈群众意见，才能真正发挥群众观点和群众路线的作用，社会调查才是真正有效的。

(三)具体问题具体分析，切忌偏听偏信

在社会调查的过程中，由于被调查者自身情况不同、社会背景不同、调查条件不同等，社会调查往往受到外部条件的限制，不能全面地掌握情况。此外，每个人对人或事物的态度往往不同，甚至差异较大，这也给调查者客观了解状况增加了难度。调查者首先要明确这些完全属于正常现象，要正确看待，客观冷静地分析。同时，调查者也应采取多种方法，根据现实情况确定相应的调查方法，避免机械套用已有方式模板，力求获取真实信息，切忌以偏概全、

偏听偏信。首先，调查者应当将多数人意见与个别人意见充分考虑，各自展开分析。通过开调查会或发布调查问卷，调查者较为容易地得到多数人意见，而通过单独采访交流更能了解个别人意见。当多数人意见与个别人意见相左时，调查者要根据具体情况进行理智分析。其次，调查者要能够区分理性意见与非理性意见。在调查过程中，面对由于被调查者个人情况而得出的非理性意见，调查者不能将其纳入参考之列。同时，更不能采取无限上纲、扣帽子的方法，这样不利于社会调查的开展，容易得到错误信息，从而产生错误判断。

三、社会调查方法在思想政治教育信息获取中的具体方式

社会调查方法包含许多具体的操作方式。思想政治教育工作者在收集信息之前要充分依据思想政治教育信息的特点选取合适的调查方式。为了系统全面地收集思想政治教育信息，思想政治教育工作者必须综合运用多种调查方法，从而得出思想政治教育信息的真实情况。同时，我们也应看到，社会调查的每种方法都有其自身的特点、长处以及局限性，并没有哪一种方法能够适用于所有情况。调查者在采用方法时应结合具体情况具体分析，不应只局限于使用一种方法，可以运用多种方法以达到最佳效果。

（一）访问调查法

访问调查法是指调查者与被调查者进行交谈沟通，通过对话的方式获取思想政治教育信息的方法。访问调查法是社会调查方法中运用最为普遍的方法之一，具有直观性强、灵活多变的特点。调查者可以根据具体访问情况及时调整调查内容，改变提问方式，从而更好地达到调查的目的。因此，这种方法对调查者个人经验能力提出了较高的要求。此外，访问调查法由于受到场地、时间等现实情况的限制，开展难度较大，同时，访问结果受调查者和被调查者主观因素影响较大，有时并不能得出客观准确的信息。这就要求调查者必须具备一定的专业素质和应变能力，掌握有关理论知识和政策精神，并提前对被调查者的基本情况有所了解，掌握调查过程中的主动权，理性分析所获信息，才能达到访问调查的目的。

具体来讲，根据调查对象的数量差别，访问调查法可以分为以下两种：第一，集体访问。集体访问是指调查者选取多位被调查者，围绕调查内容进行发言，开展讨论从而获取思想政治教育信息的一种社会调查方法。这种方法能够更加高效地听取多种意见，听取多人意见，掌握基本情况，从而更能集思广益。但同时，集体访问也有其局限性。首先，调查对象数量的多少只是相对

的，调查对象较多也并不意味着调查结果代表所有人的观点，以此得出的结论可能较为片面。其次，开展集体访问时容易受外部条件影响，例如，调查对象的性格、身份、地位等存在差异，导致调查对象无法进行平等的观点交流。同时，如果出现某一或多位频繁发言者，那么调查过程易出现随大流的现象，调查对象可能人云亦云，盲目跟风，不能将自己的真实想法表露，或不敢发表不同意见。因此，在集体访问的过程中，调查者应尽可能选取具有代表性的多位调查对象，提前准备调查提纲，倾听多人意见，尽可能营造较为平等的发言环境。第二，个别访问。个别访问是指调查者与调查对象开展一对一单独访问从而获取调查对象本人的态度想法的社会调查方法。个别访问能够避免在集体访问过程中产生的集体压力，减少相互间的牵制，有利于营造调查对象真实表露个人想法的环境，更好地了解调查对象的个人想法。个别访问一般适用于部分敏感话题、调查对象之间可能存在利益冲突的话题以及犯错误的话题等，以便开展深入调查，掌握真实信息。但同时，由于个别访问在同等时间内只能获悉单个调查对象的信息，因而具有效率低的弊端，此外，调查者也容易受调查对象一家之言的影响，出现以偏概全、偏听偏信的现象。因此，在使用个别访问调查方法时，调查者应注意仔细甄别，提高调查效率。

（二）书面调查法

书面调查法是调查者通过问卷或提问的形式询问调查对象，从而获取思想政治教育信息的方法。书面调查法适用的范围较广，与访问调查法相比，书面调查法可以掌握更多的样本数据，采访面更广。其优点在于，通过各种书面调查，能够减少调查者与调查对象的直接接触，从而避免调查者对调查对象产生的干扰，确保被调查者能够真实表达自己的想法。但书面调查法也有局限性。由于减少了调查者与调查对象的互动，调查者很难掌握获取信息过程中的主导权，因此书面调查法的成功与否便很大程度上取决于调查对象的调查意愿。如果调查对象并不乐意参加调查，敷衍了事地填写书面调查，反而会提供不真实的信息，干扰调查。此外，书面调查的样本数量如果过少，也容易获得不全面的信息，并不能真实反映情况。因此，书面调查法在运用的过程中需要注意调查的质量与数量。

书面调查法可以分为两种：第一种是问卷调查法。问卷调查是借助数学方法在社会调查中运用统计原理收集思想政治教育信息的方法。这种方法能够将抽象的概念转化为具体的变量与指标，以变量表现概念，用指标作为衡量的标准。在采用问卷调查时，调查者应注意题目表述应简洁明了，清晰具体，不易产生歧义，同时题目应便于量化分析，方便后期统计或计算机处理。同时，题目顺序应符合认知习惯，由浅入深、由易到难、由抽象到具体，数量适宜，避免受访者产生疲劳厌烦情绪。此外，问卷调查应注意保护受访者隐私和个人信息，避免社会禁忌或敏感性话题。运用问卷调查方法，能够更加直观反映某一时间段内人们对某个话题的思想状况，更加多角度地了解不同群体的态度，运用数学分析方法科学精准地达到调查目的。但是，问卷调查法受被调查者主观意愿的影响较大，调查者是否认真参与答卷、是否真实反映想法都会影响调查质量。因此，采取这种方法时，调查者应具备一定的数学分析能力并和其他方法相结合使用。第二种方法是民意测验。民意测验是指通过掌握人们对某一熟知的人或事的态度及看法获取思想政治教育信息的方法。这种方法更加民主化，被调查者能够不受外界干扰，充分地表达自己的看法。但民意测验具有一定的局限性，这种方法要求被调查者对调查内容十分熟悉且具有一定的思考能力，具体实践中被调查者往往不大配合。

(三)普遍调查法

普遍调查法简称为普查，是指通过全面开展工作，针对所有人开展全面性调查的方法。这种方法涉及范围广，能够更加全面地掌握信息，但由于工作量十分庞大，对调查时间的依赖度强，因此必须要求相关调查者快速高效地完成调查。普遍调查法依托于政府及其工作人员强大的组织力与执行力，同时普遍调查法对人力物力的消耗十分巨大，因此普查一般很少开展，或者只在特定情况下，选择较少的指标开展调查。

(四)抽样调查法

抽样调查法与普遍调查法相对应，是指调查者根据一定的分类标准，在众多被调查者中抽样选取有代表性的对象，从而见一斑而知全豹，将调查结果推广至调查整体的调查方法。在现实生活中，普遍调查法难度较高，而了解一般信息时调查者没有必要悉数了解每一位调查对象的情况，因此，普遍调查法具有一定的局限性。而抽样调查法借助数学知识，能够在最大限度上节省人力物力财力的同时尽可能掌握准确全面的思想政治教育信息，因此适用范围相较普遍调查法更广。在使用这种方法时，调查者必须注意调查对象的选取方式，即抽样方法是否科学，调查对象是否具有代表性，否则调查结果将有可能出现不全面、有误差、以偏概全的情况，不能达到调查目的。

(五)文献调查法

文献调查法是指调查者通过调查相关文献，间接获取第二手思想政治教育信息的方法。相关文献包括出版书籍、报纸、杂志、政策文献等，覆盖范围较广。例如，调查者可通过查找档案资料等对调查对象的个人基本情况进行了解。运用文献调查法的前提是文献存在且具有研究价值。随着信息技术和相关学科的发展，文献保护越来越受到重视，相关工作者通过科学技术能够更加完善地保存文献资料，为调查者提供便利。但年代较为久远的文献，由于技术的不完善以及保存者的不重视，可能不具备研究价值，这也是文献调查法的局限性之一。文献调查法通过查找了解相关历史资料，能够帮助后期调查者更加全面真实地了解相关信息，也能帮助我们吸取经验教训，避免重复劳动。

(六)网络调查法

网络调查法是指调查者通过网络技术或网络平台开展社会调查的方法。随着互联网技术的快速发展及普及，网络日益成为人们生活中传递、交流、运用信息的重要媒介。根据调查方法的不同，网络调查法可以分为网上问卷调查法和网上调查法。网上问卷调查法是指调查者通过在网上发布调查问卷，调查对象在网上知晓后自愿填写以收集思想政治教育信息的方法。其既可以将问卷发布在网络站点上，也可以通过电子邮件等方式发送给被调查者。网上调查法是指调查者利用某些软件平台，如 Zoom、腾讯会议等，开展线上交流，让调查对象自由发表意见，从而得到思想政治教育信息的方法。在使用网上调查法时，主持人需要进行有效组织引导并对收集到的信息加以分析总结，因而难度较大。网络调查法具有其他社会调查方法所不具备的独特优势：第一，成本较低。网络调查通过网络开展调查，减少了线下调查时所花费的人力物力财力，只需要一台联网计算机，编写问题发布电子问卷或开展线上讨论就可以开展调查。同时，网络调查法可以直接利用计算机的统计分析能力进行后期整理，节省了一定经费。因此，网络调查法从时间、开销等多方面降低了调查成本，为社会调查提供了方便。第二，隐匿性好。线上调查通过采用委婉、间接的方式避免了调查者与调查对象之间面对面的接触，从心理上让调查对象感到自己身份的隐匿性，从而乐意分享自己的看法，回答问题更加真诚。第三，互动性强。网络调查法能够打破时间、空间的限制，开展更为自主灵活的调查。同时，网络调查法能够实现调查者与调查对象的双向互动，避免了信息的不对称，从而提高了网络调查法的针对性与科学性。然而，网络调查法也具有一定的局限性，而这种局限性是由于网络自身的特点所导致的。具体来讲，首先，网络调查法可能存在覆盖误差。覆盖误差是指一些应参与调查的个体并没有进入调查范围，或进入调查范围的一些个体反复被调查，使得调查目标与实际调查样本出现偏差的现象。其次，网络调查法容易出现抽样误差，即同一类型的调查对象数量过多，同时不能覆盖所有类型的调查对象，从而造成调查的误差度增高。调查者在开展网络调查时，应注意合理设计调查问卷，同时，调查者应注意调动调查对象的参与积极性，尽可能减少回答误差，提高调查的回答率。

（七）电话调查法

电话调查法是指调查者提前设计好调查问题，通过电话联系被调查者开展调查，并记录汇总所获信息的方法。具体来讲，电话调查法可以根据使用媒介的不同分为电话调查法和短信调查法。电话调查法是指调查者通过拨打电话，即时询问调查对象相关信息，最后汇总整理的方法。短信调查法是指调查者借助短信功能，向调查对象发送相关调查信息的短信，根据调查对象的回复进行分析整理信息的方法。使用这两种方法时，调查者都应遵循一定的步骤：第一，调查者应在调查之前，根据调查内容及调查目标，设计具有代表性的调查问题，以便开展科学调查；第二，调查者应事先了解调查对象的基本情况，从中选取具有代表性的调查对象展开调查，从而掌握更加全面的信息；第三，调查者在调查的过程中应注意态度和调查方式，营造较为友好的调查环境，并根据调查对象的实际状况及时调整；第四，调查者应将收集到的信息及时进行整理，将调查资料转换成计算机可判读的格式，进行科学分析，撰写调查报告。

由于电话在各地区、各单位普遍使用，同时使用频率较高，因此电话调查的调查对象覆盖面较广。此外，电话调查速度更快、回答率较高，调查对象与调查者因避免直接接触而减少了场外因素的干扰，更能直接真实地回答问题，提高了调查信息的真实度，因而电话调查法具有一定的优势。但同时，电话调查法也具有一定的局限性。首先，电话调查法受设备条件的限制，调查时间较短，回答较为简洁，因而难以对调查对象开展更为详细深入的调查。其次，由于调查过程采用电话进行，可能对调查对象形成一定干扰，影响调查对象的情绪，从而在某种程度上降低了调查质量。最后，电话调查法很难覆盖所有类型的调查对象，抽样调查存在误差，可能具有代表性的调查对象并未参与调查，或持有相同或相近意见的调查对象数量较多，从而影响调查质量。在使用电话调查法时，应注意与其他方法相结合，以便更好地取长补短。

第二节　以观察体验方法直观认知信息

观察体验活动广泛分布于各个研究领域，是一种直观真实的感性体验活动。将观察体验方法作为思想政治教育信息获取方法，具有独特的价值。同时，思想政治教育工作者通过这种方法能敏锐地感知获取信息，提升自我的观察能力和感知能力。

一、观察体验方法在思想政治教育信息获取中的重要性

观察体验方法是指观察者通过有目的、有计划地对观察体验对象进行系统性观察，从而深入认知思想政治教育信息的方法。其中，观察体验对象可以是人的言论或者行动。观察方法是指观察者在不影响观察对象的前提下，站在第三方角度进行感知了解，体验方法是指观察者设身处地感知对象，进而了解掌握对象言论行为背后的成因。相比较而言，体验方法相较观察方法更加细致深刻准确。从思想政治教育信息的获取角度来讲，观察体验方法适用于认知正在发生的思想政治教育信息。同时，观察体验方法作为一种感性认知活动，也具备其他方法所不具备的优势。

（一）观察体验方法能够获取思想政治教育信息的第一手材料

由于观察对象主体是人，人处在一定社会关系中，其言行会受到多方面因素的影响，并反映到社会生活中，单纯地进行理论研究，脱离社会生活无法获得第一手信息材料，无法对研究对象得出较为细致准确的认识。因此，为了更加真实准确地认知思想政治教育信息，观察者就必须深入真实场景，通过直接观察、切身体验得到感性的认识。

（二）观察体验方法能够获取更为生动具体的思想政治教育信息

人具有能动反应能力，是感性与理性并存的生物，这决定了思想政治教育工作者在研究认知的过程中不能仅仅采用理性量化分析的方法。我们应该认识到，思想政治教育本身就是一项双向互动的实践活动，观察体验不是单向的，更不是稳定不变的，观察对象随时可以根据观察者的状态做出反应，同时，观察者也可以根据观察对象的言行对自己的观察体验活动做出调整。此外，观察者通过对观察对象自身神态、语言、动作等的观察，从而体察其隐含的心理情绪及活动。例如，学生在受到老师批评或表扬时的面部表情、肢体动作，都反

映出本人的内心活动，这些生动具体的信息只有通过观察体验的方法才能获取。同时，观察者只有多进行观察体验，积累相关经验，才能更加准确地掌握观察对象的基本信息。此外，观察对象的部分隐性的、未显露出的思想政治教育信息也会在与观察者的互动中显现，更加丰富加深了观察者的认知。

（三）观察体验方法能够为分析思想政治教育信息发展趋势奠定基础

在运用观察体验方法时，观察者不仅观察了解观察对象本人，更能结合所处环境对产生这类言行的外界成因有所认识，这为分析预测观察对象言行未来发展趋势奠定了基础。

二、观察体验方法在思想政治教育信息获取中的可行性

可行性是指对过程、设计、程序或计划能否在所要求的时间范围内成功完成的确定。一种调查方法是否具备一定的可行性，将决定这种方法是否真正能在实际研究过程中发挥作用。本节所提到的观察体验方法不仅在理论层面上具有独特的重要地位，同时，在现实操作层面，观察体验方法也因其自身特点具备一定的可行性。具体来讲，其可行性主要体现在以下几方面。

（一）观察体验方法在理论层面上具有一定的可行性

观察体验方法作为社会实践的一种形式，在大多数场合下，观察者通过观察体验，察其言、观其行，一定程度上能够成功了解对方的思想心理变化。这是因为，观察体验作为一项较为复杂的系统性活动，包含了众多观察元素。思想政治教育信息能够从观察对象的言语、行动、神态等多方面体现出来，同时，观察对象周围环境的变化也能导致思想政治教育信息的产生或消亡。人作为思想政治教育活动的对象，其部分信息的获取不能采取理论分析或秘密跟踪的方式，只有通过观察体验，与观察对象直接接触，才能真正掌握思想政治教育相关信息。因此，面对社会中的人，观察体验方法能够成功帮助观察者了解认知思想政治教育信息。

（二）观察体验方法在操作层面上具有一定的可行性

第一，观察体验方法的对象为社会中的人。一般而言，其他科学方法的研究对象都是动物、事物或者现象，它们不存在心理活动、思想情感，因此，研究者只需要根据科学规律，借助科学手段进行理性分析即可。而作为具有情感

思想的人，其思想行为的产生、发展及变化受到多重理性和非理性因素的影响，单一地通过理性研究有时并不能得出准确的结论。而观察体验方法通过具体细致的观察体验，调动多种感官，通过切实感受从而引发观察者与观察对象的情感共鸣，能更加真实地获取信息。相较于其他方法，观察者通过实地观察体验，处理观察资料，最终得出观察结论，信息获取显得更加便捷。第二，观察体验方法也便于与观察对象近距离、长时间地加强联系，了解观察对象个人的性格特征和行为模式。第三，观察体验方法对观察者个人专业能力的要求相对较为简单，在具备一定的观察技巧，积累一定观察经验的基础上，观察者就能够较为容易地感知信息，继而加以分析。

三、观察体验方法在思想政治教育信息获取中具有可操作性

观察体验方法作为直观认知思想政治教育信息的重要方法之一，具有一定的可操作性。虽然观察体验对象不同、所处环境也有所差异，但在观察体验过程中，观察者都需遵循一定的观察体验步骤才能得到更为详尽、准确的信息。这是因为，首先，观察体验对象具有一定的相似之处。虽然在年龄、性别、性格上有所差异，但作为观察体验对象的各类人群，其思想产生、发展、变化都具有一定的规律性，同时，在面对同类外界刺激时，观察体验对象的反应具有相似性，通过观察体验，观察者能够积累观察经验，掌握观察信息。其次，观察体验目标相同。无论是针对何种人群、何类情况，观察体验者都要通过对观察对象的深入了解，掌握其基本信息，从而为开展思想政治教育工作提供现实依据。因此，在观察体验总体目标相同的情况下，观察体验方法在不同的现实情境下也具有一定的规律性和相通性。观察体验方法在思想政治教育信息获取中可以遵循一定的规范与步骤开展，即观察体验方法具有可操作性。观察体验方法的可操作性主要体现在以下两方面。

观察体验的程序具有可操作性。观察者的观察体验活动是一个受思维支配的能动过程。根据观察对象的不同，观察体验程序可以分为循序程序和递进程序两种。循序程序主要应用于观察体验环境较为简单、影响因素较为单一的观察体验活动。观察者根据一般的观察规则，经过选择目标、制定方案、进行观察、整理观察资料、得出结论的程序开展观察体验活动。递进程序则适用于较为复杂的观察案例。面对这类情况，观察者不能刻板地按照传统观察顺序进行活动，而应将其分为具体的部分或层次，通过对每个部分或层次的深刻感知，并根据分析发现每个部分间的相互联系，从而深入了解观察对象，正确地揭示观察对象的本质特征。递进程序的一般程序是，观察体验—初步判断—深入观

察—进一步判断—抓住本质。

在面对特殊情况时，观察者采取的措施较为相似。在观察体验过程中，观察者可能会面临突发或者意想不到的状况，例如观察对象不配合、产生抵触心理，观察者无法深入了解观察对象或者观察者无法对观察所得信息进行有效鉴别等。在这类情况发生时，观察体验方法具有较强的灵活机动性，能够更好地应对特殊情况。例如，观察体验者可以根据具体情境转变思路，及时调整观察策略，暂停或停止观察活动，同时根据观察对象的心理状态，对观察所得信息进行分析鉴别，有侧重、有选择地予以采纳。

第三节　以心理测评方法深入了解信息

随着心理学一百多年来的发展，以其为理论基础的心理测评方法不断得到完善改进，并成为掌握人们心理变化、心理特点和心理健康状态的重要方法。

一、心理测评方法在思想政治教育信息获取中的重要价值

心理测评方法是指通过进行心理测评，将心理现象数量化，从而判定个体心理属性及差异，深入了解思想政治教育信息的方法。由于人们的内心活动和思想状况无法直观进行测试，因此心理测评方法是通过了解人们在面对情境时的外在言行，进而分析得出其内心活动变化的方法，它属于一种间接测试。

心理测评方法在思想政治教育中运用较为广泛，这是因为，人作为思想政治教育的研究对象，其思想变化较为复杂，而外在言行很可能与思想变化不完全一致甚至相反，因此，利用科学方法探求人的内心世界具有重要意义。

（一）心理测评方法能够及时了解部分群体的内心思想变化

在现实生活中，部分群体的思想状况是思想政治教育工作者需要特别关注的，例如青少年、道德失信者以及违法犯罪分子等。他们的思想变化快、影响因素多、社会影响力大，因此，思想政治教育工作者需要格外关注这类群体的思想变化。然而，由于思想发展的自身规律、外界环境以及测试对象的个人意愿，测试者往往无法借助其他方法完全准确地深入了解测试对象的思想情况，甚至会得出虚假结论，而心理测评方法借助心理学的理论知识和科学系统的测评办法，能够帮助思想政治教育工作者准确了解掌握测试对象的心理活动、心理健康状况和心理特点，为思想政治教育工作的开展提供便利。

(二)心理测评方法能够增强思想政治教育的针对性和实效性

在准确了解、深入探知测试对象心理状况的基础上，心理测评方法还能够帮助思想政治教育工作者改进工作内容、提升工作效率。由于心理测评能够将心理状况量化，深刻反映出测试对象的心理活动、心理健康状况和心理特点，因此，根据心理测评结果所形成的思想政治教育工作方法更加具有针对性。此外，由于心理测评方法及时反映测试对象的心理状态，思想政治教育工作者进而可以分析出测试对象的心理发展趋向以及相应的引导方向。

二、心理测评方法在思想政治教育信息获取中的适用范围

心理测评方法作为深入了解思想政治教育信息的重要方法之一，具有重要的价值。同时，它以心理学知识为依托的鲜明特色也决定了心理测评方法具有一定的适用范围。

(一)心理测评方法适用于了解测试对象内在思想状况

心理健康状况测试以及人格测试是与思想政治教育紧密相关的心理测评方法，测试内容的自身特点决定了测试者无法通过观察测试对象的外显言行得到准确的信息。同时，测试对象的心理状态是一个受个人、外界等多种因素不同程度影响的多层次系统性结构，且特殊群体的心理状况变化不尽相同，同一群体的心理变化也会有所差异，因此，只有通过科学的心理测评方法，深入细致地了解测试对象的心理特征、心理矛盾和心理问题，才能针对其进行有效的思想政治教育工作。

(二)心理测评方法适用于测试环境较为复杂的情况

在特殊情况下，受外界环境和他人的感染，测试对象对待某些特殊敏感问题可能并不乐于表达自己的真实想法，甚至做出违心的回答。在这种情况下，观察体验或社会调查等方法就具有一定的局限性，并不利于工作的开展。而心理测评方法通过借助具体情境，观察测试对象在具体情境中的表现与反应，将心理信息间接地以量化的方式展现出来，更利于实际操作，最终深入了解测试对象的相关信息。

(三)心理测评方法并不是适用于所有场合的万能方法

心理测评方法作为一种间接获取信息的方法，其结果的准确性会受到测试者

个人水平、测试环境和测试程序，以及测试对象主观因素等多方面条件的影响。因此，在运用心理测评方法时，一定要遵循科学的程序，选用适当的测试模型，同时与其他方法配合使用，借鉴参考，以便得出更为精准的思想政治教育信息。

三、心理测评方法在思想政治教育信息获取中的操作方式

心理测评方法作为深入了解思想政治教育信息的重要方法之一，其操作方式蕴含一定的科学性。在测评过程中，测评者需遵循特定的操作方式，心理测评方法的操作方式可以分为直接测评法和间接测评法。

(一)直接测评法

直接测评法是指测评者在明确测评对象，确定测评模型，编制测评题目后通过测试直接了解测评对象的心理现状以及心理健康条件。这种方式相较间接测评方式更加直观明确，可以准确地了解测评对象的心理发展变化。

(二)间接测评法

间接测评法是指在对测评对象进行其他主题内容的心理测评时，通过测评对象的相应表现，进一步分析了解测评对象的心理状态。间接测评法相较于直接测评法，更加具有隐蔽性，可以帮助测评者了解更为深层次的思想政治教育信息，有效避免了因测评对象主观意愿而导致的测评结果出现偏差的问题。但同时，间接测评法由于通过侧面了解，无法直观地获取思想政治教育的有效信息，因此，可能会存在获取资源有限的问题。

第四节 以科学预测方法及时预判信息

千百年来，人们对未来总是充满了期待与向往，对未来的预测也从未停止过。预测也有科学与非科学之分，非科学的预测罔顾事实，凭借个人主观感受进行盲目推测，预测结果与真实情况相差甚远，不具备参考性；而科学预测则是建立在对已知情况进行客观分析的基础上，结合客观规律进行理性分析。在思想政治教育工作中，科学的预测对思想政治教育工作颇有帮助，以科学预测方法及时预判信息，也应成为思想政治教育工作者获取信息的重要途径。

一、科学预测思想行为信息的适用范围

科学预测是指根据已有现实条件对未来进行的合理分析。利用科学预测及

时预判信息，不仅是可能的，而且是必要的。它是建立在认知把握思想发展规律及变化趋势和对社会环境理性分析的基础之上的。正如列宁所说："神奇的预言是童话。科学的预言却是事实。"①具体来讲，科学预测方法适用于以下几方面。

（一）科学预测方法适用于预测条件较为丰富的情况

预测条件主要分为三方面内容：预测者、预测环境以及预测手段。首先，预测者需要具备一定的专业知识和丰富经验。预测本身是一项主观性较强的工作，这对预测者个人的能力提出了很高的要求。因此，预测者能力的高低一定程度上决定了预测的准确度。其次，科学的预测离不开较为丰富的预测环境。只有建立在已知事实的基础上，根据事物发展规律进行合理推断，才具备预测的价值。现实条件提供给预测者的相关信息越多，预测者能掌握的材料越成熟，所进行预测的准确度也就越高，预测也就越成功。因此，如果现实条件较为丰富，预测者所能掌握的信息较多，那么科学预测就能够更加有效地发挥其作用。最后，预测手段的成熟度也是影响预测质量的关键因素。预测手段主要分为信息搜集阶段和信息分析阶段。信息搜集的数量与质量为后期信息分析提供了重要的资源，同时，信息分析是对信息的再加工，更为科学预测奠定了基础。因此，信息搜集与信息分析成功与否，很大程度上决定了预测的质量。当信息搜集的成果和信息分析的手段科学性较强时，科学预测更能发挥其自身价值。综上，预测条件较为成熟时，预测能提高其准确性和科学性，有利于后续工作的开展。

（二）科学预测方法适用于预测作为重要环节的情况

科学预测是为了根据预测的前景与后果，及时制定调整现有的决策与措施，从而更好地为教育目的服务。在现代社会中，及时科学的预测十分必要。这是因为：第一，经济技术的高速发展，使得现代社会发展迅速，急剧的变化与激烈的竞争使得身处其中的人们需要通过对未来科学的预测，在不确定中找寻确定性，从而能够更好地使自身适应当前社会，为个人的发展提供保障。第二，在开放的社会环境中，各类信息传播速度快、流动范围广，风险与危机频发。只有及时把握时机，通过预测加强预防，才能始终掌握主动权，避免消极负面不良思想的产生。在某些情况下，预测是工作的重心所在，即使预测条件

① 《列宁全集》第 34 卷，人民出版社 1985 年版，第 441 页。

欠成熟，预测仍具有一定的必要性，它能够更加高效地指导当前具体工作的开展，因此，科学的预测具有十分重要的意义。

二、科学预测思想行为信息的具体方式

科学预测方法的具体方式并不相同，不同的现实条件适用的科学预测方法也各异。因此，我们需要首先了解科学预测思想行为信息的各种具体方式，掌握具体方式的适用范围和特性，从而更好地提升预测的准确性与科学性。预测方法的分类可根据不同标准划分，如果按照预测的作用划分，有以下几种方法。

（一）因果分析法

因果分析法就是通过调查分析已出现的相关信息，根据思想和事物的发展规律，通过思想变化的因果关系对未来可能会发生的思想变化进行合理推断的科学预测方法，既可以由果推因，也可以寻因溯果。首先，人们思想行为的变化及行为并不是无故产生的，必定存在相关的现实条件作为诱因。通过分析现实已有条件可能导致的结果，便可推断预测对象未来发展趋势。同时，人的行为表现也是某些思想动因产生发展的结果，预测者不仅要看到现有的思想条件，更要对其发展具有一定的预见能力，从而进一步推断由思想动因导致的行为表现。运用因果分析法应具有以下几方面条件：首先，预测者必须掌握一定的思想变化发展的规律，全面了解现实条件，能够根据已有事实进行理性推断。其次，预测者也要充分考虑现实环境、个人条件等多重因素，认识到一果多因、一因多果的可能性，不同的现实条件可能导致相同的结果，同样，相同的现实条件受个人主观因素等影响也可能会导致不同的结果，预测者要进行客观理性的推断，做到具体问题具体分析。

（二）类比分析法

类比分析法是指通过对具有某些共同之处或类似现象的案例进行比较分析，根据已知情况合理推断未知可能的科学预测方法。现实情境下，预测者不可能也不会掌握全部情况，因此，根据类似情境结合具体案例进行分析，可提高预测的精准度。例如，每年大学都会进行招生，学生因其身份、年龄、知识水平等方面的共同性具有部分相似之处。在低年级学生培养方面，预测者完全可以将高年级学生作为参照，根据已发生的情境预测低年级学生在教育培养过程中所遇到的问题与状况，从而更好地进行分类培养。在运用类比分析法时，

预测者首先应具备一定的判断分析能力，能够根据已知情况合理推断。其次，预测者也要认识到类比分析不等同于照搬，不能完全模仿已有案例武断判断，而应看到案例之间的差异性，面对新情况要单独予以分析。

(三)征候分析法

征候原为医学用语，这里代指某些尚未完全形成，只是出现苗头的思想信息。征候分析法是指预测者通过观察预测对象的现有言行表现，分析其未来可能发展的方向和趋势，通过科学理性分析，把握其未来发展趋势。思想的形成发展不是一蹴而就的，而是需要经过较为漫长，由表及里、由浅入深的发展过程。在思想成熟之前所表现出的苗头和特征在某种程度上可以显示出思想的未来发展趋势。如果能够抓住思想征候加以分析把握，则能更早地掌握思想变化动态。同时，某种思想在出现的最初阶段由于尚未定型，易受外界影响，因而更易于预测者加以引导。因此，在思想完全成熟之前，预测者如果能及时发现、精准把握相关迹象，就能够更好地把握势头，驾驭发展方向。使用这种方法的主要目的是为了掌握思想的动态发展变化，及时掌握情况，从而防患于未然，避免消极错误思想的产生，切实起到正确引导思想发展方向的作用。征候分析法一般适用于日常性、重复性思想状况的预测。

(四)先见性预测法

先见性预测法是指以社会发展需要和目标为基础，预测者根据自身知识判断、对思想发展变化规律的掌握以及对现实环境的分析，从而对目标对象未来可能出现的思想倾向进行先见性预测的科学预测方法。例如，我国当前已经进入新时代，新时代下社会主义核心价值观的推进落实就显得尤为重要。而在推行的过程中，我们也应看到目前国内受封建思想等落后思想残余和国外资产阶级自由主义思想的影响，各类社会思潮的相互激荡会对主流意识形态造成一定程度的冲击。在提前预见到这些情况后，预测者可提早判断并针对问题进行分析，从而得出应对方案。使用先见性预测法时要求预测者首先根据社会需要明确目标及目标对象，然后根据逻辑判断提前预测达到目标的过程中会出现的情况，提出预见性解决方案，从而能够更好地实现原有目标。

(五)主观预测法

主观预测法主要是指根据预测者自身知识水平、分析能力以及个人经验对相关思想政治教育信息进行预测判断的科学预测方法。这种方法主要分为个人预测法和群体预测法两类。个人预测法是指预测者本人凭借个人判断分析能力进行预测的方法，这种方法往往借助个人感觉经验，容易产生较为主观和片面的结论。而群体预测法是指结合多位预测者的主观判断意见得出最终预测结论的方法，相对来讲其可以集思广益，参考多人意见，得出较为客观的结论。这两种方法的共同特点都是借助预测者的主观判断，对预测者的个人能力要求较高，因此，这类方法的偏差率相对较高，一般适用于不确定因素多、无法进行量化分析且预测者本人水平较高的情况。

三、科学预测思想行为信息的现实局限

科学预测方法虽然能够在科学的理论基础上根据现有条件对未来可能发生的思想行为信息进行合理推断，但预测的准确率相较于其他方法较低，提高也较为困难，具有一定的现实局限性。正如毛泽东所说："马克思主义者不是算命先生，未来的发展和变化，只应该也只能说出个大的方向，不应该也不可能机械地规定时日。"①科学预测方法现实局限性的原因主要表现在以下几方面。

(一)预测方法对预测者个人的思想素质和能力水平的要求较高

预测者首先需具备一定的预测技巧和方法，按照正确的预测步骤进行分析。同时，预测者应秉持客观理性的态度进行分析，而不能依靠个人主观态度想法进行主观臆测。

(二)预测的准确性也会受到预测对象条件的限制

预测者对预测对象的认识是一个螺旋式的上升过程。预测对象较为复杂，预测者无法仅仅通过粗浅了解和事物的外在表象就完全掌握预测对象。事物的发展具有复杂性、多变性和偶然性，在遵从客观发展变化规律的基础上，事物的发展变化往往会受到多重理性和非理性因素的影响，其未来发展态势并不会一定按照设想的模式发展，未来也极有可能出现预测者无法根据已有条件推断的新因素。因此，在不断变化且变化速度较快的环境中进行的预测必然无法永远精准。

虽然科学预测思想行为信息困难重重，具有一定的局限性，但这并不意味着预测信息毫无用处，更不能放弃预测。积极预测、掌握科学预测的方法是十

① 《毛泽东选集》第1卷，人民出版社1991年版，第106页。

分重要的，它是实现思想政治教育科学化的需要，也符合现代社会发展与人的全面发展的需要。预测者不能因为预测困难而放弃预测本身，更不能进行非理性的盲目预测，应端正态度，根据科学知识和自身经验，尽可能提高预测的准确性。

第五章　思想政治教育信息筛选方法

随着互联网的普及和升级，其发布信息的时效性、影响力越来越大，互联网日益成为人们获取信息的重要渠道，成为人们生活中不可或缺的重要组成部分。互联网高度的开放性、交互性和一定程度的匿名性决定了任何网站和个人都能生产和发布信息，也进而为虚假信息的产生和传播提供了自由空间。网络使得发布信息的门槛和成本降低，促进了信息的自由发布。在信息爆炸的社会中，数量庞大的碎片化信息会严重干扰人们对信息的筛选和甄别。对于思想政治教育工作者而言，面对海量的碎片化信息，掌握信息筛选方法，进行高效的信息筛选至关重要。

第一节　思想政治教育信息筛选的重要性

在社会信息化的时代，信息已经渗透至社会生活的各个领域，对于人们的生产生活产生重要影响。随着科技的发展，发布信息主体的个体化、获取信息渠道的多样化和便捷化让越来越多的信息涌入人们的生产生活。面对庞杂的信息，进行筛选是尤为重要的。对于思想政治教育工作者而言，信息筛选有着遏制虚假信息、明确关键信息、提高决策效率的重要作用。信息筛选可以帮助思想政治教育工作者明晰受教育对象、明确教育目标与方法，具有重要价值。

一、从源头处遏制虚假信息的影响

随着经济的快速发展，人口、资源、环境、效率和公平等一系列社会问题日益突出。在信息鱼龙混杂的情况下，社会环境和经济环境将变得更加复杂和难以预测。在信息交流的过程中，由于信息表达与真实信息之间不可避免地存在差异，“虚假信息”应运而生。那些缺乏客观情况描述的虚假信息，如谣言或流言，势必会增加公众的恐慌和焦虑。在公共危机和不确定性事件日益加剧的过程中，虚假信息的不确定性和危害性越来越大。此外，虚假信息的产生和传播还危及社会和政治的稳定。

虚假信息泛滥的背后是现代信息技术的快速发展。近年来，传统平台和移动平台的网民数量不断增加，这也就意味着越来越多的人开始参与到虚拟的讨论中来表达自己的观点，加剧了传统渠道之外的舆论信息。庞大数量的信息生产者制造了数量惊人的信息，但由于没有建立健全的信息筛选机制，过滤虚假信息显得十分困难，进而也很难控制虚假信息的扩散。同时，虚假信息的传播数量和产生的负面社会影响也会随着公共危机的爆发而愈发增多。虚假信息与公共危机的并行大大增加了管理公共危机、维护社会稳定的难度。2012 年钓鱼岛核泄漏事件中的“抢购”事件、2011 年日本“抢购”事件和 2020 年新型冠状肺炎疫情期间的各种谣言扩散都说明在公共危机的发展过程中，人们对于虚假信息的筛选能力是较为不足的，很多人抱着“宁可信其有，不可信其无”的心态，相信并努力传播这些虚假信息。虚假信息的传播不仅增加了社会公众心态、行为的不确定性，而且影响人们的工作生活，甚至可能危及社会和政治的稳定。在多个虚假信息传播的真实案例中，除了不怀好意的虚假信息发布者外，有很多普通民众都是虚假信息的传播者，造成了群体恐慌等极为恶劣的社会影响。有关虚假信息的相关立法正在完善，但仍有不少虚假信息钻着法律的漏洞，游走于法律的灰色地带，扰乱秩序，混淆视听。面对虚假信息我们可以采取辟谣的措施，但经验表明，相比于虚假信息持久且很强的破坏力来说，辟谣的作用是较小的。对于思想政治教育而言，虚假信息的存在会动摇人们的信心，让人们对国家、对政府产生莫须有的怀疑，造成社会思潮和社会意识形态的混乱。因此，如何有效管理并切实减少虚假信息已经成为思想政治教育不可忽视的内容。

面对虚假信息泛滥的情况，最为治本的举措是从源头遏制，最大限度地还真实信息生存空间。尽管传播虚假信息的情况早已有之，但近几年，随着社交媒体平台的发展，每个人比以往任何时候都更容易接收到虚假信息，其规模可与主要报纸和电视台相比。① 难办的是散布虚假信息很容易，但消除虚假信息所带来的影响则困难得多。已有研究发现，即使个人知道他们最初对某一事物

① Allcott H, Gentzkow M. *Social media and fake news in the 2016 election*[J]. Journal of Economic Perspectives, 2017, 31, 211-236.

的印象是基于错误信息的，基于虚假信息的最初印象也会是持久的。[①] 初始印象形成后，人们对于新信息的处理和解释会产生结构性扭曲。因此，当信息与现有的知识结构不一致时，人们往往无法重新解释或理解新的不一致信息。虚假信息对于人们认知的影响是深远且持续的，为了避免这种时间跨度较长、影响程度较深的负面作用，应在源头及时遏制虚假信息。在源头对虚假信息进行遏制，不仅可以有效减少人们的错误认知，而且也可以有效减少人们基于错误认知而产生的对真实信息的排斥。

二、在决策中明确关键信息的价值

决策是思想政治教育的关键环节。决策的靶向性和精准性会影响最终的思想政治教育实施效果。作为思想政治教育工作者，做出正确有效的决策不仅需要拥有广阔的视野、清晰的思路、恰当的方法，也需要掌握准确的信息。而在所有信息中，关键信息的地位不言而喻。决策是基于已知信息进行的，已知信息是决策的基础，而关键信息作为已知信息中的重中之重，是决策基础的核心部分。关键信息的准确性直接影响了决策的准确性。

决策过程中的关键信息会直接影响思想政治教育工作者对问题的识别，对危机的防护，对隐患的检测，对险情的预警，对状况的响应和对问题的处置等环节。在日常的思想政治教育过程中，对于决策者而言，关键信息意味着决策的核心根基，决定着决策者决策目标的确定、方式方法的选择和对突发状况的预判。除此之外，关键信息内部可能就蕴含着解决问题的方法和重要突破口，其重要性不言而喻。因而，明确关键信息的价值，着力挖掘、发现关键信息对于思想政治教育而言颇为重要。

三、从程序上提高决策行为的效率

对于决策过程，许多学者构建了各种层面、角度、领域的决策过程分析模型。在众多模型中，赫伯特·西蒙提出的四阶段论最具影响力。西蒙认为，决策不仅仅是做出决定的那一个瞬间，更是一个完整且有一定时间跨度的过程。其中包括了作决策前详细的分析、调查和决策后对于本次决策的评价。以此为前提，西蒙提出了完整的决策过程所包括的四个主要阶段：首先是“情报活

① Ross L, Lepper M R, Hubbard M. *Perseverance in self-perception and social perception: Biased attributional processes in the debriefing paradigm*[J]. Journal of Personality and Social Psychology, 1975, 32, 880-892.

动”，即找出决策理由。第二是“设计活动”，即找到可能的行动方案。第三是“抉择活动”，即在方案中进行选择。第四是“审查活动”，即对决策进行评价和反馈抉择。同时，决策过程中时常会出现新情况，产生新问题，需要执行新决策。决策不是瞬息之间的行为，是一个发现问题、分析问题和解决问题的系统分析判断过程。

对于思想政治教育工作者而言，对于一些需要介入的普遍性问题来说，决策过程可以尽可能详尽，决策程序尽可能严密。而对于一些突发状况，需要进行紧急处理以减少不利影响的发生，此时决策程序更应强调高效率和低失误。精简、直接、高效的决策程序有利于面对紧急情况迅速做出反应。

第二节 思想政治教育信息筛选的科学原则

依据科学原则对思想政治教育信息进行筛选是妥善应对当代海量信息，有效开展思想政治教育工作的前提条件。

信息技术革命后，信息获取变得愈发便捷。互联网的普及和科技发展使得信息交换泛化，媒介传递信息速度提高，很大程度上促成了个体获得信息量的剧增。因此，克服海量信息对有限时空载体带来的巨大冲击，提高拣选和过滤信息的能力，是当今思想政治教育不得不面对的问题。

一、核实信息的真伪性

在互联网背景下，当我们获取了思想政治教育信息后，不能急于立即实施方案，而应先辨别信息是否真实。很多情况下，存在着多数人共同认可的“真”的唯一标准，但与此同时，在鲜为人知的领域中，单凭个人的知识储备是很难辨别某些具体信息真假的。

网络信息多元化会让个人在数量庞大的信息面前感觉到自身的渺小，进而易产生对网络的依赖。对于思想政治教育工作者而言，面对海量信息需要保持仔细审核的认真态度和敢于较真的质疑精神，切忌人云亦云，过分相信所获得信息的真实性。提高辨别信息真伪的能力，有助于思想政治教育工作者更准确、真实地获取所需信息，精准找到并分析目标对象，提出更为有效的思想政治教育方案。

二、明确信息的价值性

在网络信息技术迅速发展的时代，仅仅判断思想政治教育信息的真伪性是不够的。信息真实仅仅是筛选信息的第一步，不同信息有着不同的价值判断，对于社会也会有不同程度的影响。因而，明确信息的价值性也是筛选信息的重要步骤。

明确思想政治教育信息的价值需要对信息进行初步的价值判断，并将其所会产生的社会影响纳入考量的框架之中。对于思想政治教育而言，不同的信息内含不同特征，因而会对社会造成不同程度或正面或负面的影响。相较于一些会引起社会不稳定、社会思潮混乱的信息来说，能引领社会稳步发展、人民团结一心的思想政治教育信息是更有价值的。与此同时，反映当今思想政治教育痛点、难点，有利于未来思想政治教育工作开展和理论的延续发展的信息也是颇为重要的，不能因为某些信息指向了思想政治教育工作的某些不足而把它直接划分为价值不高的信息。明确信息的价值性应该秉持直面问题的精神。

三、判断信息的时效性

时效性是指信息仅在一定时间段内对决策具有价值属性。对于思想政治教育工作而言，应紧紧把握信息的时效性，充分发挥时效性的功能。信息的时效性很大程度上制约着决策的客观效果。

信息的时效性是指从信息源发送信息后经过接收、加工、传递、利用的时间间隔及其效率。在此过程中所用时间越短，影响范围越大，说明时效性越强。一般来说，越新颖、越及时的信息，其价值越高。由此可见，信息的时效性一定程度上影响了信息的价值性。在思想政治教育工作中，信息的时效性也会直接影响思想政治教育工作者的处理缓冲时间和最终的思想政治教育效果。通常情况下，信息的价值会随着时间的推移而逐渐降低。

判断思想政治教育信息的时效性对于工作的开展大有裨益。快速地获取和处理思想政治教育对象的相关信息，可为缩短教育准备过程提供便利条件。掌握教育对象的思想信息是进行思想政治教育的前提和基础，教育者对教育对象的思想状况有足够清晰的、及时的、快速的把握，就可以非常迅速地对教育对象的行为活动做出反应，也可以提高思想政治教育的实施效果。

由于信息的时效性涉及接收、加工、传递等过程，因此，缩短每一个环节的所需时间，提高每个环节对于信息处理的效率颇为重要。在科技日益发展的今天，凭借大数据技术可以切实提高信息的时效性。用编写好的程序代替复杂且较为重复的人工操作是提高信息时效性的一个方法。通过互联网对目标对象在网络上留下的痕迹进行及时收集和分析，就可以缩短信息加工的时间，进而可以腾挪一部分时间给思想政治教育工作者进行及时跟进，切实提高思想政治教育效果。

在判断信息时效性时也存在特殊情况。信息所面临的情况是较为复杂的，经过时间的推移，看似已经过时了的信息又可能会显示出新的价值。例如，某年大学生的思想状况数据对于后几年的大学生思想状况研究并无用处，但是，如果将多年的大学生思想状况数据收集起来，就有可能通过数据挖掘等方法总结出大学生思想状况变化的趋势及规律。

第三节　思想政治教育信息筛选的现实方法

在信息爆炸时代，限于时空的局限，人们没有很多的时间、精力和条件去获取、筛选每天产生的所有信息。因而，对信息过滤、筛选的各种方法应运而生，符合受众需求，容易被受众接收的信息会通过一定算法机制，借助相应载体传递给受众。这样的信息过滤通常是出于一种商业推广的目的或是迎合受众的个人喜好而进行的针对性推送。

人与人之间的信息交流也就是信息筛选的过程。人们会对不同的交流对象传达不同类型的信息。在传统媒体时代，报纸、广播、电视是传播信息的主要载体。传统媒体筛选各种信息呈现给人们，人们从较为系统且数量较少的信息库中汲取信息。随着传媒的发展，在线时代的到来，信息的特征发生了较大的变化，其复杂性、多样化、易传播、易接受的特性容易引发各种问题。人们逐渐从信息的主动接收者、筛选者，变成了信息的被动接收者，而更多情况下计算机算法承担了信息筛选的工作。各类软件不间断的即时推送，浏览网页时的弹窗广告，新闻媒体上全天候的信息咨询，都是在进行信息传播。面对数量庞大、碎片化的信息，如果不进行信息过滤和筛选就很容易抓不到问题的重点，很容易被庞杂的信息淹没，开展思想政治教育工作的效率也会因此大大降低。

对于思想政治教育而言，信息筛选在信息爆炸的时代显得尤为重要。如何在数量庞大的信息中找到思想政治教育的关键点，依据什么原则进行思想政治教育的信息筛选，以快速地发现关键点并采取措施都是思想政治教育在面对爆炸性信息时需要思考的问题。

一、遵循任务需求筛选信息

不同的信息会传达出不同的任务需求，不同的任务需求有着不同的解决方案和方式方法。因而，遵循任务需求筛选信息可以更好地明确某一时间思想政治教育的任务，也可以尽可能提高思想政治教育的实施效率和最终效果。不同的角度、切入点可以对同一任务需求进行不同维度的划分。任务需求的划分可以依据以下几个方面。

(一)信息中指向的目标对象

不同的目标对象，有着不同的思想政治教育方法。比如，小学生、中学生和大学生作为不同的目标对象就有着很多特征上的差异。这三者的知识水平、思维方式、经验积累都不尽相同，因而应该分类实施、对症下药，面对不同标准划分出不同的目标对象。根据学生的不同阶段可以划分为小学生、中学生、大学生。根据不同的政治面貌可以划分为中共党员、中共预备党员、共青团员等。找准不同目标对象的特有属性可以更有针对性地进行思想政治教育工作。思想政治教育是面向人的工作，因而，目标对象是怎样的人群对于思想政治教育来说尤为重要。

(二)信息中指向的不同种类的任务

不同的任务需求不同的信息。比如，学习上和生活上的问题就有着不同的特征，思想观念上的问题和生活作风上的问题也有着不同的切入点。因而，对于不同的思想政治教育任务应该选择有针对性的思想政治教育方法，杜绝一刀切的做法，针对不同的任务情况推出不同的策略方法。

二、依据重要程度筛选信息

信息是可以依照重要的程度进行划分的，依据重要程度筛选信息是十分重要的。对于思想政治教育工作者而言，因为精力和能力都是有限的，需要对更为重要的事件给予更多关注、采取更多行动，所以，划分信息的重要程度对于思想政治教育工作的开展非常重要。更为重要的信息是更能影响社会发展方向、更能揭示当前发展问题的信息，而重要程度低的信息很可能是对社会发展方向影响较小或是较为同质化的信息。

一般来说，重要程度高的信息会更多地与主要矛盾挂钩，而重要程度低的信息会和次要矛盾挂钩。主要矛盾是居支配地位，起主导和决定作用的；次要矛盾则处于从属地位，对事物发展不起决定作用。主要矛盾和次要矛盾相互依存，并且主要矛盾和次要矛盾在一定条件下可以相互转化。同样地，重要的信息和不重要的信息也不是绝对的，是在一定条件下可以相互转化的。

依据重要程度对信息进行划分有利于我们抓住当下思想政治教育的重点，而不是被形式零散且数量庞大的信息分散了注意力。同时，依据重要程度筛选信息可以帮助思想政治教育工作者更好地抓住当下思想政治教育的关键点和突出问题，有利于思想政治教育工作的有序开展。

信息重要程度受多个因素的影响。信息所述事件发生的时间、信息发布的时间、信息发生的地点、信息有关的个人或群体、时代的大趋势等都影响着信息的重要程度。

(一)信息所述事件发生的时间

在不同时间段发生相同的事件很可能造成不同的影响。比如，在国家重要活动的时间段或是重要节日期间发生群体性事件，发生公共危机的概率会高于其他时间。相比于其他时间，在某些特殊时间段内社会上的波动可能造成严重的国内影响甚至国际影响。比如，在春节前一两个月，上亿个中国人在为回家过春节、全家团聚作准备，此时，春节往返票的购买是否顺利，公共交通是否增加班次、增加多少班次，用人单位是否拖欠工资等都可能会引起较大的社会波动。在重大国际赛事举办期间或是重大国际会议开办期间，有关地方的食品安全问题、空气质量问题、基础设施建设水平、公共交通便利程度都会很大程度上关系到我国在国际社会中的形象。因此，相较而言在这些时间段内的信息重要程度是更高的。

(二)信息发布的时间

信息是极为讲求时效性的，信息发布的时间也会直接关系到信息的重要程度，这主要体现在两方面：其一，信息发布的时间距离信息所述事件发生的时间越短，就意味着信息的发布越及时，该信息的重要程度越高。除了在信息所述事件发生后由于各种条件的限制无法对该信息进行及时发布外，在多数情况下，信息越晚发布，信息的价值越低。比如，很可能 10 年前的某个重大问题在今天的技术手段和制度构建下已经被解决。此时，若发布 10 年前关于这个重大问题的信息，相较而言，信息重要程度是偏低的。其二，该信息发布的时间是否会和其他社会生活的时间节点发生连锁反应也决定了信息发布时间的重要性。比如，在高考填志愿前夕，有关高校的有利信息和不利信息对于高校招生和学生的志愿填报很可能会产生较大影响。在出国留学提交申请前夕，国内外局势很可能会比其他时间段更容易影响学生的出国意愿。

(三)信息发生的地点

在思想政治教育范畴内，不同的地点有着不同的特征，也会带来不同角度、不同程度的影响。对于同样一个事件，发生在东部和西部、发生在城市和农村、发生在省份和特别行政区、发生在正在举办重大国内或国际活动的地区和其他地区的影响截然不同。地缘因素决定了发生事件所在地点的直接影响范围。政治、经济、社会因素共同作用，决定了在该地点发生此类事件的影响程度。不同的地点社会发展水平有所差异，政治经济科技条件有所不同，因而对于同一时间会有着不同的反应速度和反应能力，进而造成同一事件在不同地区所产生的影响也不同。

(四)信息有关的个人或群体

在思想政治教育中，受教育对象的不同会对思想政治教育的方法选择、内容选择造成很大的影响。因而，信息有关的个人或群体也影响着信息的重要程度。若信息中主要包含了单个人物，则该人物身上的特质反映的是其所代表的某一群体身上的特质，很可能展现着某一群体的态度和价值观。比如，某一个信息中讲述的主要人物是一个山区贫苦家庭的勤奋女孩，她是一个留守在山区的孩子，靠着自己的努力考上大学。那该女孩所代表的是留守在偏远山区的孩子，他们没有被艰苦的生活条件所压垮，而是努力学习、奋发图强，凭借自己的努力获取知识，努力成为祖国的栋梁。社会这一个大整体是由不同的人群交融组成的。由于不同人群的特性不同、知识水平不同、行为方式不同会对社会有不同方面、不同程度的影响，所以信息有关的群体会显著影响信息的重要程度。

(五)时代的大趋势

不同时代会有不同的重心、不同的主要矛盾、不同的发展趋势。在趋势不同的情况下，同一问题的重要性程度也各不相同。比如，相较于更加注重经济发展的阶段，在越来越重视环境保护的今天，环境问题是重要程度更高的一类问题。不同的时代趋势揭示着不同的时代关注点，因而信息的重要程度会受到时代趋势的影响。

信息的重要程度不是绝对的，而是相对的。没有一条信息是一定绝对重要的。同一条信息在不同的发生时间、发布时间、发生地点都有着不同的重要程度。同一条信息内有关的个人或群体的不同、所处的时代趋势的不同同样会对信息的重要程度造成影响。因而，我们在梳理、划分信息的重要程度时不能脱离其他因素来判断，应该将其置于一定的时代趋势下，关注其发生及发布的时间、发生的地点、其涉及的个人或群体，对信息的重要性进行综合性判断。

三、基于目标对象筛选信息

在思想政治教育过程中，确定目标对象是关键的一步。思想政治教育的对象广泛而种类多样，为了实现思想政治教育工作的有效性，把握住重点教育对象是十分必要的。不同的思想政治教育对象有着不同的特点，他们的思维模式、行为方式也有所不同。思想政治教育对象有其共同点，也有差异之处，基于教育的目标对象划分信息十分重要。

(一)共产党员

中国共产党是中国的执政党，目前，中国共产党党员数量有9000多万名，是一支经过长期教育和锻炼，充满朝气、有战斗力的队伍，是社会主义现代化建设的主力军，党员的言行、举止潜移默化影响着周边的群众。新形势下，党员的党性修养和先锋模范作用仍需要进一步提升，接受思想政治教育是摆在全体党员面前的一项重要而紧迫的任务。

(二)各级领导干部

领导干部既是思想政治教育的领导者、组织者，更是思想政治教育的重点对象。首先，这是由领导干部在党和国家事务中的重要身份决定的。领导干部是党和政府联系群众的桥梁和纽带，是党的路线、方针、政策的制定者和执行者，是党和国家各项事务的领导者和组织者。实践表明，党和国家各项事业能否顺利开展，干部是一个至关重要的因素。其次，这是由当前领导干部思想状况决定的。改革开放以来，我国社会生活发生深刻变化，一些领导干部不同程度存在思想僵化、信念动摇、作风涣散、腐化堕落等问题，这些问题严重影响领导干部的形象和威信，影响中国特色社会主义事业的进程，亟待解决，应大力加强领导干部思想政治教育，提升其思想道德素质，营造良好党风、政风，进而带动整个社会风气的好转。

(三)广大青年

在思想政治教育对象中，青年始终是最主要的教育对象。首先，这是由青年在社会发展中独特的历史地位决定的。青年是实现我国社会主义现代化宏伟目标的最重要力量，代表着祖国的未来和民族的希望，是捍卫世界和平最积极的力量。关注、关心青年，更好地教育青年，全面提升青年思想道德素养和科学文化素养，能够助益于广大青年为社会主义现代化建设服务。其次，这是青年的生理心理特征所决定的。青年是少年向成年的过渡时期，是人的生理、心理和精神急剧转变并走向成熟的时期，青年热情奔放、精力充沛，有浓厚的好奇心和求知欲，但是因为判断力不足、情绪不稳定等特征决定了他们需要接受正确思想的培养塑造。思想政治教育工作者必须正确认识青年的身心发展特征，把握规律，引领青年健康成长。

四、根据适用范围筛选信息

思想政治教育理论、方法、技巧都存在适用范围。在特定的范围之内，相应的理论、方法、技巧才会发挥最大的作用。面对信息中所包含场合、情境的不同，我们应该采取不同的思想政治教育手段和方法。

（一）信息中所包含场合的不同

场合是指特定的时间和空间，应根据场合筛选信息即根据信息所述事件发生的场合来进行信息筛选。时间和空间的交错构成了场合的不同。例如，在教室这同一空间内，上课前、上课中、上课后这三个不同的时间段就构成了三个不同的场合。对于同一个问题，可能在上课前、上课中、上课后的解决方法是有所不同的。因而，需要根据场合筛选信息。休闲场合、工作场合、重大活动的场合……依据不同标准，有不同的场合分类，每一种场合类型都有其共有的特点和与之相对应的问题解决方案，所以应该根据信息所述的场合对信息进行分类和筛选。

（二）信息中所包含情境的不同

一般来说，情境是由人与人之间关系的互动构成的，相比于场合，情境更强调人际关系的作用。不同的情境涉及不同的主体，不同的主体具有不同的特征，因而不同的情境之间的特点也有着相异之处。比如，老师和学生、领导和下属、朋辈之间、亲人之间，就是不同的情境。在不同情境下面对同一问题，会有着不同的解决方案和解决技巧。同样，同一问题发生在不同情境下也会造成截然不同的社会影响，因而，思想政治教育不可忽视情境对于思想政治教育方法选择的影响。根据情境的不同对信息进行筛选可以有效地将相同情境的信息归至同一类型，更有利于思想政治教育工作的开展和思想政治教育效果的体现。

场合和情境较为直接地影响着适用范围，也直接影响着思想政治教育工作的开展，尤其是思想政治教育方法的选取和技巧的运用。场合和情境不是相互独立的，而是互相影响的。除了场合和情境外，信息中还会有其他因素影响着思想政治教育工作的开展和方法的选择，从适用范围进行信息筛选需要将多种因素综合起来进行判断。

第六章　思想政治教育信息分析方法

获取、筛选与分析思想政治教育信息，三个环节浑然一体、不可分割，共同构成了思想政治教育信息认识活动的全过程。在获取思想政治教育信息并进行筛选的基础上，对这些信息分解剖析，找出不同思想政治教育信息之间与同一思想政治教育信息内部各个部分之间的相关关系，挖掘思想政治教育信息的本质属性，即进行思想政治教育信息分析非常重要。只有熟知与运用科学的思想政治教育信息分析方法，才能准确客观地认识思想政治教育信息的含义，发挥其功能。

第一节　思想政治教育信息分析的内涵特征

在认识思想政治教育信息时，信息获取、信息筛选与信息分析三者紧密结合、相辅相成，并且各司其职、分工明确。其中，思想政治教育信息分析环节对大量一手信息资料进行加工整理，在整个认识过程中发挥关键作用。

一、思想政治教育信息分析的动态性

思想政治教育信息分析的动态性是指在分析思想政治教育对象的思想状况时，要将发展的、变化的信息资料作为分析目标，坚持以马克思主义运动的观点对其加以分析。这一特点由思想的能动性决定，并在不同的方面表现出不同的特性。

(一)分析信息的变动性

人们的思想本质是在实践基础上对客观外界的能动反映，因此人们的思想认识并非一蹴而就，而是会经历一个由低级到高级、由不够全面到比较全面、

由不够正确到比较正确的螺旋式上升过程；同时，人们的思想也不是一成不变的，而是会随着外部世界的千变万化与实践活动的逐渐深入，实现波浪式前进。因此首先应该树立正确的思想态度，拒绝用静止的观点看问题，不将所获取的思想政治教育信息资料看做不再改变的果实，而应将其看做仍然处于发展过程中，仍然具有变动可能性的枝蔓。

（二）分析方法的跟踪性

不断收集更加丰富、更加新颖的信息资料是有效跟踪思想政治教育信息分析过程的基础和前提，只有在不断更新思想材料并坚持对之持续解读，才能发现思想政治教育所面对的个体或群体的思想在各个具体阶段的突出特点，了解其整体思想的变化趋势，揭示其思想从量变到质变的内在本质，总结其思想发展的根本规律，预测前进方向，从而实现对教育对象思想情况更加明确、精准的把控，提升思想政治教育活动的针对性和时效性。

（三）分析角度的全面性

人们的思想就如一条源源不断、川流不息的河流，河流中的每一滴水总是处于动态变化的过程中，与其他水滴携手或被其他水滴裹挟着奔腾而下。人们现阶段的思想是由前阶段的思想带来，并且现阶段的思想会以一定的方式发展为下阶段的思想。因而，要站在历史唯物主义的角度全面分析思想政治教育信息，既要剖析反映思想政治教育对象个体或群体当前思想状况的信息资料，又要对以往的信息分析结果加以贯通串联，还要预先判断其未来思想走向，做到对教育对象思想状况的全时段把控。

二、思想政治教育信息分析的系统性

思想政治教育信息分析的系统性是指在对信息资料进行分析时，要将有机组合、有机联系并构成周密严谨的整体的信息资料作为对象，以联系的观点对这些信息进行分析。系统是要素和结构的统一，要素是系统的构成内容，结构是要素的聚合方式。思想政治教育信息分析活动是一个系统，其运行机理即各个信息分析要素应依照一定的结构达到功能耦合状态，并发挥作用。

（一）思想政治教育信息具有系统性

思想政治教育信息的系统性包括动静两个维度：立足于静态维度，虽然从思想政治教育对象身上获取的第一手思想信息往往是孤立的、散乱的、无序的、零碎的，但这并非意味着教育对象本身的思想状况是由思想信息简单罗列、无机堆砌或随意拼凑而成，相反人们的思想状态是思想要素按照一定次序连成一个系统的体系。思想政治教育工作者不能只窥一叶，不见全秋；不能只窥要素，不见系统。立足于动态维度，思想政治教育信息的变动具有“牵一发而动全身”的特点，人们的思想状况是多种因素互相叠加影响、综合作用带来的结果，因而每一种具体因素或局部思想的改变，都可能在不同程度上引起人们整体思想状态的改变。

（二）思想政治教育信息分析方法具有系统性

思想政治教育信息分析方法是一个逻辑缜密、层次清晰、运转协调的系统，由信息分析的一般原则、具体方法与运用技巧等构成。其中，思想政治教育信息分析的一般原则是指对具体方法的使用起到普遍指导作用的行动准则，在信息分析方法体系中占据首要地位，发挥统领作用；思想政治教育信息分析的具体方法包括矛盾分析法、系统分析法、因果分析法、比较分析法、定性分析法与定量分析法等，各个分析方法各有自己的适用范围，综合运用多种分析方法有利于增加思想信息分析的维度，延伸思想信息分析的深度；思想政治教育信息分析的运用技巧主要指对信息资料分析过程中的详细要求、注意问题与关键环节，这是思想政治教育信息分析方法应用于实际过程中的艺术体现。

（三）思想政治教育信息分析方法的运用具有系统性

科学运用思想政治教育信息分析方法就是要实现各具体方法之间的功能互补，因此运用信息分析方法是有顺序的，而非混乱无序的；是有针对性的，而非随机的；是有选择的，而非别无选择的。思想政治教育信息分析者只有制定系统完备的方案，将宏观把控思维与微观研磨思维相结合，既敏锐地观察到具体思想因素的改变，又发现这一思想因素对其他思想信息的影响，才能理清思想信息背后的联系，把握实质，抓住主要的思想问题，描绘出完整的思想分析地图。

三、思想政治教育信息分析的客观性

思想政治教育信息分析的客观性是指在分析信息资料的过程中，必须以客观的信息资料为对象，以客观的分析方法为媒介，最终以客观的分析结果作为开展思想政治教育活动的依据。换言之，思想政治教育信息分析的客观性蕴含于分析对象、分析媒介与分析结果等要素所构成的整个系统之中。

(一)分析对象

从分析对象来看，从思想政治教育对象上获取思想信息包含客观性。思想政治教育所面对的个体或群体的实际思想状况对其自身来说属于主观的东西，但对于教育者、工作者来说则是一种客观实际。获取客观真实的思想政治教育信息是保障思想政治教育信息分析客观性的先决条件，而诸如采取不为思想信息获取对象所认可接受的方式收集信息，对获取对象的思想政治状态妄加猜测，对所获取的思想信息断章取义等行为，本质上都是以存在极大偏差的思想材料为研究蓝本，是违背分析对象客观性的表现，必然会导致分析结果出现偏差，因而要坚持以客观的信息资料作为分析工作的立足点与出发点。

(二)分析媒介

从分析媒介来看，思想政治教育信息分析方法系统包含客观性。思想政治教育信息分析方法的优势长处、固有局限与适用范围不以分析者的主观意志为转移。在运用思想政治教育信息分析方法时，要注意避免随意性和主观性，不可随意地选择分析方法、设计分析方案、开展分析活动，也不可对各个方法的功能作用进行人为的夸大或贬低，而是应该本着实事求是的态度，灵活运用思想政治教育信息分析方法，达到扬长避短、协调运作的效果。

(三)分析结果

从分析结果来看，由思想信息所揭示的本质、所归纳的规律包含客观性。教育对象思想状况的存在、变化和发展都有其自身规律，这些规律不能被教育工作者主观臆造，也不能够被刻意磨灭，更不能被肆意违背，否则就会导致教育活动的实际效果大打折扣。因此，思想政治教育工作者必须对信息资料全面深入地进行分析，从而认识和把握抽象、内在、无形的思想本质与思想规律，并在此基础上根据思想规律发生作用的条件和各种形式加以利用，不断提升思想政治教育效力。

第二节　思想政治教育信息分析的重要功能

思想政治教育信息分析是思想政治教育认识活动中至关重要的环节，在核实信息真伪、科学运用信息、把握本质规律和解决现实问题等方面具有重要价值，发挥着独一无二的功能。

一、信息分析是核实信息真伪的必备程序

在认识思想政治教育信息过程中，信息获取阶段的主要任务是尽可能全面、丰富地收集到教育对象的思想状态信息；思想信息获取筛选的主要任务是初步判断所收集的思想信息资料的研究价值，并筛查剔除以缩小研究范围；而思想信息分析阶段的主要任务是剖析零散的、分散的思想信息资料背后的内在联系，并探析思想政治教育对象思想行为的本质特点与演变规律。思想政治教育信息分析既是信息资料获取步骤的深化，也是信息资料筛选步骤的深化。在思想政治教育信息分析阶段，工作者们对各种思想信息进行集中整理和深入分析，并在筛选基础上，将信息资料与获取对象身上的实际思想状态进行比对，并再次评估信息分析结果乃至信息分析方法自身，核实思想政治教育信息的真假虚实。只有这一阶段才能够切实触及信息的可信度，涉及后续思想政治教育信息的一系列应用环节，信息分析也是核实信息真伪的必备程序。

二、信息分析是科学运用信息的前提条件

科学运用思想信息即科学运用信息分析结果，是通过分析总结教育对象思想活动和行为活动的本质及规律，对受教育者进行正向引导、积极培养的实践活动。因此，思想政治教育信息分析是科学运用信息的前提条件和必要基础，科学运用信息是思想政治教育信息分析的最终目的和意义所在。只有首先开展信息资料分析活动，运用信息才拥有了凭依，如果轻视或忽略信息分析环节，那么运用信息就成为无源之水、无本之木。同时，能否科学运用信息也由思想政治教育信息分析结果的正确与否以及准确程度来定夺，如果依照精准结果进行思想政治教育，那么就可以在最大程度上借助思想发展规律为己所用，以思想政治教育理论指导实际活动；而如果依照错误或含有偏差较大的信息分析结果开展思想政治教育活动，那么就容易在思想政治教育活动的设计与实施等环节中陷入盲目失序的状态，难以把控和解决教育对象身上突出的思想问题，难以在教育教学实践中取得成效。

三、信息分析是把握本质规律的关键环节

信息获取环节是一个“从无到有”的环节，思想政治教育工作者通过调查、观察、测试等方法采集的思想材料，往往是教育对象的感性认识和表面思想，这些思想信息具有浅层化、片段化的特点，只能反映思想政治教育对象部分的思想状态，甚至是歪曲的、虚假的思想状态，而不能直接反映思想实质。信息

筛选环节是一个“去粗存精”的环节，思想政治教育工作者通过核实思想信息真伪性、判断思想信息价值性、鉴别思想信息时效性来挑选较为符合任务需求、重要程度较高的思想信息作为研究材料。信息分析环节则是一个“由表及里”的环节，不同于前面两个环节，思想政治教育工作者在进行信息分析时，通过整理大量的教育对象感性认识材料，将对教育对象思想状态的认识上升到关于根本属性、内部联系和自身规律的认识上，实现从表面到内在的跨越和从感性认识到理性认识的跨越。所以，信息分析是把握本质规律的关键环节，这一环节有助于科学预测思想政治教育对象思想认知的未来趋向，提升信息分析对于思想政治教育实践的引领功能。

四、信息分析是解决现实问题的重要枢纽

信息分析是解决现实问题的重要枢纽包含两层含义：第一层含义是指在功能上，思想信息分析是思想政治教育活动的中心环节。信息分析具有转承启合作用，上承意识领域的最高峰和最深点，下接教育活动起始站，有机贯通了思想政治教育活动各个环节与阶段，并且将信息资料所反映的关键症结和普遍规律分别转化为实施方案中的目标和指导，成为将理论资料发展为实际指标的转化器，是思想政治教育工作者主观与客观相一致的重要保证，为解决现实问题提供了可能。第二层含义是指在地位上，思想信息分析居于关键位置。思想政治教育实践如果没有信息分析作为基础，就会缺失行动的方向与准则，难免遭遇失败。只有清醒地认识到信息分析所发挥的基础性作用，将信息分析摆在认识总任务中的核心位置，才能确保思想政治教育效果。

第三节　思想政治教育信息分析的具体方法

思想政治教育信息作为一种客观存在，可以站在多元化的视角对其进行多方位的分析，根据分析视角及理论依据的不同，思想政治教育信息分析的具体方法可以划分为多种，主要包括以下方法。

一、矛盾分析法：从矛盾双方的现实对立中分析信息

思想政治教育信息分析中的矛盾分析法，是对客观存在的思想现象进行分析，从模糊无序的表征中揭示矛盾双方的对立统一关系，并认识其内在特性，进而解决矛盾的科学方法。矛盾分析法是对马克思主义关于对立统一或矛盾规律理论的现实运用，是思想政治教育信息分析的根本方法。在将矛盾分析法付

诸实际的过程中，思想政治教育工作者应遵循其固有的应用逻辑，掌握一些重要的应用准则。

(一)发掘思想信息中蕴含的矛盾是前提

矛盾具有普遍性，是处处皆在、时时皆存的，它贯通了客观世界中一切事物的全部状态。思想政治教育对象的思想状况同样充满矛盾。同时，由于人们所处的社会环境存在差异，因此人们的思想矛盾会因为教育经历、职业背景、社会地位、价值观念、利益取向等个体因素的不同而千差万别，思想信息内部的关系也具有错综复杂的特点，给思想政治教育信息分析带来巨大困难。这就需要工作者在对思想信息进行解读和处理时，不仅要树立发现矛盾为先的意识，而且要不断锻炼信息分析本领，擅长拨开扑朔迷离的表面现象，理清人们思想行为中千头万绪的内在联系，区分不同矛盾的重要程度与地位作用，把握具有普遍性的矛盾关系，剖析思想信息中的矛盾实质，并为矛盾的解决探求应对措施。

(二)区分思想信息中的不同矛盾是重点

在发现思想信息中蕴含的矛盾之后，还要对不同类别的思想矛盾进行区分。区分思想矛盾，关键是准确区分两种不同性质的思想矛盾。在中国特色社会主义新时代，一方面，我国仍然处于社会主义初级阶段的基本国情没有发生改变，因此，我国社会仍然存在敌我之间矛盾与人民内部矛盾这两种不同的社会矛盾，它们反映在思想方面，就是敌我之间的思想矛盾和人民内部的思想矛盾。另一方面，在中国特色社会主义进入新时代之后，人民内部思想矛盾依然是当前我国社会思想矛盾的主体部分，尤其是体现我国人民日益增长的美好生活需要和不平衡不充分的发展之间的思想矛盾在社会各类思想矛盾中开始占据主导地位。

面对当前现实状况，思想政治教育工作者需要紧扣社会主题，回答时代命题，坚持具体问题具体分析的基本方法，在清楚区分两类性质思想矛盾后，对两类不同的思想矛盾使用不同的对待方式与处理手段。对于人民内部的思想矛盾，不仅应该将其作为重点研究对象，敏锐地察觉和划分其中先进的与落后的、消极的与积极的、革新的与保守的成分，并加以探析，而且要注意避免使用阶级分析法，不盲目扩大人民内部思想矛盾中的阶级差异，做到客观评价和正确解决人民内部思想矛盾，以免落入“左”倾错误的陷阱。同时，思想政治教育工作者不应对思想矛盾问题掉以轻心，而应清晰地认识到，由于我国依然处于改革开放阶段，社会经济由多种经济成分构成，且国际社会中一些西方资产阶级势力对我国施加意识形态渗透，制造散布“中国威胁论”，妄想唱衰中国，我国思想建设事业面临国内外环境的双重挑战，社会思潮中仍存敌我性质的思想矛盾。对于这类思想矛盾，思想政治教育工作者必须运用阶级分析法，揭露其矛盾实质，并采取强硬的手段予以遏制和扭转。

(三)关注思想信息中矛盾的特殊性是关键

在通过矛盾双方的现实对立中分析思想信息时，既要善于发现思想信息中蕴含的矛盾，又要善于区分不同思想矛盾，更要关注思想矛盾的特殊性。毛泽东同志指出：“如果不研究矛盾的特殊性，就无从确定一事物不同于他事物的特殊的本质，就无从发现事物运动发展的特殊的原因，或特殊的根据，也就无从辨别事物，无从区分科学研究的领域。”①分析和把握思想矛盾特殊性是运用矛盾分析法时最具挑战性的一步，亦是最紧要的一步。

思想矛盾的特殊性与思想矛盾的普遍性相对，于空间维度而言指一个思想矛盾与其他思想矛盾相比具有某些特点，且每一个思想矛盾自身的各个方面各有特点；于时间维度而言指一个思想矛盾及其自身各个方面在不同发展历程中呈现出不同特点。因此，思想政治教育工作者要关注主要思想矛盾及其主要方面，并关注思想矛盾演变、转化的动态过程。

主要思想矛盾是指个体或群体思想矛盾当中发挥主要作用、占据支配地位的思想矛盾，次要思想矛盾是指个体或群体思想矛盾当中发挥次要作用、占据被支配地位的思想矛盾。次要思想矛盾服从于主要思想矛盾，主要思想矛盾制约和影响着次要思想矛盾的存在和变化，在思想发展过程中决定着总体思想状态的性质和面貌。因此，只有找到并抓住思想矛盾中的主要矛盾，才能把控思想问题的根源与实质，为思想问题的解决创造条件。这就要求思想政治教育工作者面对数量繁多、纷乱复杂的思想信息时，要依照客观思想情况，遵循思想发展的客观规律，对各个思想矛盾进行全面、历史的比较，准确分析出占据主要地位的思想矛盾，促使思想矛盾的解决。

在找出主要思想矛盾后，还要区分思想矛盾内在的主要方面与次要方面，抓住主要思想矛盾的主要方面。在一个具体的思想矛盾当中，其内部各个方面的发展并非平衡的、均匀的，而是有侧重的、有偏差的，主要思想矛盾内部发展同样如此，因而可以根据各个部分发展情况划分出主要方面与次要方面。主

① 《毛泽东选集》第1卷，人民出版社1991年版，第309页。

要方面在主要思想矛盾中发挥规定性作用、占据决定性地位，主要方面影响和决定着次要方面发展。思想政治教育对象思想状态的性质，不仅是由主要思想矛盾规定的，而且是由主要思想矛盾的主要方面规定的。思想政治教育工作者只有抓住思想信息中主要思想矛盾的主要方面，才能深刻理解和掌控思想问题的核心所在。

在从横向上把握思想矛盾特殊性后，还要对思想矛盾进行纵向解读和把握。思想矛盾中的主要矛盾与次要矛盾，以及矛盾的主要方面与次要方面并非一成不变的，相反，在条件完备和成熟的条件下，各种思想矛盾和思想矛盾内部对立双方会趋于并成为自身的对立面。所以思想政治教育工作者在分析思想政治教育信息时，要着重关注影响思想矛盾转化的条件，关注各类矛盾和矛盾各方面的地位变化与新旧更替，并科学地利用条件、积极适当地创造条件推进思想问题的解决。

二、系统分析法：从整体系统的层次结构中分析信息

思想政治教育信息分析中的系统分析法，是将信息视为一个由紧密联系、互相作用的要素依照一定结构排列组合而成的系统。思想信息系统包含不同的层次，要想科学运用系统分析法，就需要对思想信息系统的要素、结构和环境分别进行分析。

(一)分析思想信息系统的要素是初级层次

思想信息要素是思想信息系统的构成基础，分析思想信息系统必须从要素出发。对思想信息要素进行分析的维度有两个：一是科学划分思想信息要素的类型。依据不同的划分标准，可以将思想信息要素划分为不同的类型。例如以思想信息涉及的领域作为依据，可以将思想政治教育信息要素划分为政治要素、道德要素、心理要素等；以思想信息的功能属性作为依据，可以将思想政治教育信息要素划分为原则要素、内容要素、方式要素等。对思想信息要素的种类进行划分是正确认识思想信息要素的前提，也是正确认识思想信息系统的前提，多维度、广视角地区别与把握思想要素，可以深化对思想政治教育信息系统的理解，因而分析思想信息系统的要素是运用系统分析法不可或缺的环节。二是细微区分思想信息要素的差别。在掌握思想信息要素的基础上，思想政治教育工作者还要对思想信息要素进行更加深入的剖析，即从细微入手，探究不同思想信息要素的好坏优劣，判断不同思想信息要素的作用大小，切实掌握每一个思想要素的具体情况。只有如此，思想政治教育工作者方能优化思想

信息系统整体，做到量体裁衣、因材施教，增强思想政治教育实践活动的针对性，提升思想政治教育实践活动的效果。

(二)分析思想信息系统的结构是中级层次

思想信息系统的性质与系统的结构密切相关，因此必须对思想政治教育信息系统的结构进行分析。

一是对信息系统结构的模型加以分析。思想政治教育信息模型是指思想信息系统要素之间相互联系、相互作用、相互制约的规范与式样，也是思想信息系统的结构的典型种类与稳定表现。思想信息要素只有在思想信息系统中依赖于思想信息结构才能获得存在的可能与意义。此外，各个具体的思想信息要素在思想信息系统中所联系的方式、所发挥的作用、所占据的地位也存在差异。一般来说，思想政治教育实践中使用频率最高的信息结构模型是关于思想教育、政治教育、道德教育与心理教育之间的模型。思想政治教育工作者首先应该熟知和掌握思想教育、政治教育、道德教育与心理教育之间的一般模型，坚持做到依据思想教育、政治教育、道德教育与心理教育等思想信息要素之间的结构模型开展思想信息分析工作，获取对于思想政治教育信息系统的最基本了解。然而，在现实世界以及实际的思想政治教育活动中，思想信息要素的类型和结构都具有多样性、复杂性，思想信息系统要素的连结方式同样千差万别，思想信息系统的结构模型更是多样。因此，思想政治教育工作者需要对思想信息结构的特殊模型加以注意，要运用科学的比较方法，对思想信息进行全面的、历史的把握，归纳和建构科学的思想信息模型。

二是对信息系统结构的层次加以分析。立足于纵向联系，则系统是由不同层级和次序的结构关系所构成。系统结构的层次性具体表现为：从构成关系上看，系统中的高级结构包含低级结构，而低级结构又由更低一级的结构构成；从特点性质上看，高级结构的特征并非低级结构特征的简单相加，而是在经过特定组合与连接之后具有了低级结构并不具有的独特性质。思想信息系统同样是一个具有上下承接、逐层深入结构关系的系统，不同思想信息子系统组合而成了思想政治教育对象思想整体，并由具体思想信息内容组合而成。思想政治教育工作者只有综览思想信息系统，梳理思想信息结构的各个层次，才能够准确分析思想信息，条理清晰地组织思想政治教育活动。

三是对信息系统结构的优化加以分析。思想信息系统是思想信息要素嵌入思想信息结构而构成的，而嵌入方法与连结式样，就是沟通思想要素与结构之间的桥梁，这些方式为思想信息要素作用的发挥创造了条件，为思想信息系统的构成提供了可能，同时也规定和影响着思想信息系统整体功能的实现。对信息系统结构的优化进行分析，就是廓清何为思想信息系统结构最合理的形式，进而探析促进思想信息系统整体结构与理想结构相适宜的办法，摸索通往最佳思想政治教育信息系统的渠道，实现思想政治教育信息系统功能的最大化。要达到这一目标，思想政治教育工作者要辨别思想信息系统中整体与局部之间的辩证关系，并注意运用结构理论解释思想信息系统的整体与组成要素的多样化关系，把系统整体的优化置于核心位置，寻求整体效能最优化。

（三）分析思想信息系统的环境是高级层次

人的思想意识并不是孤立存在的，而是对外界客观环境的能动反映，作为思想意识反映的思想信息系统同样无法离开外部环境而独立存在，并且总在与自身之外的要素与环境进行相互交换。思想信息系统借助向外交换，即思想信息系统输出过程，对思想信息系统环境产生影响；思想信息系统环境借助向内交换，即思想信息系统输入过程，对思想信息系统产生影响。脱离环境谈思想信息系统，是片面、静止、机械观点的体现。其次，在分析环境对于思想信息系统的具体影响时，既要从宏观角度分析经济环境、政治环境、文化环境、社会环境等大环境对教育对象思想状态的深远影响，也要从微观角度分析学习、工作及生活环境等小环境对教育对象思想状态的细微影响。最后，既要分析环境对思想政治教育对象思想状态带来的正面影响和积极作用，也要分析环境对思想政治教育对象思想状态带来的负面影响和消极作用，从而达到对环境输入作用的全方位把控，对思想信息系统进行深层次解读。

三、因果分析法：从现实事件的因果逻辑中分析信息

思想政治教育信息因果分析法，是指分析思想信息产生、发展，以及该思想见解会在未来所造成的后果，从而找出目标对象的思想认识产生的社会根源与历史根源，并预判思想政治教育对象的思想认识对个体发展和社会发展可能引起结果的方法。思想政治教育信息因果分析法同样是践行马克思主义联系观点所得，掌握和运用思想政治教育信息因果分析法需要攥紧特点与类型两个抓手。

（一）了解因果分析法的特点是首要抓手

作为一般因果分析法在思想政治教育具体领域之特化，思想信息的因果分析法与一般因果分析法相比既拥有共同特点，也具备独特属性，既包含共性，

又内蕴特性。

思想信息因果联系具有一般因果联系的三个共同特质：首先，思想信息因果联系同一般因果联系一样具有普遍性。根据联系的普遍性观点，一切事物都与其他事物处于相互联系和牵制关系之中，任何事物都凭借一定的条件或事物而形成、发展，其自身也会成为另一事物产生、变化的条件与基础。因此，思想行为在从孕育到消亡的过程中也必然遵循因果逻辑，一些看起来没有因果联系的思想现象，只是其因果联系具有隐蔽性而难以被发觉，并不能因此而否定因果联系的普遍性。其次，思想信息因果联系同一般因果联系一样遵循顺序性。因果联系遵循严格的时间顺序，从时间发展上来看，任何一件事物必然先有产生原因，后有后续结果。思想信息同样依照“因在前、果在后”演变逻辑与发展规律。所以，思想政治教育工作者要遵循思想信息因果联系的时间顺序性，克服因果混淆、因果倒置的错误倾向，按照时间正序由因推果，或按照时间倒序由果溯因，解析教育对象的思想动机与行为后果。最后，思想信息的因果联系同一般因果联系一样呈现多样性。在客观世界中，事物的种类繁多，事物的发展变化很快，事物之间的联系具有多重规定性，因此事物之间因果联系呈现出复杂性、多样性特质，具象化到人们的思想现象中，既存在一种思想动机导致一种思想行为、多种思想动机分别导致多种思想行为的简单情况，也存在一种思想动机带来多种思想行为、一种思想动机由多种思想动机引起的复杂情况，还存在思想动机诱发思想行为、思想行为加重思想动机而形成良性或恶性循环的混乱情况，以及初级思想动机引发行为后，这一行为引发次级思想动机而构成演进历程的复杂情况。这就要求思想政治教育工作者要熟练掌握归纳与演绎这两种逻辑思维，既擅长从思想信息中归纳和梳理思想问题原因的种类以及各个原因所占比重，又擅长通过思想信息预判和推测思想行为对多个主体和方面造成的影响，继而科学规划下一步任务。

思想信息的因果联系包含一般因果联系所不具有的三对独特范畴：首先，思想信息的因果联系含有主观和客观范畴。反映人们思想认识的思想信息，是客观世界在人的大脑中的主观反映，因而思想信息因果联系不同于一般因果联系，在形式上具有主观性，在内容上具有客观性。在客观事物反映到人主观思维内化的过程中，客观事物成为原因，主观思维成为结果；在人的主体意识作用于客观世界的外化过程中，主体意识成为原因，客观世界成为结果，思想政治教育工作者要理解和把握思想信息中的主客观联系。其次，思想信息的因果联系含有显性和隐性范畴。教育对象的行为具有外显性，可以被人的感官所直接察觉和捕捉；而其思想具有内隐性，是难以被思想政治教育工作者立刻观察到的。隐性的思想需要通过显性的行为来表达，显性的行为又无时无刻不反映着隐性的思想，思想与行为的转化，既是显性和隐性的转化，也是原因和结果的转化。所以思想政治教育工作者不仅要观察和记录教育对象的外在行为，而且要透过现象看本质，分析教育对象的思想动因。最后，思想信息因果联系含有个体和群体范畴。不仅思想与行为之间会相互影响，而且思想和思想之间也会相互影响。思想之间互动作用分为个体与个体之间、个体与群体之间以及群体与群体之间。其中，个体与个体之间的思想影响较为细微；群体与群体之间的思想影响则是将群体个体化、单位化，其影响机理与个体之间具有相似性；个体与群体之间的影响则是最主要的。个体是群体的组成部分，因此个体思想状态及其变化会影响群体思想状况的组成与变化；同时群体对个体发挥支配作用，因此群体的思想状况与变化会在极大程度上左右个体的思想状态。思想政治教育工作者要把握这一对特殊关系，为思想之间的良性互动创造条件。

(二)悉知因果分析法的类别是补充抓手

思想原因与思想结果如同一枚硬币的两面，从表面来看二者是对立相背，但深入观察可以发现原因与结果也是相互依存、相辅相成的。将分析方向作为判断标准，可以将思想信息因果分析法分为追因法和溯果法两类，这两种方法就如同从不同的方向拨动硬币，以发现思想背后的秘密。从定义上来看，追因法是指以结果为起点，以原因为终点，由后向前，从思想信息中的结果出发寻找思想信息的原因的方法；溯果法则恰恰相反，是指以原因为起点，以结果为终点，由前向后，从思想行为原因出发推测思想行为结果的方法。从作用上来看，追因法可以厘清思想信息中的动机材料，即找出思想信息产生、变化发展的缘由；溯果法可以理出思想信息中的结果材料，即推导思想行为演绎变形、嬗递更替的归宿。

在运用追因法和溯果法时，要遵照二者各自的运行机制，还要利用二者相互促进、相互推动的关系。运用追因法，思想政治教育工作者要以明确精准的结果为分析基础，以思想形成和发展的客观规律为分析依据，以类比、对照等方法为分析手段，探寻思想起源；运用溯果法时，首先要明确哪些思想材料具有原因性质，以点画线，以线构面，以面成体，尽量做到全面、充分、深刻地预测思想状态的影响；综合运用追因法与溯果法，则会大大丰富思想信息分析的维度与视角，削减分析中可能出现的空白与疏漏，思想政治教育工作者应该将追因法与溯果法的长处相结合，实现优势互补、强强结合，增强思想政治教育研究的科学性。

四、比较分析法：从不同事物的同异对比中分析信息

比较是认识事物的基本方法。不同点是一事物之所以成为自身并与其他事物相区别的条件。思想信息的比较分析法，正是运用对比的手段，遵照一定的维度，比较不同思想信息之间的相似之处与相异之处，了解各个思想信息内在特点，挖掘思想信息根本实质，总结思想发展客观规律的方法。运用比较分析法分析思想信息，需要分三步走。

（一）知晓比较分析法的作用

比较分析法的作用可以一分为三：一是把握思想现象的特殊表现，梳理分流思想信息。运用比较分析法，可以从大量杂乱无章的思想信息中析得潜藏着的相似表征、相仿特点、相像性质与相通实质，进而选择恰当分类标准，有序整理所获取的思想信息，将思想信息纳入不同种类集合，为接下来的研究打下基础。二是认识思想现象普遍联系，分析概括思想规律。世界上不存在一个与其他事物全然不同的事物，也不存在一个与其他事物断然无关的事物，任何具体事物中都包含与其他事物一致的共性，并与其他事物相依相生。因此思想政治教育工作者不能犯下割裂思想信息共性和个性之间联系的错误，应该从冗杂繁多的思想信息中找准思想共同点，归纳思想规律，从而在解决思想问题时做到举一反三，达到四两拨千斤的效果。三是通晓思想的本质属性，提升思想政治教育效果。思想信息是共性和个性的统一体，任何具体的思想认知、思想见解和思想现象内部都蕴含着矛盾的共性与个性的运动规律。要想深入认识思想信息，思想政治教育工作者就要依照矛盾的共性与个性之间的辩证关系，从普遍性与特殊性两个角度共同着手分析材料，并在此基础上促进思想政治教育对象从认识个别上升到认识一般，再由认识一般到认识个别，提高教育对象的思想高度、政治觉悟与道德水准。

（二）清楚比较分析法的类别

依照不同的划分标准，我们可以将比较分析法区分为更为具体的方法。以时间为划分标准，比较分析法可以被分为向前比较法和向后比较法，这两种比较方法统称为纵向比较法；以空间为划分标准，可以将其划分为向内比较法和向外比较法，二者统称为横向比较法。纵向比较法与横向比较法具有不同的运行机理，研究内容也各有侧重。

纵向比较法是以时间维度为坐标轴，以手中思想信息的发生时间为坐标，

同之前已经存在的或者后来继而产生的思想信息作对比的方法。它研究的是一组思想信息同与之前后相连的思想信息的异同之处，以及这组思想信息自身在不同发展阶段的不同表现与演变规律。

横向比较法是以空间维度为参照系，以正在研究的思想信息为基准，同该思想信息内部的子系统及要素作对比，或者同该思想信息外部的其他信息及环境作对比的方法。它研究的是一组思想信息同自身构成之间可能存在的同源异流的关系，或与其他思想信息之间同源异派、异源同派等关系，以及与思想环境之间相互制约的关系。

（三）遵照比较分析法的要求

坚持可比性原则是比较分析法应用的前提。可比性指事物之间具有可以对比的性质。一般情况下，同类事物之间具有可比性，异类事物之间的同类属性也具有可比性，而既不是属于同一种类也不具备同类属性的事物是不具备可比性的。对比思想信息同样需要符合可比性的要求，例如在运用横向比较法时，对比的思想信息必须具有并存关系或并列关系。

选择合理的比较标准是应用的重点。不同的思想主体具有不同的思维能力与觉悟潜力，因此对待不同思想政治教育对象设置的目标不应相同，评价标准和比较标准也不能一概而论。面对个体或群体，如果选取的比较标准过低，会使思想政治教育达不到应有的效果，如果选取的标准过高，则会挫伤思想主体的进步积极性，同样削减教育作用。所以思想政治教育工作者必须从实际出发，为教育对象选择恰当的比较标准。

发挥具体方法的优势是应用的关键。纵向比较与横向比较各自具有不同的功能与优势，纵向比较可以重现思想信息的动态变化历程，横向比较可以描绘思想信息内引外联的整体局面。发挥两种方法的长处可以帮助思想政治教育工作者及时发现思想信息中的新变化与新状况，科学规划、主动出击，积极有效地应对思想问题带来的新挑战，增强思想政治工作的主动性。

五、定量分析法：从认知对象的数量关系中分析信息

思想信息的定量分析法，是指在坚持客观中立立场的基础上，借助数据对思想信息的数量变化情况进行分析，对思想信息的数目关系进行整理，对思想信息的总体特征进行描述，对思想信息的发展趋势进行预判的方法。思想信息的定量分析方法是实证主义思想在思想信息分析应用层面的投射，是现代思想政治教育研究的重要方法。

(一)思想信息定量分析法的功能作用

定量分析法将思想信息的阈值、数量、水准等关系作为主要研究对象，主要分析信息量的多少、度的强弱、速的快慢、界的深广、势的方向等变量。比如，对于同一事件，持支持或反对态度的思想政治教育对象的数量的多寡；一个思想政治教育对象的思想体系中正确部分、先进部分与错误部分、落后部分各自的占比；一种思想潮流在不同个体或群体中传播速度的差异；特定个体或群体的政治觉悟与思想水平的深刻程度如何；相关对象的未来思想发展趋势的大体指向等，这些都是思想信息定量分析法研究对象的具体表现。定量分析法的主要功能为描述思想信息的大体轮廓，采取定量分析法可以帮助思想政治教育工作者迅速了解研究对象的思想全貌，掌握教育对象思想状态的平均情况，为整体分析工作坚持正确的方向和道路提供保障。定量分析法于思想信息分析而言是起点，于定性分析法而言是运用基础。

(二)思想信息定量分析法的突出特点

通过对思想信息定量分析法的职能进行剖解和归纳，可以发现定量分析法具有显著的特点：其一，定量分析法长于应对和处理大规模、多数量的思想信息，相较于定性分析法，定量分析法可以迅速获取思想信息的总体特点和平均趋势。其二，定量分析法遵循“拆分在前，整合在后”的逻辑顺序，先依据不同标准对思想信息进行拆解，在对思想信息获得多维度了解之后，进而合并总结描绘出总体情况。其三，定量分析法是形式与内容的有机统一，虽然该方法借助的媒介为抽象数字，但反映的思想问题与思想特征却是现实生活中实际存在着的。其四，数据与数量具有突出的客观性，因此定量分析法中思想政治教育工作者的主观因素参与较少，并且也能够尽量避免人为因素的干扰。

(三)思想信息定量分析法的运用方式

运用思想信息定量分析法还需要注意一些关键问题。第一，要综合运用定量分析具体方法。定量分析法包括数学方法、模型方法和逻辑方法，其中，数学方法主要通过统合、整合、计算等一系列步骤对思想信息进行分析；模型方法即根据思想信息中的数量关系建立数据模型，分为理论模型与潜特征模型；运用逻辑方法则要把握分析与综合、归纳与演绎以及抽象与具体三对基本范畴。思想政治教育工作者只有科学设计定量分析法使用方案，有机组合多种具体方法，才能够透彻地解读思想信息，立体展现目标对象的思想状态。第二，要严格评估定义与指标的科学程度。思想政治教育工作者在收集思想信息的过程中，必须将日常用语转化为抽象定义进而形成操作定义，并将研究假设分解为具体命题再操作化为研究指标，然而定义与指标具有有限性，这些转化必定导致信息量的损失，使得定义与指标不可能完全反映带有普遍意义的概念和命题。防止定量分析误入歧途，思想政治教育工作者需要对这些信息材料加以及时的处理，如实地呈现人们的思想状态的思想信息资料是获得科学分析结果的前提，而缺漏、歪曲的思想信息则会导致出现问题，比如再度审查甚至重新开展思想信息获取工作。第三，要合理确定数量关系的模糊特质。思想政治教育信息定量分析隶属社会科学研究领域，其研究对象即思想信息不同于自然科学研究对象，具有突出人化和社会化特点。大部分思想信息难以转化为固定指标，也难以根据指标度量出精准数据，因而教育者不能如对待自然信息一般对思想信息进行绝对划分和精准计算，而是要坚持具体问题具体分析，衡量思想信息的模糊度，对不方便、不适合借助精确数字显示的信息进行模糊化处理。

六、定性分析法：从认知对象的类型性质中分析信息

思想信息的定性分析法，是指从微观层面对个别思想信息进行细微化、运动化概括和剖析，辨别思想信息的种属类别，并深刻剖析思想信息本质属性的方法。思想信息的定性分析法是揭示事物内在属性的研究方法，是思想政治教育信息分析中使用频率较高的方法，也是对解释主义传统的秉承和外化。

思想信息中量的方面与质的方面是相互关联、相互协调而密不可分的，所以思想政治教育工作者在分析思想信息时，要遵循量和质有机统一原则，在定量分析法之后还要补充使用定性分析法。定性分析法作用在于探究思想信息本质规定性，例如考察个体或群体思想行为之对错、正倚；判别一种思想信息属于政治领域、道德领域或者心理领域；鉴定思想信息是敌我矛盾的体现或人民内部矛盾的体现；推测目标对象的行为产生原因、植根于何处等。概而言之，借助定性分析法，思想政治教育工作者可根据性质清楚界定并划分一种思想信息与其他思想信息，考察目标对象思想状态差异，进而有针对性地对待不同教育对象，选择合适的教育方法，制定教育实践方案。

在思想信息定性分析法的运用中需要把握一些重要节点。第一，重视对思想信息性质多样性的分析。思想政治教育对象的思想状况是复杂的、独特的、多变的，而正是这些思想状况内部矛盾的特殊性决定了反映其内容的思想信息的性质。思想政治教育工作者运用定性分析法须从思想信息性质多样性中比对出差异性，清晰划分性质的主次界限，把握思想信息性质的特殊矛盾，避免落

入轻重不分、缓急混淆、主次颠倒的窠臼。第二，善于发挥定性分析法的优点。在分析思想信息的过程中，相较于定量分析法侧重全面性，定性分析法更偏重深刻性。定性分析法在选取具有代表性的案例之后，便专于一点，将目光聚焦于这一独特的、具体的思想政治教育对象所拥有的思想状态，对该对象思想信息进行深入彻底解剖，不仅分析此时的思想行为与思想信息，而且分析其之前的思想信息与分析结果，更预测接下来思想发展会去往何方。思想政治教育工作者要充分利用定性分析法的流动性优势与追踪性优势，拓深思想信息分析的厚度。第三，将定性分析法与定量分析法相结合。定性分析法与定量分析法是思想政治教育信息分析具体方法中联系最为紧密的两个，它们在运用中不可分割。思想政治教育工作者要在熟悉定性分析法与定量分析法各自优越性与局限性的前提下，在运用定量分析法对思想信息进行初步处理的基础上，根据一般化的数据结果选择典型研究对象并再次进行定性分析，提高信息分析的准确性与科学性。

第三篇　思想政治教育决策方法

思想政治教育工作者获取、筛选、分析思想信息的主要目的，在于从受教育者的实际思想出发，充分把握受教育者思想发展的具体规律和具体特点，增强思想政治教育的科学性、有效性和规范性，从而在明确现实问题的基础上，确定良好的思想政治教育目标，制定可行方案，分析评估并推动方案落实，检验并优化效果，最终提出科学的思想政治教育方案计划，使思想政治教育达到预期的效果。为了寻求、制定和最终选择并优化出这样的最佳方案或计划，思想政治教育工作者必须认真研究并出台相应的决策方法，不断提升思想政治教育决策的水平和能力。

第七章　思想政治教育决策方法的功能价值

决策是做出决定或决定对策的意思，是人们在改造世界的过程中，寻求并实现某种最优化预定目标和合理使用资源的活动。

思想政治教育决策，是指为实现思想政治教育目标而提出的若干个可行性方案进行比较并做出最优选择过程。① 思想政治教育决策的具体含义包括：一是决策要首先能够树立正确的目标，促使思想政治教育的主体与客体明确目标，并不断朝目标努力。二是要对这个方案进行最优化选择。思想政治教育的决策要对一定时期内所树立的目标和具体思想政治教育的内容、方法、方案等做出最优的选择，在比较和评估中优中选优。如果仅是确定了目标就做出了选择，但这个决定并不是多方比较后的最优结果，那其结果也只能是无效的。三是要保证决策的最终方案能得到实现。只提出理论而不付诸实践，这样的决策是纸上谈兵，只是做无用之功。

思想政治教育决策方法的功能价值，体现在决策方法的以下特殊功能和实用价值上：第一，思想政治教育工作者充分运用优势资源，准确把握最佳时机，全面吸收科学经验，能充分增强思想政治教育的科学性；第二，思想政治教育工作者能依据思想政治教育决策目标灵活采取具体的决策方式，并依据问题提供有效的应对措施，同时基于实现过程中的变化及时调整现有策略，增强思想政治教育的有效性；第三，教育者在决策过程中，要确保思想政治教育行为符合程序规范，遵循客观规律，依照科学方案，不断完善思想政治教育的规范性，以保证思想政治教育决策方法达到理想效果。

---

① 郑永廷主编：《思想政治教育方法论》，高等教育出版社 1999 年版，第 103 页。

第一节　增强思想政治教育的科学性

思想政治教育决策方法的功能价值，首先体现在充分增强思想政治教育的科学性上。思想政治教育的科学性主要表现在，思想政治教育具有独特的研究理论和方法，能够充分运用思想政治教育优势资源，通过科学的思想政治教育方法，掌握思想政治教育对象的思想信息；通过分析研究内容，把握最佳时机，掌握实质；全面吸收科学经验，根据实际情况决定思想政治教育方案。

一、充分运用优势资源

思想政治教育作为一项以人为主体的活动，其决策方法的适用范围是相当广泛的。思想政治教育决策方法具有全员性、全程性和全面性，因此在进行思想政治教育决策活动时，要充分运用好优势资源，从有效的人力资源、教育资源、宣传资源、设备资源等出发，增强思想政治教育的科学性。

(一)思想政治教育活动具有全员性的特点

思想政治教育活动是覆盖全体社会成员的实践活动。思想政治教育活动主体由人民群众所组成，这中间，青少年以及中共党员尤其是党政机关的领导干部更是思想政治教育的重点。青少年是民族的希望和国家的未来，也是党和人民事业发展的主力军，他们具有很强的可塑性和长期的成长性，因此需要充分利用优势资源，加强青少年教育，让其“扣好人生的第一粒扣子”。领导干部既是党和国家形象的代表，也是路线、方针、政策在决策、制定、落实方面的领导和组织者，作为党员和群众的榜样，他们的一举一动会受到群众的关注，基于此，必须加强领导干部的思想道德建设，提高他们的思想政治素质。

(二)思想政治教育过程具有全程性的特点

思想政治教育具有持续性、长久性的特点，其既包括思想政治教育自身环节的安排和科学设置，也包括其余各个阶段的衔接安排。作为一项意在推动社会发展和人的全面发展的实践活动，思想政治教育教育着处在各个人生阶段的受教育者，因此，处在各个阶段的思想政治教育工作者都可以充分运用各阶段的优势资源，通过教育资源的输送，加大思想政治教育的力度，加强对思想政治教育过程的关注。

(三)思想政治教育工作具有全面性的特点

思想政治教育工作不仅停留在思想教育和政治教育上，也会将思想政治教育渗透到社会的方方面面，从而更好营造思想政治教育的社会环境，优化思想政治教育环境，实现人的全面发展和社会的全面进步。为此，思想政治教育可以充分利用设备资源和宣传资源等，通过新媒体、理论研究所、新闻机构、出版社、文艺单位等弘扬主旋律，加强社会主义意识形态的领导地位，加强思想政治教育的影响力；可以利用互联网资源，加强网络思想政治教育建设，加强各类网站的建设，开展形式多样的教育活动，营造良好的网络氛围，输送优质的精神食粮和教育资源；推动各类爱国主义教育基地建设，将博物馆、烈士纪念馆、烈士陵园、展览地等资源充分应用起来，充分发挥爱国主义教育作用，培养具有爱国主义精神的社会主义人才等。

总体来看，思想政治教育决策能够充分利用好能把握到的优势资源，将优势资源转化为思想政治教育的良好推动力，从源头、过程和结果等方面强化思想政治教育建设，为国家输送优质人才提供更好的方式和渠道。在利用资源的基础上把握思想政治教育的实质，掌握教育对象的思想信息，提高思想政治教育的科学性，提高思想政治教育对象的科学文化素质和思想道德素质等，实现思想政治教育的理想效果。

二、准确把握最佳时机

辩证唯物主义认为，事物之间存在着具体的有条件的联系。随着其条件的改变，事物之间及事物内部因素之间联系的性质和方式等也会发生变化。同任何事物一样，思想政治教育也是具体的，是在一定的时间、地点和条件下进行的。条件可以分为主观条件和客观条件、有利条件和不利条件。要准确把握最佳的时机，才能化被动为主动，充分实现思想政治教育的科学性。

思想政治教育的环境是影响人们的思想与行为，影响思想政治教育开展的外部因素的综合。① 新时代的思想政治教育面临着不断发展变化的新情况、新条件、新问题，要准确把握最佳时机，不断创新发展。当下，国家统筹推进“五位一体”总体布局、协调推进“四个全面”战略布局，为实现中华民族伟大复兴的中国梦不断奋斗。全面深化改革需要思想政治教育的不断发展，思想政

① 郑永廷、刘书林、沈壮海：《思想政治教育学原理》，高等教育出版社 2016 年版，第 317 页。

治教育坚持深入研究，掌握和运用正确的决策方法，推动社会主义制度自我完善和自我发展。全面依法治国也需要思想政治教育的不断发展，把握最佳时机，运用法治信仰、法治精神、法治理念、法治思维、法治方法等内容，学习研究法治理论，了解依法治国的当前形势，培养思想政治教育对象的法治思维、理念、精神、方法，形成法治信仰，投入依法治国的社会实践。全面从严治党也需要思想政治教育的发展，要把握当前面临的执政考验、改革开放考验、市场经济考验和外部环境考验等问题，坚定理想信念，加强联系群众，提高道德境界，凝聚自身力量。

思想政治教育的主体和客体都是人，是投身于社会实践活动的人民群众。在高校，思想政治教育工作的对象主要是以大学生为主力军成长起来的青年一代，他们接触的信息更多，眼界更加开阔，也有更多的追求和想法，但是同样面临许多现实问题。以历史虚无主义等西方错误思潮为首的众多良莠不齐思想遍布网络和青年生活中，许多舆论“公知”和对党和国家怀有不良居心的团体时常出台一些抨击政府的夸大言辞、谣言和负面内容。他们质疑政府、质疑历史英雄，对客观事实有意掐头去尾，透露出的是具有浓厚意识形态和政治色彩的错误倾向，从而颠覆人民群众正确的价值观。在这样的情况下，所传递出来的复杂信息会冲击主流的价值观思想，破坏大学生对社会、对生活的原本认知，并在他们的心中扎下怀疑、负面的种子。同时纷繁信息中各类例如娱乐化倾向、自我中心主义、功利化心态、拜金主义、享乐主义、精致利己主义等不良价值观导向的传达，对身心尚未完全成熟的大学生这个年轻群体产生巨大的影响。精致利己主义者观念的出现，让许多青少年将个人利益放在首位，以自己的一切为前提，不关心国家，不在意理想信念。拜金主义的浪潮让青少年沉溺于花天酒地的短暂享乐中，甚至错误宣扬“宁愿坐在宝马上哭”的不良言论等。这些不良的价值观有违社会主义核心价值观，破坏青少年的心理健康，使他们形成了不良的三观。在这种情况下，只有掌握科学的思想政治教育决策理论和方法，我们的思想政治教育工作才不至于陷入被动中。只有善于选择和利用有利的主客观条件，例如当下发达的网络思想政治教育环境和条件，积极主动出击，从多角度推动思想政治教育的良性发展，才能促进社会主义现代化建设的发展，引导青年一代健康成长，实现自身的全面发展。

三、全面吸收科学经验

思想政治教育学科不仅自身具有全程性和全员性等特点，其与多个学科也有不同程度的渗透和交叉。我们在进行思想政治教育决策时可以充分吸收其他学科的理论经验，丰富思想政治教育决策方法体系。

(一)吸收理论经验

在理论经验上，一方面应继承和发扬以往的思想政治教育理论经验，丰富思想政治教育决策方法，例如我国古代以孔子和孟子为代表的儒家所确立的儒家伦理道德思想，体现着古代思想政治教育方法中“修身自省、克己复礼”基本内容和“明德慎罚，内圣外王”的显著特征。这些道德理论方法，在思想政治教育中得到了继承和转化，同时可进一步开发和运用，以丰富思想政治教育决策方法体系。另一方面对于交叉学科和联系较为紧密的相关学科，我们通过借鉴其相关方法经验，以更好地促进思想政治教育决策方法的科学化发展。像伦理学、心理学、社会学等学科都属于与思想政治教育内容有部分交叉的，可以借鉴它们在决策方法上的具体经验，比如伦理学在道德教育上总结的言行一致、注重言传身教等；心理学的心理咨询和心理治疗、注重认知、情感和行为等相结合的教育方法等；社会学的社会统计、社会调查和社会分析方法等。此外对于教育学、系统科学和数学等与现实联系较紧密的学科，思想政治教育也可充分吸收和运用其方法和经验，转化为对自己有利的方法体系，从而更好地推动思想政治教育的决策方法发展。

(二)吸收实践经验

在吸收实践经验上，第一是继承和总结目前已有的科学经验。思想政治教育决策本身就是一个在调整优化中不断循环前进的过程，是在吸收前人经验的基础上，对目标方案不断调整、优化，进而优中选优，选择评估出其中最优秀的方案进行决策落实，因此全面吸收科学经验，显得至关重要。第二是在当下越来越开放和多元的当代社会，虽然各国的国情和制度各异，但是各国在思想、道德、政治教育等方面都面临着类似的现实背景和问题。例如对于互联网发展中多元价值观的扩散和对于主流意识形态领导地位挑战的问题，对于虚拟和现实间社会角色的思想道德、行为规范问题等。思想政治教育现实决策中遇到的困境，各个国家都会有自己的决策方案和决策方法，因此我们可以吸收其他国家研究和解决类似问题的相关实践经验，从中受到更多的思想启发，从而充分借鉴其有利成果，进一步深入推动我国思想政治教育决策的科学化。

第二节　提升思想政治教育的有效性

思想政治教育决策方法的功能价值体现在提升思想政治教育的有效性上，其有效性主要表现在：思想政治教育能够依据思想政治教育的具体目标灵活采取决策的具体方式；能够发现问题并分析清问题的实质，根据问题提供有效的应对措施，从而找到正确的决策方法；基于社会存在的变化，及时调整现实策略，发挥人的主观能动性，从而更好地实现思想政治教育的目标。

一、依据目标灵活采取决策方式

开展思想政治教育活动，教育者必须正确研究、制定、选择、确定良好的思想政治教育目标，制定可行方案，分析评估并推动方案落实，检验并优化效果，最终提出最佳的科学方案或行为计划，使思想政治教育达到预期效果。而最佳的科学方案或行为计划，要求思想政治教育的决策必须充分有效。因此，依据思想政治教育的具体目标灵活采取不同的决策方式，是提高思想政治教育有效性的重要方式。

思想政治教育的目标是思想政治教育过程的起点和归宿，是一定社会对教育所要造就的社会个体在思想政治品德方面的质量和规格的总的设想。① 以下根据不同类型将思想政治教育目标进行具体的分类。

(一)依据教育活动性质划分

按照思想政治教育的性质划分，可将其划分为根本目标和具体目标。根本目标支配思想政治教育的具体目标，而具体目标是思想政治教育在实现根本目标时不同阶段和层次上的划分和提升。思想政治教育的根本目标是促进人的全面发展和社会的全面进步，因此在进行思想政治教育决策时要宏观考虑，从战略上进行指导，依据根本目标从思想政治教育的根本性质和任务层面定下基调，采取有效的决策方式。思想政治教育的具体目标根据不同的阶段和对象会表现出不同的层次和要求。现阶段，教育者要做的就是运用有效的思想政治教育方法，使思想政治教育达到良好的预期效果，促进受教育者的全面发展。对于所有的受教育者，要做社会主义四有新人，爱祖国、爱人民、爱劳动、爱科

---

① 郑永廷、刘书林、沈壮海：《思想政治教育学原理》，高等教育出版社 2016 年版，第 173 页。

学、爱社会主义；对于教育者而言，要按照具体的受教育者现状和实际来进行培养和引导，使受教育者发挥自身的主观能动性，实现内化与外化的统一。依据这样的具体目标，思想政治教育决策者要选择适当的决策方法，具体问题具体分析，解决具体性问题。

（二）依据教育对象划分

按照思想政治教育的对象进行划分，可分为社会目标、群体目标和个体目标。社会目标是层次最高的目标，通过思想政治教育活动，使得全体社会成员都可以达到该目标。社会政治目标、经济目标和文化目标都是其组成部分。群体目标则是由个体组成的单位、集体所要达到的共同目标。群体目标是由多个人的共同意志所组成的复合型目标，受到不同社会群体的影响，因此在决策时更需要按其主体选择群体决策的方式，通过集体讨论或民主程序，从各主体角度进行全面周到的分析研究，才能保证决策的正确性和有效性。个体目标针对思想政治教育个体，实现个体的全面发展。由于不同的个体自身所处的社会环境、家庭背景、人生经历、思想状况、性格品德等情况千差万别，开展思想政治教育时应因人而异，不能用简单的决策模式去套用各种复杂的决策问题。

（三）依据教育过程划分

按照思想政治教育目标实现所需的时间长短进行划分，可分为长期目标、中期目标和近期目标。长期目标贯穿思想政治教育全过程，需要持续努力才能得到实现，因此依据该目标选取战略性的长远决策，才能确保决策方法的实现。中期目标是相对长期目标而言时间较短，但仍需要一定时间才能实现的中度目标，因此在决策方法上也要注重其阶段性和过渡性的特点，根据其时长和具体效果采取有效的中期决策。近期目标是较短时间内能实现的目标，相对而言更能反映当前社会发展和人的发展的现实需要。因此，依据近期目标采取具有现实性和可操作性的短期见效的决策方式，可有效推动人的思想行为的发展。

（四）依据管理层次划分

按照管理层次，可以将其划分为总目标和分目标。根本目标属于总目标，其在选择方向和具体内容上规定了各个层次、各个阶段、各个领域的具体目标，即分目标。总的来说，依据思想政治教育的目标情况灵活采取决策方式，对症下药，才能提高教育的有效性。

二、根据问题提供有效应对措施

思想政治教育决策本身就是在发现问题、分析问题和进行决策解决问题的一个过程。思想政治教育工作者在发现和了解教育对象的思想信息过程中，不仅要掌握已经显现和暴露出来的思想政治教育问题，还要及时挖掘和发现还未暴露和潜伏中存在的问题。思想政治教育工作者要及时发现问题，找出当前人们的思想信息和实际问题与国家和党的期望之间所存在的差距和矛盾，并把握这些问题的各种条件、性质、范围，从而分析问题的实质，根据问题提供有效的应对措施，找到正确的决策方法。

毛泽东曾在《总政治部关于人口和土地状况的通知》中提出："一、不做调查没有发言权。二、不做正确的调查同样没有发言权。"①因此，思想政治教育决策要对思想政治教育现状中存在的问题进行调查，从而精准把握问题，根据具体问题提供有效应对措施。"思想政治教育的基本矛盾是一定社会发展所提出的思想品德要求与人们思想道德水平之间的矛盾。"②思想政治教育也是基于这个基本矛盾所存在的问题，提供有效的应对措施，为二者之间的矛盾解决和差距的调和提供有利条件，提升思想政治教育的有效性。

思想政治教育在决策的同时也必须重视其他矛盾，例如社会发展要求和个体自身需要之间的矛盾，因此思想政治教育需要根据这个问题，及时通过各种教育渠道和方式，推动个人自我发展和社会利益的统一，不断提高受教育者的思想政治素质，从而促进其向社会要求的思想品德方向发展，有效提高其思想道德水平。还有受教育者在接受主导性教育和自主性接受之间的问题和矛盾。教育者教什么，和受教育者选择、接受、收获什么，是有差距和区别的，如何激发受教育者的积极性，能动地接受更多的思想政治教育内容是主要的问题。针对这一问题，首先，应调整好受教育者的心理状态，避免其产生逆反心理，确保其接受思想政治教育和提升自己的思想品德和道德水平是基于本心的需求而不是强硬的灌输。其次，提高受教育者的认知水平，促使其主动去接受和学习，保证其调控自我，接受思想政治教育，由知向行。最后，可以通过外力因素充分激发受教育者的自主学习意识。此外，思想政治教育的正面影响和外界环境的不良影响之间的矛盾问题也是一个常见的问题。一般来说，党和国家、

---

① 《毛泽东年谱(1893~1949)》上卷，中央文献出版社 2013 年版，第 337 页。

② 郑永廷、刘书林、沈壮海：《思想政治教育学原理》，高等教育出版社 2016 年版，第 154 页。

高校、社会组织和团体等有计划对受教育者施加的影响是偏向正面和积极的，是有目的有组织的。但是社会环境中充满复杂和不确定的因素，会对思想政治教育过程产生许多难以预料的影响和结果。特别是在网络高速发展、社会信息高度开放的当代社会，人们获取信息、认知事物的方式和方法更趋多元化，已经突破了传统的时空界限。这样的社会环境对人的思想影响是复杂的，其中消极不良、非主流、非正向的思想会对人产生负面的影响。因此，应及时根据问题出台措施，加强社会主义精神文明建设，纠正社会不良风气，按照法律法规、思想道德去引导和调整社会环境中的种种问题，形成良好的社会风范，推动社会主义现代化建设，为培养新一代社会主义建设接班人做好准备。同时对个人进行积极的思想教育，通过谈心、引导、心理辅导等方式扭转其错误的认知，推动思想教育的科学化、有效化发展。

总体来看，思想政治教育决策者要认清决策过程和教育过程中存在的各种问题，不断创新思想理念和决策方法，紧跟时代发展，认清思想政治教育的根本矛盾和基本矛盾，并结合现实具体问题分析并提出有效措施，满足决策需要，提高思想政治教育的有效性。

三、基于变化及时调整现实策略

影响人们思想发展的因素是复杂的，这些因素会随着时间、地点、条件的转移而发生变化，许多因素还具有不确定性。但是社会存在决定社会意识，我们都知道，社会群体的思想是由社会存在所决定的。人是社会动物，随着社会存在的变化和发展，人们的思想和行为也会随之发生相应的一些变化。社会意识对社会存在具有反作用，人们的思想具有主观能动性，也会在理解世界解释世界的同时，改变世界。但是我们要认识到，思想政治教育工作就是要基于社会存在的变化，及时调整现实策略，去发挥人们的主观能动性，更好实现思想政治教育的目标。

当前，我国发展正处于一个重要战略机遇期。前景是光明的，而挑战也是相当严峻的。在经济建设上，我国经济保持中高速增长，经济结构不断优化，推进供给侧结构性改革，逐步健全开放型新经济体制。在全面深化改革上，坚持和完善中国特色社会主义制度，推进国家治理体系和治理能力现代化，提高社会发展活力和创新活力。在民主法治建设上，推进全面依法治国。在思想文化建设领域上，加强思想政治教育，加强党对意识形态的领导，强化文化自信。在人民生活上，推进脱贫攻坚战，加强社会保障体系建设，保障社会稳定。在生态文明建设上，强化节约资源绿色环保的生态意识，贯彻新发展理念，重视环境保护和生态文明建设。在外交上，努力推进中国特色的大国外交，倡导构建人类命运共同体，推动全球治理体系的发展。在党建上，加强党的领导和党的建设，增强政治意识、大局意识、核心意识和看齐意识，坚决维护党的集中统一领导。总的来说，这一系列新理念、新战略和新思想，推动我国在近几年发生了具有历史性的变革，从而对整个国家和世界形势产生深远和重大的影响。但是同时，又存在许多的问题和挑战。例如当下我国最主要的矛盾是人民日益增长的美好生活需要和不平衡不充分的发展之间的矛盾。还有民生问题上城乡差距、就业、医疗保障、养老保障等一直存在的难题没有得到解决。如何加强党在意识形态领域的领导，加强马克思主义的领导地位，如何更好实现中国梦的问题等，这些都是当前我国社会需要面对的现实问题。

在这种情况下，人民群众的思想出现前所未有的波动，在思想、文化、文艺创作、教育、哲学等领域提出了许多新的想法和问题。在思想政治教育领域，思想政治教育的对象主要是青年一代，研究的主要问题是如何实现人的全面发展乃至社会的全面进步，因而更加迫切地需要解决其思想方面的需求。同时，思想政治教育工作者不仅要对教育对象当前的思想发展以及变化的新想法、新情况、新问题等进行观测、分析、认识、总结等，也要重点关注能对他们未来思想发展产生影响的社会领域存在的复杂因素进行科学的预测、分析、调整，从而在思想政治教育上做出更好的决策。

面对新时期社会思潮所发生的新变化，思想道德领域出现的新现象，简单地去辨别和判断是不够的，要慎重进行分析和决策。列宁指出：“马克思主义的精髓，马克思主义的活的灵魂：对具体情况作具体分析。”①我们不能漠视不断发展变化的思想实际，故步自封，因循守旧，思想僵化，停滞不前，要敢于变通变革和创新发展，适应当下思想政治教育对象发展变化的思想实际，把现在的青年一代培养成全面发展的社会主义现代化建设的优秀人才。

第三节　完善思想政治教育的规范性

思想政治教育的规范性主要表现在，第一，思想政治教育决策方法能够保证思想政治教育行为符合程序规范。通过遵循共同的科学决策的顺序，有序、依次、依规地将决策程序规范成一定的步骤和体系；第二，保障思想政治教育行为遵循客观规律的发展变化，科学揭示其规律，不断确保思想政治教育的规

① 《列宁选集》第4卷，人民出版社1995年版，第213页。

范性；第三，确保思想政治教育行为依照科学方案实现思想政治教育的规范化，推动思想政治教育的良性发展，实现思想政治教育为推动人的全面发展和社会的全面进步的目标。

一、保证思想政治教育行为符合程序规范

思想政治教育决策方法能够保证思想政治教育行为符合程序规范。通过遵循共同的科学决策顺序，有序、依次、依规地将决策程序规范成一定的步骤和体系。这个程序规范可以正确反映思想政治教育决策方法的内在联系及其发展规律，其不仅是按照时间先后依次完成决策的过程，也是一个按照步骤、要求和方法规范来进行思想政治教育的活动，因此思想政治教育决策方法能通过规范思想政治教育行为，确保其符合程序规范，推动其实现理想效果。

首先，思想政治教育决策方法的程序一般分为以下几个步骤，第一步是确定思想政治教育的内容和目标。这个步骤不是凭借工作者的主观意愿和个人想法，而是依据人民群众当下的思想实际，遵循客观规律，遵循思想政治教育的准则，深刻了解该问题和该目标，只有对其性质、范围、原因、实质等有深刻的了解和认识，才能更好把握思想政治教育内容的决策依据，把握人们的思想信息，提高决策的科学性和有效性，从而进一步规范其决策方法。第二步是在目标确定的基础上，完成怎么做的问题。通过制定出能够实现其目标的相应的具体方案，使得思想政治教育活动有效调动各方面的资源和因素，有计划有目的地完成思想政治教育决策的目标，获得最佳效果。因为目标的实现有多种途径和方法，为了实现预定目标，要预测和制定出不止一个符合规范的可行性方案，以便在复杂不可控的社会环境和活动背景下比较、筛选、评估和分析出更适合的方案，因此在这个程序步骤中需要思想政治教育工作者集思广益，切忌闭门造车，以便结合不同活动，讨论研究出更多可行性高的方案。第三步是进行方案的分析、评估、检验、选优。因为第二步中各类方案都不可能是完美的，总是有其长处和短处，其最终实施体现的效果也是截然不同的。因此要对方案进行可行性分析，首先分析出各个方案在该确定目标中的优劣势，评估出各方案的利弊得失，在反复检验和全面权衡中听取不同意见和建议，对其结果做出一个预测和判断，最终选出最优的方案，提高思想政治教育的科学性。第四步，经过以上环节后，正式将最优方案加以组织实施，从理论付诸实际，从认识飞跃为实践，从理想的蓝图转化为现实，并且再根据实际检验所反映的问题和步骤，继续对原方案加以充实完善。

思想政治教育决策的一般程序和具体要求，能反映出思想政治教育决策过

程中每个环节的紧密性和其内在联系，它们不仅互相联系，且是循序渐进、彼此渗透、逐步深入的，具有有序性和科学性，这其中的程序规范不容思想政治教育工作者忽视。思想政治教育工作者要做的，就是确保思想政治教育行为符合决策程序规范，将之规范化、制度化、体系化，这样遇到复杂问题或者重大疑难问题时，思想政治教育决策便可遵循这一程序规范，理顺决策思路，确保思想政治教育决策的规范性。

二、保障思想政治教育行为遵循客观规律

选择什么样的思想政治教育内容，采取哪些措施和方法，通过什么样的途径，去引导和调动人们的主观积极性，这些都是要在遵循客观规律的基础上，来能动地影响社会环境和改造世界。思想政治教育的规律，就是科学揭示思想政治教育系统中各要素之间的本质联系。① 思想政治教育决策正是在遵循客观规律的发展变化基础上，科学揭示其规律，不断确保思想政治教育的规范性，从而达到思想政治教育的预期效果。

（一）遵循思想政治素质形成发展和教育的引导规律

第一，要具体问题具体分析，从实际水平来实施思想政治教育，要结合社会实际的现实情况和受教育者的个人特色，来进行思想政治教育。受教育者影响着思想政治教育决策的目标、内容和方法的选择，以及最后实际效果的评估和反馈。所以要综合个人的需求，以人为本，从主体的视角出发，遵循客观规律的发展，在社会要求和个人需求之间找到平衡点，以此为目标实施教育，顺应教育引导的规律。第二，要引导受教育者思想政治素质形成和发展的方向。思想政治教育工作者要根据社会发展选择的方向，去逐步引导受教育者在接受思想政治教育的过程中纠正不良的思想品德和行为习惯，逐步形成符合社会要求的道德规范、思想观念、政治品质等。第三，结合环境对受教育者的影响，遵循客观规律多方向合力推动思想政治教育发展。在家庭教育方面，将充满正能量和正向色彩的观点同家庭中的三观教育和育儿成长结合在一起，进行社会主义核心价值观教育；在学校方面，构建一支强大的思想政治教育工作者队伍，创新教育方式，加强高校思想政治理论课的教育灌输和启发，从而满足学生的需要，同时，丰富学校校园文化环境建设，有力推动优秀传统文化相关的

① 郑永廷、刘书林、沈壮海：《思想政治教育学原理》，高等教育出版社 2016 年版，第 158 页。

讲座、论坛等，培育、引导和践行思想政治教育的发展；在社会方面，结合社会实践发展，鼓励受教育者多参与社会实践，开拓视野，提升自我认知，促进自我意识发展，实现人的全面发展。

（二）遵循思想政治教育适应和促进社会发展的规律

第一，要适应社会发展的规律。思想政治教育是在一定的社会历史条件下进行的，受到经济状况、政治因素、文化发展、社会文明等多方面条件的影响和制约，因此思想政治教育决策应遵循思想政治教育的客观规律，坚持正确的发展方向。走中国特色社会主义道路，坚持中国共产党的领导，坚持四项基本原则，统筹推进“五位一体”总体布局，协调推进“四个全面”战略布局，为实现中华民族伟大复兴的中国梦不断奋斗，同时开拓创新，适应社会发展的时代要求。当今社会正处于经济全球化、信息网络化的发展时期，各种信息全方位无死角对人民群众进行渗透和影响，这要求思想政治教育决策适应社会发展的特征和要求，积极做出应对，以人们喜闻乐见的方式推动思想政治教育的规范化发展。第二，要遵循促进社会发展的规律。思想政治教育不仅会在教育的过程中适应社会的发展，也会推动社会的发展。它能确保国家经济发展的正确方向，保证我国的社会主义经济制度向着建设社会主义现代化国家的方向稳步前行；能为我国的经济发展提供良好的精神动力，通过思想政治教育鼓励人民大力发展生产力，为实现中华民族伟大复兴的中国梦不断奋进和前行；能促进社会文明的发展，通过文化的选择、传播、创造等功能作用，发挥思想政治教育的文化价值，加强人民的文化自信，发挥民族向心力和凝聚力，加强人民群众对国家的价值认同和情感归属，推动社会文明建设，提高国民思想政治素质；能加强社会道德建设，为实现建立富强、民主、文明、和谐、美丽的社会主义现代化强国而努力；能激发和促进人的全面发展，提高人民的思想政治素养和科学文化素养，激发受教育者的精神动力，促进思想政治教育的目标实现。总体上看，思想政治教育决策方法能保障思想政治教育行为遵循客观规律，实现思想政治教育的规范化发展，为思想政治教育的良性发展和目标实现提供了良好的动力支持。

三、确保思想政治教育行为依照科学方案

思想政治教育决策能确保思想政治教育行为按照规范程序，遵循客观规律，依照科学方案实现思想政治教育的规范化，推动思想政治教育的良性发展，实现思想政治教育为推动人的全面发展和社会的全面进步的目标。依照科

学方案，主要是指思想政治教育决策者根据科学的制度，按照合理方案，采用合理的手段和态度进行思想政治教育行为的决策活动。其一方面要在科学分析的基础上考虑决策活动，采取科学的方案，紧跟社会发展和时代要求，运用新的科学技术和方法手段进行决策，促进决策的规范性和精确性。另一方面，也要确保思想政治教育行为建构出科学的决策路径，依照科学方案和相应的方案体系，发挥民主团结的群体智慧，推动思想政治教育决策发展。

首先，思想政治教育决策者要充分利用各种渠道收集有用的信息，掌握问题的本质，才能保证思想政治教育对象的思想信息在决策过程中得到合理化的体现，并在其后的评估、调整、反馈中不断纠正和提升，保证思想政治教育决策的最优效果。通过社会调查方法、观察体验方法、科学预测方法等思想政治教育信息的获取方法，及时准确掌握受教育者的思想信息。

其次，决策者通过加工整理，将受教育者的信息进行分析，不仅要把握住教育对象的外在行为方式展现出来的信息，也要充分掌握其内在的思想动态、情感问题等，揭示其内在联系，发现其思想的本质，提高思想政治教育信息的信度和效度。

再次，要采用科学的决策方法和态度，把握思想政治教育对象的信息细节，依照科学的方案进行思想政治教育行为，从宏观上对问题进行掌控和思考，从微观上对细节进行微调。通过这种科学合理的方案，将思想政治教育行为的各项活动按照有序的体系，有目的、有组织、有计划地决策实施，保证在确保思想政治教育行为依照科学方案的基础上，能取得最佳的效果。

最后，思想政治教育工作者在依照科学方案的基础上，其思想政治教育决策活动的效果不一定是最佳的，需要进行调整、总结、修正等。无论是在决策前的准备工作，决策制定过程还是方案实施后的不断调整、反馈、修正，都需要思想政治教育行为依照科学的方案进行决策，以保证思想政治教育的规范化发展。

第八章　思想政治教育决策方法的特点类型

决策是“人们为了达到或实现一个目标，在占有信息和经验的基础上，根据客观条件，借助一定方法，从提出的若干个备选行动方案中，选择一个满意合力的方案进行的分析、判断和抉择的过程”。① 决策是行动的先导，只有做出正确的决策，才能够推动行动的顺利进行，达到事半功倍的效果，反之，错误的决策会导致南辕北辙，影响决策的实施及效果。

决策理论的形成经历了长期的历史发展过程。古代中国有诸多经典的决策案例，例如，春秋战国时期的田忌赛马、围魏救赵等典故，三国时期诸葛亮隆中对为刘备铺设“取荆州、图益州，而后成兴复汉室之霸业”规划。“在诸多方案中择出最优项”，这既是博弈问题，更是广义的决策问题。16—17 世纪法国宫廷设有赌博顾问，他们研究概率论、对策论，这些理论成为决策论形成的先导。随着自然科学的发展和人们认识水平的提升，决策论逐渐从对策论中分离出来，用于处理与非智能对手即自然界之间的关系。而现代决策理论则起始于 20 世纪 40 年代，乃由 H. A. 西蒙和 J. G. 马奇等人倡导并发展起来的。现代决策理论强调从认知心理学的角度研究决策问题，从认知心理学的角度研究人类决策的基本规律，将决策分为四个阶段：搜集情报阶段、拟定计划阶段、选定计划阶段、审查评价阶段。

思想政治教育决策方法是指在实施思想政治教育活动之前，根据既定目标，制定实施方案，通过分析影响决策的因素，从中选出最优方案的过程。思想政治教育决策方法面向个人与社会、思想和行为、主体与客体、教育与管理等范畴，其核心是价值元素，关键在于价值判断，使用的研究方法以定性为主。思想政治教育决策方法的科学性对于指明思想政治教育活动方向、完成思

① 萧浩辉：《决策科学辞典》，人民出版社 1995 年版，第 1 页。

想政治教育任务具有重要意义。

第一节　思想政治教育决策方法的特点

思想政治教育决策方法，既具有一般决策方法的共性特点，也呈现出学科属性的个性特点，主要表征为四个方面，即鲜明目标性、现实操作性、灵活适应性和科学预见性。

一、鲜明目标性

目的是人根据事物发展变化的客观规律和现实条件并结合自身需要，借助意识、观念的中介作用预先设想的行为目标和结果。恩格斯认为："在社会历史领域内进行活动的，是具有意识的、经过思虑或凭激情行动的、追求某种目的的人；任何事情的发生都不是没有自觉的意图，没有预期的目的的。"①人之所以区别于其他生物的地方就在于人类的行为是在意识指导下进行的，具有自觉性和目的性，可以说，目的性是人具有主观能动性的重要表现。

确立目标是思想政治教育决策的先导。思想政治教育决策的目标，是在开始进行某一项思想政治教育活动之前，思想政治教育决策者根据思想政治教育规律、人的思想发展变化规律以及现实社会条件等因素预设出思想政治教育目标成果。鲜明的目标能够引导决策者审慎思考，从众多决策方案中选出最优方案，为思想政治教育的实施者指明方向，从而提升思想政治教育的效果；反之，没有鲜明的目标与方向，则直接影响思想政治教育工作者的自觉性，导致思想政治教育活动的无序和无效。

(一)鲜明目标性表现为思想政治教育决策价值取向的鲜明性

思想政治教育自诞生以来，始终伴随着鲜明的阶级性。在阶级社会当中，任何阶级的思想理论及教育活动都反映着本阶级的利益要求。无产阶级的思想政治教育公开宣称它是为工人阶级和广大劳动人民服务的，因此，思想政治教育决策也必然具有鲜明的价值取向，必然具有阶级性和党性。中国是社会主义国家，中国共产党是无产阶级政党，因此思想政治教育决策的价值取向要引导受教育者在世界观、人生观、价值观问题上，具有十分明确的倾向性，要与中国特色社会主义社会相适应，对受教育者思想行为的发展发挥正确的导向

① 《马克思恩格斯文集》第4卷，人民出版社2009年版，第302页。

作用。

(二)鲜明目标性体现为思想政治教育预期效果的鲜明性

对任意实践活动而言，决策者在行动之前往往预设了活动的结果，思想政治教育决策同样预设了活动效果，如果决策正确，这种预期效果就能成为现实，甚至最终效果可能优于预期；反之，预期效果可能无法实现。

思想政治教育决策的目标既要有长远目标，又要有阶段性目标。思想政治教育的长远目标，与思想政治教育的根本任务基本是一致的，即“用共产主义思想，动员和激励教育对象为建设中国特色社会主义、实现共产主义努力奋斗，在奋斗过程中不断提高自己的思想道德素质，使自身得到自由全面发展，成为社会主义新人”。① 思想政治教育决策的阶段性目标，是以教育对象、教育内容在内的具体元素差异为依据预设的，例如，针对不同年龄段的思想政治教育对象，可划分为儿童思想启蒙教育、青少年思想道德教育、成人思想政治教育等，并预设相应的教材和教育内容。而在进行思想政治教育决策时，每一项思想政治教育决策的预期成果都要与思想政治教育的长远目标相适应。只有思想政治教育决策的预期成果确定下来后，思想政治教育决策的具体实施环节才能够确定下来。预期成果的达成需要决策者和实施者的层层引导，鲜明的预期成果为思想政治教育活动者指明方向、依据，并提供动力。

二、现实操作性

思想政治教育决策的现实操作性，既表现为思想政治教育目标的现实操作性，也表现为社会环境对思想政治教育决策的支撑，更体现为决策中对于思想政治教育活动的组织的可行性以及思想政治教育活动当中可能出现的风险因素的认知和相应对策的制定。

(一)思想政治教育目标的现实操作性

古语有言：“取法于上，仅得为中，取法于中，故为其下。”②决策活动应当具备现实的指向依据以及现实的操作可能，空中楼阁式的决策、拔苗助长式的决策以及张冠李戴的决策往往导致活动结果的失败。思想政治活动来源客观

① 陈万柏：《思想政治教育学原理》，高等教育出版社 2015 年版，第 82 页。

② 李世民：《帝范》，《景印文渊阁四库全书》第 696 册，(台湾)商务印书馆 1977 年版，第 617 页。

现实，服务于客观现实，思想政治教育决策目标要适应自然、社会和人类思维的发展规律，经过理性思考，谨慎抉择，然后确定下来。如果思想政治教育决策的目标脱离社会实际条件，对思想政治教育工作者和受教育者来说太高，则容易挫伤其积极性，导致教育双方因为目标太过遥远而懈怠乃至放弃；如果思想政治教育决策的目标太低，教育者和受教育者轻而易举实现了，那么势必贬损思想政治教育活动存在的必要性。

（二）社会环境对于思想政治教育决策的支撑作用

思想政治教育的对象是活生生的人，是投身于社会实践活动的人民群众。在高等教育学校，思想政治教育的对象，是在特定历史条件下成长起来的青年一代，他们处于机遇与挑战并存的新时代，接收着国内外各种信息，思想眼界开阔，勇于思考，勤于探索，有着更多新的追求。但总的看来，他们缺乏对我国社会主义发展历史的全面了解，其中某些人往往容易受到国内外错误思潮的消极影响。在这种情况下，只有掌握科学的决策理论和方法，思想政治教育才不会偏离方向。

（三）思想政治教育决策活动周密组织的必要性

思想政治教育不是单个体、单次项的活动，主体的多样性、主体的个体性和主体的发展性等使得思想政治教育决策需要进行周密组织。思想政治教育组织者要相互配合，有效组织思想政治教育活动，谁是施教主体，谁是受教主体，以什么为教育内容……只有如此，才能使思想政治教育决策具有现实操作性。

（四）对风险因素的认知和相应对策的制定

在思想政治教育过程中，影响人们思想的因素是多方面的，尤其是进入新时代以来，人们的思想出现了前所未有的活跃局面，面临着各种诱惑，这对思想政治教育决策提出了新的挑战。在进行思想政治决策时，要充分考虑到社会发展和人的思想发展领域出现的新挑战，提前对思想政治教育可能面临的风险进行分析和考量，并且针对可能存在的风险，提前制定好相应的对策方案。

三、灵活适应性

思想政治教育决策的灵活适应性针对思想政治教育主客体、思想政治教育环境等的不确定性和变化性特征。思想政治教育决策要根据目标对象灵活调整策略，以期做到匹配适应，从而导向确定的结果。在确定决策目标时，要区分必须达到的目标和力争达到或希望达到的目标；在拟订方案时，要提出可供选择的多种可行方案；在评估、选择和实施行动方案时，可以进行修正补充或者弃止重定等。

中国共产党领导中国人民开展革命的各个阶段，通过准确研判形势、研判主要矛盾以及研判主要任务，灵活进行了思想政治教育决策。国民革命时期思想政治教育决策在于鼓励广大工农投身革命、改造军队；土地革命时期的思想政治教育决策在于发动群众开展土地革命、建立农村革命根据地以及反“围剿”斗争；抗日战争时期思想政治教育决策在于建立抗日民族统一战线，掀起全民族抗日的浪潮；解放战争时期思想政治教育决策在于动员国民反抗国民党独裁统治，解放全中国。灵活性、适应性是中国共产党思想政治教育决策得以成功的重要因素。

思想政治教育的决策也是这样。由于种种客观和主观的原因，如人们思想矛盾的暴露还不够充分，思想信息的收集不够丰富或不够准确，决策者的知识结构和决断能力有局限等，原定决策方案出现某些不符合人们思想实际的情况往往是难以完全避免的，而且随着国内、国际客观形势的发展变化，人们的思想认识也是不断地向前推移的，某些决策在新情况下可能收效不大甚至是无效的。这些都说明，必须坚持决策的可调性，允许根据实践的结果对原定方案进行适当的修正并不断充实完善。

四、科学预见性

决策是对未来事物做出的判断，是在头脑中构造未来事物的一种认识活动，其目的是有意识地指导人们的行动走向某个未来的目标。思想政治教育决策的对象必定是还没有解决的问题，需要当下确立研究的目标、制定可实施的具体方案，确保问题的解决，而这一过程必定需要对此问题进行科学的预见。

科学预见性是思想政治教育决策方法的特点之一。科学预见性是指在思想政治教育决策的过程中通过决策方案与计划的实施，能够科学预见到思想政治教育决策的成效。科学预见性的前提是思想政治教育决策过程中无论是目标的确定、计划的实施与执行都遵循一定的逻辑，是在遵循思想政治教育客观规律的基础上进行。科学预见性作为思想政治教育决策方法保障了思想政治教育决策过程的科学性与精准性，是增强思想政治教育决策有效性的重要基础。

“预则立，不预则废。”科学的预见性的重要价值在于能够保证思想政治教育决策的实施是沿着正确的方向前进，同时，科学的预见性强调思想政治教育决策是在客观规律的基础上进行，对事物的发展作进一步的科学预测，对事物发展中可能遇到的问题与挑战能够做出科学预案，确保方案的实施与目标任务的完成。

第二节　思想政治教育决策方法的类型

思想政治教育决策方法多种多样，按照不同标准可以划分为不同类型的决策方法。按照决策者角色不同可以划分为群体决策与个体决策；按照解决问题的形式可以划分为规范性决策与非规范性决策；按照作用范围和风险程度不同可以划分为确定性决策和风险性决策。

一、群体决策与个体决策

决策按其主体是由群体还是个人做出的不同可以分为群体决策和个体决策。

思想政治教育的决策，首先必须强调群体决策。在思想政治教育决策过程中进行群体决策，主要具有以下优点：其一是群体决策能够为思想政治教育的决策提供更加完整的信息。人们常说："三个臭皮匠，抵个诸葛亮"，这正说明了群体决策的先进性。其二是在思想政治教育决策过程中，群体决策能够提供更多的备选方案。群体拥有了更多数量和种类的信息，也有着更多方面的需求和考量，比如：老师、学生、家长、教育部门的工作人员等组成的群体，由于他们具有不同的需求和眼界，因此能制定出体现他们不同需求的备选方案。其三是在思想政治教育决策过程中，群体决策能够增强最终决策方案的接受程度。在现实的思想政治教育活动中，如果能够让受到决策影响和实施决策的人们参与到决策的制定中来，他们一般不会违背自己参与制定的决策，甚至会鼓励他人也接受这项决策。其四是群体决策能够提高思想政治教育决策的合法性。群体决策的制定过程是与民主思想相一致的，因此人们会觉得接受群体制定的决策显得更合法。

任何事物都有正反两面，群体决策也不例外，它并不是完美无缺的。群体决策的缺点有以下几方面：第一，在进行思想政治教育决策时，群体决策可能会造成时间上的浪费。群体决策由于反复交换意见，可能会导致时间的浪费。此外，群体的组建也是需要花费时间的，决策成员的选择需要满足全面性与代表性特征，否则，就会导致群体决策的质量无法满足决策要求。即使群体形成后，群体之间相互的拆台行为也会导致效率低下，消耗更多的时间。第二，群体决策过程中，参与思想政治教育决策环节的成员之间会出现地位不平等的现象。由于决策成员的职业、经验、相关问题的知识掌握、自信心、受他人影响程度、语言技巧等因素各不相同，因此支配群体的少数人往往对最终的决策结果有更多的影响。第三，思想政治教育决策可能会受到群体思维的负面影响。群体思维是多数人思维的集中体现，但是多数人思维的体现却不一定是正确的、合适的思维方式，这种遵从多数的决策方式有时候会导致决策的失误，不利于正确决策的实施，从而影响思想政治教育决策的质量。第四，在思想政治教育决策过程中采取群体决策，可能会出现责任不清的现象。思想政治教育决策的群体成员分担着决策的责任，但实际上，由谁来对最后的结果负责往往并不清晰明确，因为在这种情况下，每一个成员的责任都被淡化了。

正是由于群体决策还存在着某些局限性，且并不能够适用于所有的情况，因此，个体决策也是思想政治教育决策中一个十分重要的方式。

个体决策与群体决策相比具有一定的优势，其一，个体决策效率高，在处理突发事件的时候，能够反应迅速，使得突发事件能够快速、妥善地得到处理，这是群体决策无法达到的决策效果。由于群体决策需要各方思想信息的汇总与商量，最后得出意见，因此在效率方面，群体决策不如个体决策。其二，个体决策过程中，能够增强个体的权威性与认同度，不会出现扯皮、解决问题不及时的现象。个体在决策过程中由于依靠个人的胆识、知识做出判断，并下发指令，因此能够使问题得到及时的处理，不会出现各部门推诿、扯皮、不解决问题的现象，此时，个体决策可以增强个体的权威性与对个体的认同感，增强决策的实施效果。

当然，个体决策也有其局限性。首先，个体决策过程中需要找到合适的决策者，决策者如果胆识过人、能力强，能够承担责任，那么就会达到个体决策效率高的目的，但是，如果个体决策者是一个不负责任、没有能力的人，那么决策就会出现失误，不利于决策的实施。其次，决策者个人毕竟不是完人，在决策时由于个人知识、能力与经验的不足，不一定能做出正确的决策，因此也会出现一定的决策失误。最后，决策过程中由于个体会依据自身的经验对事物做出判断，但是经验有时不能解决一些未知的危机，因此会导致事物无法得到正确解决。

因此，即使是在某种特定情况下做出的个人决策也要及时向领导汇报，尽量减少决策的失误。在进行群体决策时，必须有明确的个人分工，切不可职责不分，互相推诿，必须做到具体问题具体分析。

二、规范性决策与非规范性决策

规范性决策也称常规性决策，是指决策者在日常工作中经常需要解决的一般性或例行性的决策问题。这类问题以相同或基本相同的形式重复出现，其产生的背景、特点及内部与外部结构的有关因素已全部或基本上被决策者所掌握，决策者仅仅依靠长期处理此类问题的经验即可较好地完成此类决策。这类决策通常有章可循，有法可依，决策者按照规定的原则完成相应的程序即可。在思想政治教育决策过程中，决策者要善于积累和总结经验，当某些问题多次重复出现时，应当及时总结出解决这类问题的思路与措施，并使之规范化。

规范性决策在思想政治教育决策过程中的应用，有利于节约决策时间，提高决策的效率。思想政治教育决策强调时效性，因此在决策中提高决策的效率至关重要，如何提高决策的效率，如何节约决策的有效时间，保证决策的正确性是决策者必须思考的问题。而规范性决策为解决这一问题提供了一种手段，规范性决策强调决策必须是按照一定的程序和流程来进行，必须有一定的制度来保证决策的实施。比如决策的实施有严格的、富有经验的决策主体与顾问，以帮助决策的高质量完成；比如决策过程有严格的程序，能够做到准确把关，保证决策的高效率进行，促进决策的最终实施。

但是，以下情况下是不能轻易做出决策的：一是如果决策的问题不清楚，出现不明确、有歧义的问题，此时是不能轻易决策的。二是决策过程中方案只有一种的情况下不能决策。一种方案进行决策会增加决策的失误，同时，如果只有一种方案就无法与其他方案进行比较，无法比较就无法知道方案的优劣，就没有办法选出最优的方案，不利于正确决策的实施。三是未经可行性论证不决策。凡事应该多加考虑，因此在进行思想政治教育决策时要对备选的方案是否具有现实操作性进行论证和评估。四是情绪不稳不决策。情绪不稳的状态下，个体自身无法控制自己的身心状况，而决策者受到情绪的影响时，其决策更容易受到感性的影响。五是重大政策如果没有经过小范围的试点无法决策。在规范化决策中，如果决策前能够小范围试点，这样有利于测试决策实施的效果，为决策的大范围实施留有余地，能够针对出现的问题，进行有针对性的调试，保证最终决策的正确执行与实施。

非规范性决策也称非常规性决策，是指偶然发生的或无先例可循、具有大量不确定因素的决策。非规范性决策虽然无先例可循，但并不意味着决策者可以随心所欲、为所欲为。进行非规范性决策时必须在决策过程中学会抓住决策的关键要素。决策的关键要素主要包括决策目标的确立与决策环境的全面认识。决策目标是决策过程中的关键所在，是决策的方向性问题，必须把握正确的决策方向，才能对决策的计划制订与措施实施有正确的指导。决策环境是影响决策过程的重要因素，营造良好的决策环境是保证决策过程顺利进行的重要保障，因此，在决策过程中只有抓住决策的关键要素才有利于抓住决策的核心问题，促进决策科学化的实现。

在思想政治教育决策过程中，我们既要发挥规范化决策的作用，充分利用前人的经验，提高决策效率，又要研究新情况，解决新问题，提高决策能力与创新力，为进行非规范性决策打牢基础。

三、确定性决策与风险性决策

确定性决策是指决策者对未来客观环境的自然概率、各决策方案在该自然状态下的实施结构都已完全确知情况下的决策。在此类决策中，由于所需解决的问题的各种因素是明确的，各项条件也都充分具备，其结果也是可控的，因而具有确定性。决策者根据完全确定的情况，在各决策方案之间进行比较选择，或者建立数学模型进行运算分析、模拟实施，并得出确定的结论，从而选择最佳方案。

在进行确定性决策时，必须具有以下四个条件：其一，决策者有十分明确的目标；其二，只存在一个确定的自然状态；其三，在进行决策时，存在着可以供决策者进行选择的两个或两个以上的决策方案；其四，每个备选的决策方案在确定状态下的损失或利益值可以清晰准确地计算出来。

在思想政治教育活动中，选择采取确定性决策时，必须在对客观物质环境、思想政治教育活动双方有明确把握的情况下，进行确定性决策，并且对思想政治教育决策对人们思维方式、行为方式的转变有十分明确的预估。然而，无论是客观物质环境还是人们的思想状况都是复杂多变的，无法用公式准确衡量出来，这也正是思想政治教育开放性与复杂性特点的体现，这也导致确定性决策在思想政治教育决策过程中运用概率很小。一般情况下，思想政治教育决策更多采用的是风险性决策。

风险性决策也称随机性决策、概率性决策，指的是决策者依据不同状态可能发生的概率进行的决策。以概率为基础的决策，由于其决策条件或结果可能出现，也可能不出现，因此具有风险性质。

进入新时代以来，思想政治教育的环境更加复杂，影响思想政治教育活动效果的因素也更多，思想政治教育决策的风险性也越来越大。因此思想政治教育的领导机构和教育者，要不断开拓视野，充分考虑各种复杂多变的现实情况，预测所要解决问题的未来情况，审慎分析各种决策方案的利弊，选择最优方案，尽可能降低思想政治教育决策的风险性。

第九章　思想政治教育决策方法的操作步骤

思想政治教育科学决策离不开紧密衔接的决策设置、决策执行与决策优化等操作步骤。思想政治教育决策的过程，就是确定思想政治教育目标、制定并评估可行方案、执行并检验最优方案、结合不断变化着的思想政治教育活动新情况完善方案的过程。是否采取正确的思想政治教育决策方法的操作步骤，关系着思想政治教育决策的成败。思想政治教育决策方法的每一个操作步骤都有其必要性与特定操作逻辑，并且各个操作步骤紧密相连，缺一不可。

第一节　明确现实问题

现实问题即从现实角度来看思想政治教育需要解决的主要问题。明确思想政治教育活动所面临的现实问题成为思想政治教育决策方法不得不考虑的首个问题。

一、发现真问题与真难题

现实问题必须是“真问题”，不论是实践层面还是理论层面，必须要发现并提炼出对现实实践或者思想理论切实带来影响的问题，这就需要深入思想政治教育实践，通过调研发现“真问题”。明确现实问题必须要不断寻找“真难题”，找到思想政治教育工作的“痛点”所在。如果对于思想政治教育中的问题缺乏了解与调研，就很难发现“真问题”，找到“真难题”，也就在思想政治教育决策方法操作步骤的第一步出现问题，难以明确目标并做出正确决策。明确现实问题需要从思想政治教育的客观要求出发，以马克思主义科学实践观为指导，结合新时代的新特征，在实践中发现亟须解决的主要问题，为接下来思想政治教育决策方法的开展奠定现实基础，指明目标方向。

二、明确现实问题的具体步骤

明确现实问题的具体操作步骤有以下三步：首先要深入思想政治教育活动中收集信息。毛泽东在《反对本本主义》中明确指出："没有调查，没有发言权"，① "调查就像'十月怀胎'，解决问题就像'一朝分娩'。调查就是解决问题"。② 历史经验证明，没有对现实实际进行调研，没有深入现场收集信息，就没有发言权，更没有决策权。正确的决策来自严谨且周密的信息收集与调查，在实践中调查并收集信息是明确现实问题的前提与基础。在收集信息的过程中，要保证所收集信息的完整性、系统性和全面性，保证发现现实问题的依据具有客观性、科学性与准确性。

其次要对所收集的信息开展科学筛选、加工与分析。在实践中对信息的科学处理是明确现实问题的重要保障，是发现问题的有效情报来源。思想政治教育决策离不开信息，信息的数量和质量直接影响思想政治教育的决策水平与效果。在庞杂的原始数据中，无可避免地存在着错误信息、虚假信息与伪造信息，只有对所收集信息进行科学筛选、细致加工与谨慎分析，才能去伪存真；同时，原始数据也具有零散、孤立、碎片化的特质，对信息进行梳理、整合与排列，才能准确提供决策所需的有效信息。

最后要及时明确具体的现实问题。一方面，现代社会发展瞬息万变，思想政治教育活动也在时代洪流中不断改变。由于思想政治教育决策环境总是处于不断变化发展之中，因此思想政治教育具体现实问题具有时效性强的鲜明特质。在明确现实问题的过程中要在保证质量的基础上提高效率，及时针对新情况与新问题做出相关决策。另一方面，要对问题进行深入的分析与研究，有针对性地看待思想政治教育中所遇到的问题，明确具体问题的性质、特征、本质与关键所在，认清思想政治教育决策方法最需要解决的问题，才能够保证思想政治教育决策方法的程序科学性与有效性，才能为解决问题打好基础，才能确保思想政治教育活动有的放矢。

在明确现实问题这一操作步骤中，要求思想政治教育工作者拥有敏锐的观察力与强烈的问题意识，能够及时发现思想政治教育活动以及各不相同的教育对象在思想上存在的问题。同时，思想政治教育工作者还需要具备深入分析具体问题、正确判断具体问题、有效把握具体问题本质的能力，从而科学寻找到

① 《毛泽东选集》第1卷，人民出版社1991年版，第109页。

② 《毛泽东选集》第1卷，人民出版社1991年版，第110~111页。

现实问题的症结所在。

第二节　确认决策目标

明确现实问题是思想政治教育决策方法的首要步骤。在明确了现实问题之后，下一步需要做的就是确立清晰的目标，将散乱的现实问题转化为严密的决策目标。如果说思想政治教育决策方法中的明确现实问题是发掘矛盾“是什么”的过程，那么确认决策目标就是针对已发现的矛盾“需要做什么”的过程。这里的目标，指的是具体条件下对行为活动预期结果的主观设想。思想政治教育的目标，就是决策者在一定的时期内对各项活动所要达成的结果的主观设想。

一、制定正确的决策目标

确认决策目标，是制定决策方案从而解决现实问题的先导。它与决策方案之间就像是根与叶、源与水的关系一样：无根之木、必不长久，无源之水、必将枯竭。在没有确立决策目标之前，决策方案是无从制定的。所以决策目标是决策方案的起点。与此同时，决策目标也是决策方案的终点。这是因为，任何决策方案，无论优劣，都是在同一个决策目标的要求下制定的。所有决策方案的实现，也都是同一个决策目标得以实现的现实注脚。同时作为起点和终点的决策目标，是决策过程中不可缺少的一环。有了明确的目标，才能有效组织各方面的力量，有条不紊地做好思想政治教育工作。如果没有明确的目标，就会陷入困境，从而难以达成预期的目标。如果目标定错了，就会出现南辕北辙的效果，不仅做不好具体工作，还会严重损伤人民群众的积极性和创造性。由此可见，制定正确的决策目标是现实问题得以解决的关键环节。

二、确认决策目标应遵循的原则

首先，要保证决策目标可行，就要把思想活动的客观规律放在首位，不能单凭决策者的个人意愿行事。要使决策目标符合客观规律，就要对人们现存的思想问题和思想矛盾有深入的了解，对矛盾所产生的历史原因有严谨的调查，对人们思想状况的未来发展趋势有科学的预测。思想政治教育工作者的工作和医生的工作有些相像，只不过我们治疗的是阻碍人全面发展的“心病”。如果不能看出病因，寻得病果，预测病情发展，就很难得出一个正确的治疗方向和治疗目标，就会造成病情恶化的恶果。

其次，思想政治教育目标不是静止、抽象的口号，而应该是现实的、具体的，随着不同历史条件的变化而变化。这也决定了决策目标不是单一的，而是多角度、多层次的。按照在整个思想政治教育活动中的地位、实现的可能性、作用的范围等标准，决策目标可以划分为主要目标与次要目标、必须实现的目标和希望实现的目标、全局性的目标和具体的目标等。不同层次、不同角度的目标具体情况不同，但本质上都是缜密的时空逻辑在现实的映射。在具体从事思想政治教育工作的过程中，我们应当自觉将不同角度、不同层次的目标连起来，形成我们的目标链条与目标网络，从而起到指导具体工作、规范决策方案的现实效果。

最后，目标要有变成现实的可能。空中楼阁式的目标，对于思想政治教育工作的开展很难起到积极的推动作用，也很难对教育工作者起到良好的激励作用。为此，我们必须认真考察目标及实现目标所需要的时间、地点、人物等具体条件，并对实现目标的内容，包括实现目标的考核标准、时间跨度、职责范围等进行明确的规范。同时，针对不同角度、不同层次的目标，要协调好不同目标间的关系，分清主次和轻重缓急，从而更好地协调组织思想政治教育工作的开展。

第三节 制定可行方案

思想政治教育决策目标确定之后就要针对相关问题提出具体的解决方案。从发现矛盾到解决矛盾，一套行之有效的解决方案构建起了让想法落地、让目标落实的桥梁。

一、重点把握主要矛盾与次要矛盾的关系

目标的确立只是解决矛盾的起点，要让现实符合理想，就需要解决方案的支撑。思想政治教育工作者依据特定的目标，制定清晰完整的方案，才能协调各方力量，凝聚各方共识，有条不紊地完成思想政治教育工作的使命与目标。如果缺少了现实的方案，再好的目标也就永远不能成为现实。人们常说“巧妇难为无米之炊”，好的解决方案就是思想政治教育工作者手中的丰富食材，只有食材在手，才有可能做出一道让人民群众喜闻乐见的精神大餐。

要制定一个方案，就需要决策者重点把握主要矛盾与次要矛盾的关系。制定方案的第一准则是尽可能圆满地实现决策目标，不能因小失大，为了决策手段的创新和实现途径的变革而偏离完成目标的大方向。这就需要我们在制定方

案的过程中，时时刻刻要保证自己走在正确的轨道上。在确定大方向不会走偏的基础上，要充分发挥勇于创新、广开言路的开放精神。“兼听则明，偏信则暗。”积极听取各方意见，并认真思考不同意见的可行性和创造性，通过反复的研究与论证，最终得出切实可行，让各方都满意的解决方案。

二、制定预选方案与限定时间

在制定决策方案的过程中，我们也应当认识到，任何一个问题的解决，客观上都存在着多种途径和多种方法。同样，在我们开展思想政治教育工作的过程中，任何一个决策目标，都可以有多种决策方案以供选择。从现实需要的角度来看，这是因为人们的思想状况本身就是复杂多变的。思想情感的变化本身有其内在规律，但现实状况往往因为多种难以预料的因素而呈现出纷繁复杂的样貌。在不同的历史条件下，同一人群的思想状况甚至可能出现翻天覆地的变化。这就需要思想政治教育工作者准确把握历史进程中的变与不变，针对不同的情况提出数个备选方案，将一切不确定因素的影响降到最小。只有这样，才能让决策者更好地适应不同状况的变化，使决策方案更具有弹性和现实适应性。从思维逻辑的角度来看，制定多个预选方案也是为了适应比较和筛选的需要，只有比较才能知道优劣。如果从头到尾只有一个方案，那么不仅无从比较，而且检验这一方案有效性的周期也会大大拉长，不利于整个思想政治教育工作的开展与完善。

为了保证方案制定工作的顺利完成，决策者可以依据自己的需要为制定决策方案限定一段时间。这个时间不能够过短，因为任何决策都需要经过长久的搜集资料、分析资料、逻辑推演和层层论证过程，这就要求决策者必须最大化利用手头的资料和自己的时间与精力；这个时间也不能过长，因为思想状况时刻处在变化之中，这就决定了思想政治教育工作必须具有时效性。如果等到方案制定出来，问题却已经转变或是得到解决了，那就是一件得不偿失的事情。因此，科学合理地制订计划、限定时间是决策者能够尽可能提高效率，尽快推出完满方案的可靠保障。

第四节 分析评估方案

不同的决策方案，究其本质，都是为了实现特定的思想政治教育目标。如果说决策方案是决策过程的成果，那么对方案的分析与评估就是给这一成果下的第一道保险。这是因为，从现实情况来看，任何一种方案都不可能适用于所有的历史条件，即便在特定的历史条件之中，也没有哪一种单一的方案可以做到尽善尽美。基于此，对于不同的方案进行分析与评估，并进行后续的取舍和完善工作，便是非常必要的了。

一、遵循决策工作的客观规律

具体方案的分析与评估，是同一过程的两个方面。前者是通过特定的比较并陈列出不同方案所具有的共性和独特属性。例如校园内针对中小学生的勤俭节约教育方案，它们的共性在于都由学校老师充当教育者，但具体方法有所不同，有的是通过讲故事的形式寓教于乐，有的是通过亲自劳作的形式亲身实践，这都是方案分析需要做的工作。后者则是将这些属性与决策目标和现实需要进行对接，以做出取舍或补充完善。仍然以勤俭节约教育为例，将开展了教育活动之后中小学生浪费粮食的频率和数量与开展教育活动之前进行对比，如果发现亲自劳动的中小学生要比听老师讲故事的中小学生变得更加勤俭节约，不再大量取餐、大量倒餐，那就证明亲身实践比讲故事更为有效。

总的来说，分析评估方案是确保决策方案具有科学性和现实可行性的一个重要步骤。分析评估工作是给决策方案下的第一道“保险”，这是因为思想政治教育是改造思想的关键活动。对于思想政治教育的决策，一定要符合思想政治教育决策工作的内在逻辑，在重大决策之前做到先分析、先评估。历史经验告诉我们，不遵循决策工作的客观规律，先决策，后寻论据，把决策提到论证前头的做法，往往会致使决策工作出现失误，甚至带来极大的副作用。

二、提高决策的科学性、民主性、合法性

决策方案的分析与评估服务于决策目标的实现，这一工作要求有预定的目标及统一的评价标准作为依据。同时，为了避免出现各式各样主观主义及脱离实际的错误，决策者必须结合现实需要，对方案本身进行科学论证，对不同方案开展比较研究，并广泛听取各种不同意见，以提高决策的科学性、民主性、合法性。

对方案进行分析评估，首先要做好各项方案的可行性分析。可行性分析是指工作中是否具有完成决策的客观条件和主观条件。在分析评估各项方案时，首先要剔除的就是那些根本不具有现实可行性的决策方案，这是评估机制中的“排错”机制。这种可行性分析的内容，主要包括：(1)方案的制定者是否有能力完成这一方案，教育的手段、内容、形式是否能够达成？(2)方案的制定是否符合当时人们的思想实际，客观上这一方案是否能够达成预期效果？(3)如

果不能达成预期效果，应该如何补漏？如果能够达成效果，是否会带来其他难以解决的弊端？等等。思想政治教育过程中的各方主体和客观因素都应该纳入分析评估的范围。在进行可行性分析之后，如果我们没能选出一个满意的方案，那就有必要全面地反省决策的全过程，重新从现实问题出发，探求出一个令人满意的方案。

如果我们能够同时留下几个令人满意的答案，我们就可以开启下一个评估步骤，这是一个“择优”的过程。这是决策过程中的关键步骤。在可行性分析的基础上，从中选定一个最符合当时的客观状况与人们主观预期的最优方案，作为后续工作开展的现实指南。

这里的“最优”，往往是在一定时期和一定条件下的最优选择。随着时间的变化，它可能仍然是最优，也有可能变成最差的一种选择。这就要求我们对决策本身抱着辨证施治的态度。也正因这种态度，我们也必须看到不同方案的独特优势。“尺有所短，寸有所长。”即便是已经选定的最佳方案，也可以在规定的期限之内参照其他方案进行不断的补充与完善。

第五节　推动方案落实

“行百里者半九十。”一套最优决策方案的形成不是决策工作的终点。有了最优方案，要使它能够发挥效力，就要推动这一方案在现实落地。这是从理论到实施、从理想变为现实、从认识转化为实践的关键步骤。在整个决策过程中，决策者需要实现两次“飞跃”：第一次是通过总结现实问题、制定决策方案，实现由眼前的现实问题向头脑中决策方案形成的飞跃。第二次则是通过推动方案落实，实现方案由思维活动的产物向现实落地的飞跃。这两次飞跃都至关重要，都是思想政治教育决策工作的关键步骤。

一、推动决策方案落地的必要性

推动决策方案在现实落地，这既是重点工作，也是难点工作。这是因为，第一，我们之所以花费大量时间精力，从确定现实问题、到明确决策目标，再到反复分析和评估决策方案从而得到最优决策，就是为了在现实生活中更好地指导思想政治教育工作。为了实现这一既定目标，就需要让选定的决策方案落地。因为选定的最优方案，即使设想得再好，也还只是一幅尚未变为现实的理想蓝图。如果不能把思维活动的产物作用于现实，那么即便是再好的决策方案，也只是纸上推演的结果，没有任何实际意义。第二，决策的过程本质是思维运动的过程，这就决定了经过逻辑推演得到的最优结果不一定能和现实情况完全匹配。这就需要思想政治教育工作者把选定的最优方案付诸实施，形成现实的教育成果。只有在实践过程中，才能使决策方案的正确性受到检验。这里的难点在于，一是要谨慎思考、小心布局，要让现实呈现的效果与决策方案的原貌不会出现过大的差别。二是要依据实践检验的结果，结合原有的经验和现有的条件对决策方案进行调整与优化。

对这一方案可能产生的现实影响进行科学的预测也是推动决策最优方案在现实落地的重要步骤。这是因为只有预测结果能为后续的成效检验工作提供比较标准。如果现实效果与预测结果相差过大，就需要反思决策实施环节是否出现了其他的问题，之后针对不同的具体问题积极采取调节措施，使正确的决策能够得到很好的效果。

二、制订灵活多变的执行计划和措施

在具体开展思想政治教育工作的时候，我们需要制订各种具体的执行计划和措施。例如，在一定时期内具体安排什么样的教育内容？采取哪些教育形式？在什么时机和在什么场合由何人进行教育？为适应不同人群和地区的具体情况，方案实施中允许有多大的灵活度等，都应做出比较明确具体的规定，只有这样，才有利于广大思想政治教育工作者对方案的正确理解和贯彻执行。

针对部分在局部或在短期内开展工作的思想政治教育活动，可以实行跟踪调查与方案实施并行的方式。这种方式的好处是可以根据跟踪调查的结果实时记录，调整决策方案。例如在校园内开办爱国主义讲座的时候，可以在第一天观察与会同学的反应，如果反应普遍良好那么就可以继续坚持第一天的做法，如果普遍感觉不好则可以在第二天采用备用方案或者调整原有的做法，观察是否会产生新的变化。需要注意的是，这里的调整决策方案最好在允许的范围内进行调整，不然可能会脱离整个决策环节，使之前制定的决策方案失去意义。

针对部分具有重大意义的思想政治教育决策工作，在完全落实前应该在不同的适用地区和适用人群处进行试点，如果试点结果良好，符合预期效果，则可以考虑将决策方案进行大规模的推广。如果试点状况糟糕，不符合预期效果，就必须深入考察出现问题的现实原因，是因为决策方案本身存在漏洞，还是因为试点的人群和地区具有特殊性，抑或是在具体实施的过程中出现了错误理解和错误行事的问题。不管是哪种问题出现，这种决策方案都不适宜立马推广，而应该进行反复的再分析、再评估、再论证与再实施，甚至回到决策过程的起点进行“回炉重造”。

总而言之，方案的推行与落实需要脚踏实地地去完成。在这个过程中往往少不了专业的观察与记录，也只有在详细资料的支撑下我们才能顺利地进入下一个环节：检验方案成效。

第六节　检验方案成效

在实施决策方案之后，进一步需要做的就是追踪调查决策方案的完成效果。思想政治教育工作首先是一项思想上的工作，往往不是立马就能看到成效的产品，这就决定了思想政治教育工作需要经得起历史与实践的检验。如果只是在思想上进行纯粹的逻辑的推演，那思想政治教育工作也就失去了它的现实意义。与此同时，思想政治教育工作是做人的工作，会对一个人的思想状况、价值观念乃至现实生活产生巨大的影响。这就要求决策者不仅要具有宽厚的人文情怀，更要具有严谨的科学态度。所以在开展思想政治教育工作的过程中，需要对正在施行的决策方案进行实时评估和实时监测，检验这一方案是否能够达成预期的效果。

一、从主客体两个维度检验方案成效

说到底，思想政治教育工作承载的是人与人之间思想的交流与碰撞。决策方案是在现实生活中连接思想政治教育主体和客体的物质载体，方案好不好，有没有效果，思想政治教育工作的主体(即教育工作者)和客体(即受教育者)都拥有绝对的发言权，这就决定了决策方案成效的检验要从主客体两个维度进行考量。

从思想政治教育工作的主体角度来看，评价决策方案成功与否的首要标准是与决策目标的适配程度的高低。如果现实情况能够满足预期效果，甚至优于预期效果，那么在一定时期内施行的决策方案便是值得肯定的。如果现实情况与预期效果大相径庭，完全不能或是不能全面满足决策目标给思想政治教育工作规定的基本要求，那么就需要及时查明产生这种偏差的原因，追根溯源，弄清楚是哪个环节出现了问题。与此同时，要积极发掘并发现决策方案带来的现实影响。受限于特定的认识水平和实践水平与复杂多变的现实情况间不可调和的矛盾，我们往往很难准确地预测每一项决策方案能够带来的或积极或消极的影响，这就需要我们在衡量方案成效的时候，积极思考每种影响背后的现实根源。依据扬长避短的原则，积极的做法作为先进经验加以学习，消极的原因作为失败教训加以研究，从而最大化利用检验过程中的实践成果。

从思想政治教育工作的客体角度来看，评价特定的方案成功与否则具有不同的标准。例如大家对这个方案是否满意，自己的思想是否发生了改变，自己的生活是否发生了变化等。为了全面细致地了解教育客体对决策方案的意见，决策者需要依照决策方案的作用人群和预期效果，制定科学合理的问卷，通过全面且严谨的民主调查，切实地反映人民群众的真实意见，对于人民群众的困惑要及时解答，对于人民群众的期待要及时回应，对于人民群众的批评要及时反思并努力改正。在决策方案有没有效果的问题上，人民群众往往是最有发言权的。

二、设立“两个标准，一个程序”

在进行了两个维度的考量之后，就可以得出一个总体的结论。对这个总体的结论往往可以既做质性分析，又做量化研究。这就需要决策者预先为成效检验设立“两个标准，一个程序”。“两个标准”是指质性标准与量化标准，制定质性标准是为了给整个决策环节一个性质判断：总体来说是成功还是失败，总体来看任务是完成还是没有完成。在给整个环节定性之后，为了能够更好地吸取经验教训，就需要依照之前已经订立好的指标进行逐一检测。如果大体完成了，那么完成度是多少，如果完成度不算高的话是哪些指标没有做好；如果任务整体失败，那么是哪些指标没做好，是哪些因素直接导向了失败。在两项标准都考核完毕之后，则启动我们的决策程序。如果完成了任务，那就继续往下优化方案，如果是局部试点，那么可以考虑继续推广。如果没有完成任务，那么就要考虑决策从头开始，或者从实施前的某一个环节重新开始。总体要求就是设立决策的循环程序，不让任何一个好的决策留在原地，无法推广，也不让任何一个失败的决策“烂”在地里，无法根除。

第七节　优化完善方案

当我们完成了检验方案成效的工作之后，下一步就需要借由检验成效过程中产生的经验教训，对已有的决策方案进行优化。

一、优化完善方案的必要性

对决策方案的不断优化，是由思想政治教育工作所面临的现实矛盾和自身特性所决定的。第一，受限于人们的实践水平与认识水平，每一项方案都不可能做到尽善尽美。在明确问题、确立目标、制定方案、分析评估、方案实施等一系列环节中，不可能一点困难也遇不到，也不可能一点错误也不犯。这就要求我们在完成每一项决策方案的落地后，都要依据方案成效的检验来优化并完善我们的工作。第二，思想政治教育工作本身是个动态的工作。从宏观角度来看，它的目标会随着历史条件的改变而发生改变，它所要开展的内容和采用的形式也会随着社会的发展而变迁。从微观角度来说，它的教育对象往往是思想状况时刻变化着的人。哪怕是同一个人，每天也会产生不一样的想法。这就要求决策者依据不同的时间、地点和现实需要，不断地补充、完善现存的决策方案，使其能够符合人们思想状况的变化。

对于特定的决策方案进行优化完善，其本质是在特定的思想政治教育工作中，即优化方案这一工作中进行再决策，同样需要经历明确问题、确立目标、进行完善、再次实践并进行反馈的一系列进程。明确问题是指明确决策方案出现了什么样的问题，是出现了沟通不畅通导致的理解偏差问题，还是方案本身出现了不符合实际情况的问题，只有明确了问题，才能够“对症下药，辨证施治”。确立目标是指确立一个方案优化的目标，重在改造教育内容还是创新教育形式，要比原方案效果更好还是保持现状，这都是需要明确的方向，不然就会陷入身在此山中，不知道该往何处去的困境。在确立了清晰的目标后，就要在认识层面对现有的方案进行再一次的逻辑推演与逻辑论证，并在后续工作中付诸实践、检验成效、再次反馈，通过反复这些过程，使一个方案的潜力可以得到充分的挖掘，也让思想政治教育工作者能够在不断决策的过程中得到磨练。

二、优化完善方案的具体要求

值得注意的是，对于特定方案的优化完善要始终符合现实需要，也就是注意粗细有度，详略得当，既不能把优化方案的过程当做额外的负担草草完成，让粗制滥造的方案危害群众，也不能一门心思放在一个方案的优化上面，浪费人力物力财力去吹毛求疵。思想政治教育工作者只有把握好这个度，才能真正地做到人心所向、以理服人。

决策的一般程序及其特定要求，基本上反映了思想政治教育决策过程中各个环节的内在联系。这些环节是相互渗透、循序渐进、逐步深入的，每一个环节都不应忽视。从明确现实问题到决策方案落地再到优化完善方案，一整套决策过程体现了科学性与民主性的统一，也体现了思想政治教育工作中严谨学术态度和广博人文情怀的统一。此外，对于上述的决策程序，照搬照抄不可取，简单机械地复制粘贴亦不可取，因为决策的最终目的是要起到现实效果，完成既定目标，尤其是对那些具体的微观性的思想政治教育问题进行决策时，一定要从具体情况出发，做到决策有道、教育有方。

第四篇　思想政治教育实施方法

思想政治教育实施方法是思想政治教育理论向实践转化的重要媒介。思想政治教育工作者依据思想政治教育的规律运用科学的思想政治教育方法塑造、引导、改造教育对象的思想，思想政治教育实施方法的合理性、科学性、可行性直接影响到思想政治教育工作的效果与质量，因而思想政治教育工作者必须掌握不同的思想政治教育实施方法，依据不同的教育对象、不同的情况、不同的问题选择科学、有效、合理的思想政治教育实施方法，从而保障思想政治教育目标的实现。

第十章 思想政治教育实施的基本方法

思想政治教育的实施方法是一个内涵丰富、层次分明的方法体系。理论教育法、实践教育法和历史教育法是思想政治教育的基本方法。理论是系统化的理性认识，实践是人改造客观世界的物质活动，历史是对人类社会过去的事件和活动系统的记录、研究和阐释，人的思想道德素养和政治立场观点主要是通过理论学习、实践运用和历史体认养成的。在中国特色社会主义新时代，要培养一代又一代拥护中国共产党领导和我国社会主义制度、立志为我国奋斗终生的有用人才，必须重视发挥理论教育法、实践教育法和历史教育法作为思想政治教育基本方法的重要作用，并与时俱进地对它们加以发展运用。

第一节 理论教育法

理论教育法就是教育主体发挥主观能动性，以马克思主义理论及其创新成果为主要内容对教育对象开展培训与教育，由此帮助教育对象形成科学的三观，确立马克思主义的立场、观点、方法，树立并坚定共产主义远大理想和中国特色社会主义共同理想的教育方法。理论教育法是思想政治教育中最常用的方法。

一、理论教育法的理论依据

人的主观能动性原理是理论教育法的辩证唯物主义依据。人的主观能动性又称“自觉能动性”，是指人的主观意识对客观物质的反作用。毛泽东在《论持久战》中指出：“‘自觉能动性’，是人之所以区别于物的特点。”①自觉能动性原理是马克思主义哲学的重要原理，在马克思主义诞生之前，旧唯物主义忽视

① 《毛泽东选集》第2卷，人民出版社1991年版，第477页。

了自觉能动性在认识和改造世界中的巨大作用，唯心主义则夸大人的自觉能动性。马克思在批判旧唯物主义和唯心主义错误思想的基础上，建立和发展了马克思主义关于人的自觉能动性原理。马克思主义认为，物质是不以主观意志为转移的客观实在，物质第一性，意识第二性；意识具有相对独立性，能够反作用于物质，这一反作用是通过人的实践完成的。人的实践活动具有自觉能动性，人们总是以头脑中的“蓝图”支配自己的实践行为，从而实现“主观见之于客观”、改造物质世界的目的。客观世界的物质被人们所认识，也是通过实践完成的。人们的认识不会复制物质世界，而是能动地反映物质世界，形成或符合或悖于客观实际的认识，因而有了真理与谬误的区别。在真理性认识的指导下，人们能够正确开展进一步的实践；在错误认识的支配下，人们的实践活动往往无法达到既定的目的。因此，科学理论的创立、形成和发展，对人们来说至关重要，人们对真理性认识具有学习、接纳的需要，产生了理论教育法形成发展的动力。

社会意识的相对独立性及其对社会存在的反作用原理是理论教育法的历史唯物主义依据。社会存在决定社会意识，但是社会意识并不如“镜子”或“影子”那样成为社会存在的直接投射，而是能动地反映社会存在，因此社会存在对社会意识的决定作用是曲折地表现出来的；社会意识的发展可能先进于或落后于社会存在的发展，有其相对独立的流变过程和发展规律；社会意识影响人们的实践活动，从而转化为物质力量，反过来影响社会存在的发展变化。社会意识的相对独立性决定了理论教育法是学习思想道德和政治理论的主要途径。人类的政治理论、道德伦理、思想观念等社会意识根植于社会存在，但是它们往往脱胎于以往社会意识的母体之中，受到现存社会意识的直接影响，从而呈现与社会存在不完全吻合的形态与特征，因此，人们要想传承这些精神财富，获得先进社会意识的精神滋养，不能只靠社会实践，必须经过专门的理论学习。社会意识对社会存在的反作用决定了理论教育法是锻造思想道德素质和政治素养的重要环节。人们通过社会实践认识客观存在，改造客观世界的过程受到主观意识的支配与指导，因此，人们需要学习科学理论，确保实践方向和方法的正确性，才能获得对外部世界的真理性认识，在改造客观世界的同时改造主观世界，形成正确的世界观、人生观、价值观，养成良好的思想道德素质和政治素养。

灌输原理是理论教育法的思想政治教育学依据。马克思主义的正确立场、观点和方法，不是自发形成的，而是自觉形成的。列宁在《怎么办?》中针对当时俄国社会民主党中存在的崇尚工人阶级的自发斗争、反对科学理论的教育和指导等工联主义观点时指出："工人本来也不可能有社会民主主义的意识。这种意识只能从外面灌输进去。"①由于当时工人阶级并不能掌握社会精神财富的生产资料，还没有形成整体性的阶级觉悟，工人阶级不能自发地产生科学社会主义思想，指导无产阶级革命运动的科学理论只能由其他阶级开创并在同工人运动相结合的过程中向工人阶级传播，进而由工人阶级中的先进分子面向本阶级的广大群众开展理论的宣传教育工作。这在马克思主义的创立中得到了印证：作为无产阶级强大思想武器的马克思主义理论体系，主要是由马克思、恩格斯两位资产阶级出身的知识分子开创并在指导国际共运的过程中逐步传播到工人阶级中去的。当然，在工人阶级领导的人民民主专政的社会主义新中国，社会历史条件已然同《怎么办?》一书成文的时代有着巨大的差异性，工人阶级总体上已经是一个能够自主创制科学理论并加以发展完善的阶级了，不需要从本阶级之外接受灌输。但是对工人阶级队伍和广大人民群众中的每一个成员来说，马克思主义的立场、观点、方法不可能天生就存在于头脑之中，必须通过系统、完整、全面的理论学习才能够加以掌握。因此，灌输原理还远远没有过时，党和国家必须时刻向人民群众开展新时代思想政治教育，推动党和国家的指导思想特别是党的创新理论入耳、入脑、入心、入行。灌输原理不等于灌输式方法，启发式方法同样也是起到灌输作用的重要理论教育方法。就思想政治教育中灌输性与启发性的关系，习近平强调，"要坚持灌输性和启发性相统一",② 才能达到良好的教育效果。

二、理论教育法的具体方式

理论教育法的具体方式是多种多样的，不仅有着语言、文字等多种载体，而且途径、范围、作用机制也不同。理论教育法的常用方式包括语言讲授、文本习读等多种方式。

（一）语言讲授

语言讲授是教育者以口头语言为信息载体向受教育者讲解、传授理论知识，使之了解、领会并认同所传授的理论内容的教育方法。通过口头语言，教育者可以向受教育者申明和论述思想政治理论、哲学社会科学、道德伦理规范的概念、原理、原则以及规律等理论内容，因此，语言讲授在理论教育法中使

① 《列宁全集》第6卷，人民出版社1986年版，第29页。

② 《习近平谈治国理政》第3卷，外文出版社2020年版，第331页。

用最多、应用最广，是一种既行之有效又简单易行的教育方法。语言讲授既可以用于正面灌输马克思主义的立场、观点、方法，直接向受教育者输出理论知识，也可以为受教育者答疑解惑，解决思想问题和矛盾问题。

语言讲授所搭载的理论内容不同，其具体方式也有所不同。对于真实发生的历史事件或者现实存在的思想道德与政治现象，教育者往往采用讲述的方式加以叙述和描绘，并由此引导受教育者正确认识纷繁复杂的社会现象，树立正确的世界观、人生观和价值观。而对于思想政治理论观点、哲学社会科学原理、道德纲纪和伦理原则以及党的路线、方针、政策等较为复杂抽象的理论内容，教育者通常以讲解的方式向受教育者开展全面、系统的阐释和论述，使理论内容转化为深入浅出的教学语言，以期受教育者能够理解并认同所讲理论。语言讲授的方式各有侧重，相辅相成，常常综合运用，达到不同层次的思想政治教育目标和效果。

“理论只要说服人，就能掌握群众；而理论只要彻底，就能说服人。”①语言讲授的本质就是摆事实、讲道理，以马克思主义理论的真理力量感召人、说服人、鼓舞人。因此，在运用语言讲授时，有以下几点要求：首先，语言讲授必须实事求是，求真务实。只有立足于客观现实，以事实说话，不对生动丰富、全面深刻的社会现实进行生硬剪裁，理论才具有彻底性和说服力，语言讲授才能深受教育者的信任与青睐。其次，语言讲授必须以理服人，坚守正道。教育者要保证自己所讲内容的科学性，确保马克思主义的科学理论始终贯穿于教育活动之中，不能做“歪嘴的和尚”，“念错了经”。最后，语言讲授必须详略得当，循序渐进。教育者既要注意把握科学理论体系的全面性和系统性，又要抓住理论的精华，重点讲授与时代现实和社会要求紧密结合或者能够解决受教育者主要思想矛盾的理论内容；同时避免“大水漫灌”式的填鸭式教育，按照理论的认识学习规律和受教育者成长规律，阶段性地进行引导、启发和灌输，注意教学语言的艺术性。

（二）文本习读

文本习读是人们通过阅读承载理论内容的文字材料进而掌握所学理论的自我教育方法。文本习读所选取的文字材料是“有讲究的”，自发随意地浏览文字并不能达到理论学习教育的最大效果。受教育者必须在教育者的指导和帮助下，自觉主动地按照学习计划选取符合受教育者思想发展需要的重点材料加以

① 《马克思恩格斯文集》第1卷，人民出版社2009年版，第11页。

研读。对于党的思想政治教育而言，教育者和受教育者需重点阅读、理解马克思主义的经典著作以及党和国家的纲领性文献，读原著、学原文、悟原理，学懂弄通马克思主义的立场、观点和方法，领会党和国家的指导思想以及政策精神。

阅读书籍是文本习读的方式之一，主要适用于学习系统性、学理性较强的理论。人们通过阅读书籍文献，吸收消化蕴含其中的思想政治教育内容，并围绕这些内容展开思考，使之内化于心、外化于行。阅读书籍切忌“泛泛而读”，首先要根据阅读和学习的目的确定阅读的目标任务，引导阅读者产生理论疑惑并带着问题酝酿思考。所读书目的择取一定程度上决定了阅读质量的高度，阅读者要根据既定目标精心选取适合的阅读书目，以此保证学习任务顺利进行。针对阅读过程中遇到的难以解决的思想问题，阅读者可以开展交流讨论，或者向教育者寻求答疑辅导。此外，阅读成果的巩固深化有赖于撰写读书报告、开展知识竞赛、进行集中汇报、组织主题辩论等多种形式，在阅读成果展示中可对成果进行评议，并奖励优秀学习者，实现正向激励。

读报读刊也是文本习读的重要方式之一，它的主要作用在于组织受教育者学习党和国家的最新路线、方针、政策，将思想认识和行动统一到党中央的决策部署上来，提高政治站位，增强思想觉悟。读报读刊不是任由人们随意选取报刊进行阅读，而是组织人们阅读党报党刊。“党媒姓党”，党报党刊是党和政府的重要舆论阵地，组织受教育者阅读党报党刊，有利于传播党的创新理论成果和最新政治要求，增强理论教育的时效性和实践性，帮助受教育者将理论知识同实际相结合，促使他们以所学所知指导所行所为。

(三)思想宣传

思想宣传是指利用大众传媒向受教育者传播先进思想和科学理论的方法，既包括理论知识的阐述、辅导，也包括理论学习中的典型示范。思想宣传通过报刊、广播、电视、互联网等大众传媒营造理论学习的良好氛围，形成理论内容的传播场域，让深入其中的受教育者在潜移默化中获得新的理论知识，形成新的思想观念，实现润物细无声的教育效能。

思想宣传方式主要体现在教育者利用大众传媒的性质特点，开办广播电视栏目，开设报纸专栏，开通专题网站与账号，以宣传党的理论主张，引导群众提高思想认识水平。除此之外，办好机关、企事业单位、街道社区等公共场所的宣传栏也是思想宣传的一种手段。思想宣传必须紧密结合党的中心工作或阶段性任务，结合受教育者的思想实际，做到“时、度、效”的高度统一，避免因宣传工作不精准、不到位、不切实际而引起反感。

现在，电子宣传栏建设、“采编发”流程再造、融媒体中心建设、移动优先战略等融媒体发展“真招实招”使主流价值驾驭大众传媒的能力大大增强，实现了信息内容、技术应用、平台终端、管理手段共融互通，催化融合质变，放大一体效能，培育出具有重大影响力与竞争力的新型主流媒体，为思想宣传赋能。未来，思想宣传工作将探索人工智能的运用，形成资源集约、结构合理、差异发展、协同高效的全媒体传播体系，从而占领传播的制高点。

（四）理论研讨

理论研讨是通过研究、探讨理论课题或问题而实现对理论的深度学习，并加深对理论认识的教育方法。理论研讨往往以特定理论作为交流与探讨的基础，要求参与者针对专门的理论课题开展自主研究，并形成研究成果，进而参与研究者的集体讨论，互相交流研究成果，解决理论研究中出现的疑难问题，共同提高思想认识。

理论研讨要求参与者具有一定的理论基础和学术素养，是一种质量较高的思想政治教育活动。这决定了参与者一要挖掘自身学习研究的潜力，形成一定的研究成果；二在交流探讨中确证与修正已有的研究思路和方法，通过与他人的思维碰撞和智识交换得到新的启发，激发进一步理论研究的兴趣和动力；三要深耕理论创造，努力形成溢出效应和示范性成果，促进思想政治理论形态的更新迭代，引领全社会的思想政治教育活动。

（五）研究性学习

研究性学习是指受教育者在教育者的指导下，利用已有理论知识，通过考察现实事物和理论现象的发展变化而自主得出结论，印证与理解特定理论，训练养成良好学习方法与学习习惯，锻炼提升学习能力的教学方法。在研究性学习中，受教育者充分发挥主观能动性，树立问题意识和问题导向，通过自主发现问题、研究问题、解决问题的过程获得新的理论知识，甚至总结升华出原创性的理论内容，实现理论的个体化。

研究性学习旨在让受教育者“学会学习”，契合我国建设学习型社会和创新型国家的要求，顺应了社会信息化趋势，能够充分淬炼受教育者的学习思维和学习能力，有利于学习主体形成学习过程“闭环”，构建理论的自我生产机制。研究性学习不仅是一种理论教育方法，它还能够在个性化的研究过程中创制出“千人千面”的学习方法，培育自我教育、终身学习的主体。

第二节 实践教育法

实践教育法，是指组织、引导受教育者参与社会实践从而提高思维水平，增强认识能力，形成正确思想，在改造客观世界的同时改造主观世界的一种教育方法。

一、实践教育法的理论依据

实践是认识的基础，马克思主义坚持以实践为基点理解认识主体和客体的关系，在认识论上坚持辩证唯物的能动反映论，认为人的认识是人作为主体对物质客体的能动建构，人的认识是一个由感性到理性、由理性到实践、由现象到本质的无穷发展过程。马克思在《关于费尔巴哈的提纲》中揭示了旧唯物主义在认识论上的局限性，也就是旧唯物主义只承认认识是对物质的反映，而不承认实践在人的认识活动的决定作用，从而不能得出“人的思想认识从何而来”这一问题的正确答案。据此，马克思提出：“全部社会生活在本质上是实践的。凡是把理论引向神秘主义的神秘东西，都能在人的实践中以及对这种实践的理解中得到合理的解决。”①列宁指出：“实践高于(理论的)认识，因为它不仅具有普遍性的品格，而且还具有直接现实性的品格。”②毛泽东也认为，马克思以前的唯物论，离开人的社会性，离开人的历史发展去观察认识问题，因此不能了解认识对社会实践的依赖关系。

人在本质上是对象性的存在，实践活动是人的对象化活动。也就是说，人必须通过实践活动，将客观物质世界作为实践对象并由此与之发生联系，才能够不断地将物质客体转化为自己有机的身体，把客体信息改变为主体所需要的思维形式和内容，实现生存和发展。在实践关系中，物质客体从客观对象的存在形式转化为主体生命结构或本质力量的因素，变成主体的一部分；客体的形态、属性、规律等经由人的实践活动拓宽了人的视野，发展了人的智慧，增进了人的认识，从而丰富了主体的认识世界。因此，以劳动为主要内容的实践是人的本质活动，离开实践，就不会有人类，更遑论产生人类的认识。

实践是认识的基础，首先表现在实践是认识产生的来源。毛泽东在《实践论》中指出：“首先，马克思主义者认为人类的生产活动是最基本的实践活动，

① 《马克思恩格斯文集》第1卷，人民出版社2009年版，第501页。
② 《列宁全集》第55卷，人民出版社1990年版，第183页。

是决定其他一切活动的东西”，“人的社会实践，不限于生产活动一种形式，还有多种其他的形式，阶级斗争，政治生活，科学和艺术的活动，总之社会实际生活的一切领域都是社会的人所参加的”。① 人的思想认识是社会环境和客观事物在人头脑中的反映，社会实践则是人与社会环境和客观事物相联系的唯一纽带和桥梁。人们首先通过各式各样的实践活动接触客观世界的种种现象，形成对外界的感性认识，进而通过深化的实践认识到客观世界的本质和规律，实现感性认识到理性认识的升华。因此，人的思想道德、政治观念等主观认识的形成与发展，归根结底建立在社会实践的基础上。理论学习虽然也能接收来自其他人的思想认识，但究其本质也是借鉴了他人实践所产生的“第二手”认识，世界上不存在完全脱离实践的认识过程和认识内容。

实践是认识的基础，表现在实践是认识发展的动力。社会实践是一个不断发展、不断深化的过程，一方面，新的社会实践为认识的发展提供了崭新的课题，引领人类探索未知事物，在认识世界的道路上愈行愈远，精益求精；另一方面，实践的深化也为人类认识活动的深化提供了源源不断的经验材料、认识工具和认识手段，不断改善认识发展的条件，促进思想认识进步。人们的思想道德、政治理念、价值立场随着社会实践的不断发展而丰富完善。

实践是认识的基础，表现在实践是检验真理的唯一标准。马克思在《关于费尔巴哈的提纲》中指出：“人应该在实践中证明自己思维的真理性，即自己思维的现实性和力量，自己思维的此岸性。”②毛泽东在《实践论》中也指出：“马克思主义者认为，只有人们的社会实践，才是人们对于外界认识的真理性的标准。”③真理属于主观符合客观的认识论范畴，而与客观不相符的认识则是谬误。实践具有直接现实性的特点，以人的思想认识为指导开展实践活动，实践结果的好坏是判断该认识是否为真理的标志。

实践是认识的基础，还表现在实践是认识的最终归宿和目的。思想认识的基础是实践，又反过来为社会实践服务。人们形成这样或那样的思想观念并不是为了做纯粹的思维运动，而是为了寻找正确思想、创制科学理论以指导实践，成功实现实践目的。错误的思想观念、政治准则、道德规范作用于实践，会导致严重的现实后果，祸害于人民；科学理论指导下开展的实践，则往往会达到人们所预期的目的，造福于社会。

“实践的观点是辩证唯物论的认识论之第一的和基本的观点。”④正因为实

---

① 《毛泽东选集》第1卷，人民出版社1991年版，第282~283页。

② 《马克思恩格斯文集》第1卷，人民出版社2009年版，第500页。

③ 《毛泽东选集》第1卷，人民出版社1991年版，第284页。

④ 《毛泽东选集》第1卷，人民出版社1991年版，第284页。

践是认识的基础，思想政治教育工作者往往重视实践的作用，以组织、引导受教育者参与一定的社会实践为基本方式，树立正确思想、克服错误观念，将实践教育法视为思想政治教育的基本方法。

二、实践教育的具体方式

实践是人类的本质活动，包括生产劳动实践、政治生活实践、科学文化实践等基本类型在内的社会实践，创造了人类全部的社会生活，也塑造着人类自身。因此，宽泛意义上的实践教育，即通过实践活动改变人们思想认识的过程，普遍存在于人类社会生活的方方面面。其中，在思想政治教育中其常见的具体方式有：

（一）劳动教育

劳动教育是实践教育最主要的方式。劳动教育是指在系统的文化知识学习之外，有目的、有计划地组织受教育者参加日常生活劳动、生产劳动和服务性劳动，让受教育者动手实践、出力流汗，接受锻炼、磨练意志，培养他们正确劳动价值观和良好劳动品质的教育方法。①

按照劳动性质划分，劳动教育存在着生产劳动、公益劳动、义务劳动、实习劳动、家务劳动等不同的教育途径。按照教育主体划分，学校在劳动教育中起主导作用，可实施各种各样的劳动课程，利用劳动周与劳动月组织集体劳动，循序渐进推进学生参与校内外劳动实践；家庭在劳动教育中起基础作用，可从日常家庭生活实践中对学生进行教育，提升教育效果；② 社会在劳动教育中起支持作用，可调动各方面资源为劳动教育提供必要保障，为受教育者的劳动实践创造良好环境与平台。目前，“大众创业、万众创新”成为主流，以大学生为主体的受教育者参与形式多样的创新创业活动，成为市场经济新型微观主体，他们在推动创业项目运转过程中观察经济活动的“毛细血管”，把握社会经济发展脉搏，了解经济规律，掌握市场规则，形成了科学的劳动观、财富观、义利观等思想观念。

（二）政治参与

思想政治教育的重要目标就是帮助受教育者掌握科学的政治理论，树立正

① 《中共中央国务院关于全面加强新时代大中小学劳动教育的意见》，人民出版社2020年版，第4页。

② 《中共中央国务院关于全面加强新时代大中小学劳动教育的意见》，人民出版社2020年版，第7页。

确的政治立场，了解并贯彻落实党和国家的政治路线、政治方针、施政纲领，投身社会主义民主政治建设。为实现这一目标，教育者需要动员受教育者有序参与形式多样、内容广泛的政治生活，在检验自身思想政治素养良好与否的同时，体会我国社会主义民主政治的巨大优越性，坚定中国特色社会主义道路自信、理论自信、制度自信、文化自信，树立政治意识、大局意识、核心意识、看齐意识。

政治参与主要包括以下几个方面：一是行使政治权利，履行政治义务，参与国家和社会事务管理。我国宪法和法律赋予公民广泛而真实的政治权利和自由，同时也规定了公民必须履行的政治义务。受教育者在符合宪法和法律的规定条件前提下，依照法定程序行使政治权利和自由，参与我国社会民主选举、民主监督、民主管理、民主决策，管理国家和社会的公共事务，这有助于体认我国人民民主专政的国家性质，牢固树立主人翁意识，提高政治素养，强化政治觉悟；受教育者履行服兵役、保守国家秘密、维护祖国统一、巩固民族团结等政治义务，有利于培养爱国主义、集体主义、社会主义精神，增强个人命运与祖国命运紧密相连的情感自觉和价值认同。二是加入中国共产党、中国共产主义青年团、中国少年先锋队并参与组织生活，接受组织教育。中国共产党、中国共青团、中国少先队都是政治组织，政治性是它们共同的鲜明属性。在中国共产党的领导下，中国共青团和少先队为党育人，培养了一代又一代有理想、有本领、有担当的共产主义事业接班人，是党的好助手、后备军和预备队。加入党、团、队，成为光荣、先进的党员、团员、队员，参与组织生活，接受组织教育，在所处领域以实际行动发挥先锋模范作用，是具有中国特色的政治参与方式。三是参与政治文化活动，锤炼政治素养。模拟法庭、模拟联合国、模拟政协会议、模拟人代会、模拟听证会或民主评议会、法律辩论会等近年来新兴的政治文化活动是受教育者体验政治运行、锻炼政治素养、学习政治知识的有效途径。不少活动成果递交到国家机关，起到了参考借鉴、建言献策的作用，实现了向现实政治活动的转化。

（三）文化创造

如果说生产劳动是创造物质财富的活动，那么文化创造就是社会精神财富创造的源泉；生产劳动要求脑体协调，以体力劳动为主，而文化创造则主要凝结着人类脑力劳动的付出与结晶。文化创造是人们生产文化产品、产生文化价值的实践活动。文化创造是人类及人类社会最基本的文化活动，没有文化创造，就没有如今人类文明的灿烂辉煌。文化创造在思想政治教育中的重要作用，源于文化的意识形态属性。在阶级社会和社会主义初级阶段，不同阶级、不同社会集团的人创造的文化均具有不同的阶级倾向，蕴含不同的阶级情感，彰显不同的阶级意志。文化产品不仅表达着创作者本人的价值判断和价值选择，还在传播过程中输出文化意象和思想观点，影响着普罗大众，吸引更多人支持本阶级的立场，推动本阶级或社会集团的经济、政治和文化活动。文化的意识形态属性要求思想政治教育工作者重视创造内容丰富、形式多样、主题鲜明的文化产品，奏响主旋律，弘扬正能量，以科学的理论武装人，以正确的舆论引导人，以高尚的精神塑造人，以优秀的作品鼓舞人。

思想政治教育中常见的文化创造方式主要有以下几种：一是精神文明创建活动。精神文明创建活动是我国人民移风易俗、改造社会的伟大创造，是群众性的文化活动。随着社会主义文化建设的蓬勃发展，各式各类精神文明创建活动层出不穷，不仅充实了人们的主观世界，丰富了群众的文化生活，展现了人民的精神风貌，还传递了社会主义核心价值观，弘扬了以爱国主义为核心的民族精神和以改革创新为核心的时代精神，对全体社会成员具有春风化雨般的教化功能。常见的精神文明创建活动有文明城市创建活动、文明村镇创建活动、文明行业创建活动、学雷锋活动月、“我们的节日”主题节庆活动、社区文化建设活动、文化遗产展示活动、“礼让斑马线”等礼让行动、爱国卫生运动等；在思想政治教育主阵地——校园里，思想政治教育“活动超市”、校史校训校风教育活动、经典著作诵读活动、书法画作展、音乐戏曲戏剧展演等多种校园文化活动也属于精神文明创建活动，发挥了强大的育人功效。二是文学艺术创作。文学艺术创作不仅要反映时事，而且也是为现实而作。文学艺术是以文载道、以文化人的重要实现形式，是时代前进的号角，最能代表一个时代的风貌，最能引领一个时代的风气。在思想政治教育视阈下开展文学艺术创作，有利于教育主体体察内心，把握自身思想矛盾运动，使教育活动有的放矢；有利于以文学艺术语言抒发所思所想所感，引发美学享受和情感共鸣，促进受众对优秀思想和高尚精神的自觉接受与认同；有利于创作出无愧于时代的优秀作品，树立以人民为中心的创作导向，带动文艺事业整体进步，实现文化育人的不断再生产；有利于承担社会主义核心价值观引领社会思潮、凝聚社会共识的重要作用，改善社会风气，提振中国精神，鼓舞人民群众投身社会主义现代化强国建设，与中华民族伟大复兴同向同行。

（四）志愿服务

志愿服务是指人们志愿参加的服务性质的实践活动。志愿服务是新时期中国青年运动事业的产物和成果，是由我国青年首先倡议发起并得到全社会广泛支持的活动。1993 年，随着共青团中央决定实施中国青年志愿者行动，中国青年志愿者协会成立了。经过数十年的倡导与发展，越来越多的人特别是青少年加入到志愿者的队伍之中，使人人参与志愿活动、人人享受志愿服务蔚然成风，志愿服务已成为一种社会文明风尚和生活方式，形成了以大学生志愿服务西部计划、扶贫接力计划、“三下乡”活动等为主要代表的优质志愿服务品牌活动。进入习近平中国特色社会主义新时代，以青年为主体的志愿服务迎来了全新的发展阶段。中国共产主义青年团第十八次全国代表大会提出，“要大力推动青年志愿者工作转型升级，提高组织化、社会化、专业化、机制化工作能力，完善保障激励措施，在社区服务、扶贫济困、大型活动、抢险救灾等重点领域发挥积极作用。”①

志愿服务对于解决公共人力资源供求不匹配问题，助力脱贫攻坚、乡村振兴、科教兴国等重大战略实施具有重要意义，有利于弘扬和践行社会主义核心价值观，提倡团结友爱、互帮互助的美好道德品质，构建“我为人人，人人为我”的和谐社会。作为一种实践教育方式，志愿服务使具有志愿者身份的受教育者在服务与被服务的关系中深化道德体验，提高对道德原则和道德规范的实践认知、理性认识、情感认同，培养奉献意识和集体主义精神，培植个人品德、家庭美德、职业道德、社会公德，增强获得感与幸福感。因此，志愿服务是思想政治教育的有效实践方式，它在实践教育特别是青年思想政治教育中的地位日渐提升，作用逐步扩大。

(五)社会调查

社会调查也称社会考察，是指有组织、有计划、有目的地观察、认识、研究社会现象，从而把握社会事物的本质，解决社会问题，提高调查者思想认识水平和能力的实践方法。“没有调查，没有发言权”,② 社会调查是我们认识现实世界的科学方法，是坚持实事求是、立足社会实际的前提，在思想政治教育中起着摸清情况、排查问题、寻求办法、解决矛盾的基础性作用。习近平多次强调调查研究的重要性和必要性，他说：“调查研究是做好各项工作的基本

① 贺军科：《高举习近平新时代中国特色社会主义思想伟大旗帜，奋力谱写决胜全面建成小康社会全面建设社会主义现代化国家的壮丽青春篇章》，《中国青年报》2018 年 7 月 4 日，第 1 版。

② 《毛泽东选集》第 1 卷，人民出版社 1991 年版，第 109 页。

功。不了解真实情况，拍脑袋做决定，是做不好工作的。把党的十九大精神落到实处，迫切需要广泛深入开展调查研究，把存在的矛盾和困难摸清摸透，把各项工作做实做好”,① “要把调查研究作为基本功，深入基层、深入群众、深入实际，了解情况、问计于民”。②

社会调查有其内在要求，从事社会调查必须力戒形式主义，不能搞浮光掠影、人到心不到的“蜻蜓点水”式调研，不能搞“做指示多、虚心求教少”的“钦差”式调研，不能搞调研自主性差、丧失主动权的“被调研”，不能搞到工作成绩突出的地方调研多、到情况复杂和矛盾突出的地方调研少的“嫌贫爱富”式调研，防止为调研而调研，防止搞“出发一车子、开会一屋子、发言念稿子”式的调研，防止扎堆调研、“作秀式”调研；要树立正确指导思想和科学调查方法，坚持发展地、全面地、系统地、普遍联系地观察事物，准确把握客观实际，真正掌握规律，妥善处理各种重大关系；要始终保持在场状态，以基层一线为社会调查的重点范围，要扑下身子、沉到一线，迈开步子、走出院子，到车间码头，到田间地头，到市场社区，亲自察看、亲身体验，真正做到对客观实际的全面把握，从而得出正确结论。

第三节　历史教育法

历史教育法是指教育者在坚持唯物史观的基本立场上，尊重客观的历史事实，向受教育者有目的、有计划、有次序地讲授党史、新中国史、改革开放史、社会主义发展史的知识内容，引导与培育受教育者知史爱党、知史爱国的教育方法。党的二十大报告强调要“学史明理、学史增信、学史崇德、学史力行”,③ 为新时代思想政治工作提出了新的要求，明确了思想政治教育要在注重历史、传承历史、发扬历史中与时俱进、守正创新。历史教育法是在新的历史起点上开展思想政治教育、正确认识中国共产党思想政治教育史的主要方法。

---

① 习近平：《推进党的建设新的伟大工程要一以贯之》，《人民日报》2019 年 10 月 3 日，第 1 版。

② 习近平：《做焦裕禄式的县委书记》，中央文献出版社 2015 年版，第 7 页。

③ 习近平：《高举中国特色社会主义伟大旗帜　为全面建设社会主义现代化国家而团结奋斗——在中国共产党第二十次全国代表大会上的报告》，人民出版社 2022 年版，第 65 页。

一、历史教育法的理论依据

唯物史观是历史教育法基本的理论依据。思想政治教育是人类自进入阶级社会以来诞生的历史现象，阶级社会在一定程度上加剧了社会内部的分化进程，使得社会群体分为统治阶级与被统治阶级，统治阶级对被统治阶级施以一定的统治阶级的思想观念、政治观点和道德规范，使被统治阶级遵循统治阶级的思想意愿，形成符合统治阶级要求的思想行为和价值取向。思想政治教育何以作为一种历史范畴？又何以成为阶级性的历史活动？实质在于思想政治教育过程中的关键性要素即人的存在是一种现实的、历史的活动。马克思、恩格斯认为："全部人类历史的第一个前提无疑是有生命的个人的存在。"①人是社会历史得以存在、延续、发展的前提与基础，是一种历史性的存在。在不同的社会性质中，奴隶社会、封建社会、资本主义社会和社会主义社会中的人分别具有不同的社会属性和表现形式，奴隶主、地主阶级、资产阶级、无产阶级的思想政治教育也就各不相同，思想政治教育在不同的历史发展阶段则表现出特殊性的一面。思想政治教育的教育者是存在于一定历史阶段的社会阶级中的个体或群体，其对象也是存在于一定的历史阶段的社会阶级中的"现实的人"，而"整个所谓世界历史不外是人通过人的劳动而诞生的过程"。② 因此，思想政治教育必须着眼于"历史"。唯物史观是中国共产党认识历史、把握历史的根本方法，也是思想政治教育应遵循的根本方法。思想政治教育在正确把握社会存在与社会意识、生产力发展与社会进步、人民群众与历史创造之间关系的基础上，客观地、公正地、全面地对待自身的历史基础，树立起历史教育法的正确历史观和根本方法论。

大历史观是历史教育法总体的理论指南。思想政治教育历史教育法的运用离不开科学的历史视野与历史观点。大历史观是思想政治教育历史教育法的具体原则遵循，是历史教育法得以有效发挥说服力的总的理论依据。习近平指出："要教育引导全党胸怀中华民族伟大复兴战略全局和世界百年未有之大变局，树立大历史观，从历史长河、时代大潮、全球风云中分析演变机理、探究历史规律。"③世界历史的整体性、不可分割性决定了研究事物、分

① 《马克思恩格斯选集》第1卷，人民出版社1995年版，第67页。

② 《马克思恩格斯文集》第1卷，人民出版社2009年版，第196页。

③ 习近平：《习近平著作选读》第2卷，人民出版社2023年版，第420页。

析事物内在本质规律的连贯性与相通性。大历史观运用长远、系统、全面的思维审视问题，将事物发展的必然性与偶然性、普遍性与特殊性统一到历史进程之中。运用大历史观开展历史教育法，可以准确把握思想政治教育历史教育法的发展趋势，增强学科定位，推动学科朝科学化进一步深化发展。就大历史观的具体内涵看，大历史观是指从一个比较长的历史时段和比较宽广的历史空间来认识和分析问题，包括古今中外的历史维度，强调用全面、整体、联系、发展、辩证的眼光看待问题，以深入探究问题的历史根源，把握事物的内在联系，揭示事物的发展趋势。思想政治教育历史教育法坚持大历史观，就是要在教育过程中清楚地认识到历史是最好的老师，思政课教师要胸怀历史视野，对待古今中外的问题，"要有五千多年中华文明史，要有五百多年世界社会主义史，要有中国人民近代以来一百七十多年斗争史，要有中国共产党近一百年的奋斗史，要有中华人民共和国七十年的发展史，要有改革开放四十多年的实践史，要有新时代中国特色社会主义取得的历史性成就、发生的历史性变革，通过生动、深入、具体的纵横比较，把一些道理讲明白、讲清楚"。①

正确党史观是历史教育法根本的原则遵循。中国共产党百年奋斗的重大成就和历史经验并不是轻轻松松、敲锣打鼓就取得的，而是源自中国共产党对党的百年奋斗历程、经验得失、历史贡献、自身不足清醒正确的认识，这正是中国共产党坚持正确党史观的集中体现和鲜明表征。正确党史观是坚决批驳历史虚无主义的有力法宝。历史虚无主义是中国共产党百余年历史的一大顽疾，严重危害着党的生命。澄清对党史上一些重大历史问题的模糊认识和片面理解，做好正本清源、固本培元工作，是思想政治教育历史教育法的内在要义与必然要求。习近平同志指出："要坚持正确党史观、树立大历史观，准确把握党的历史发展的主题主线、主流本质，正确对待党在前进道路上经历的失误和曲折，从成功中吸取经验，从失误中吸取教训，不断开辟走向胜利的道路。"②坚持正确党史观是正确对待中国共产党思想政治教育史的基本准则，是正确把握历史教育法的根本遵循。思想政治教育历史教育法要坚持正确党史观，从本质上讲就是要在历史教育过程中牢牢树立起并强调党性原则，把政治性原则与人民性原则、历史性原则与时代性原则统一起来，以人为本、实事求是、守正创新，澄清并批判思想政治教育历史无用论、思想政治教育方法工具论、思想政

① 习近平：《论中国共产党历史》，中央文献出版社 2021 年版，第 11~12 页。

② 习近平：《习近平谈治国理政》第 4 卷，外文出版社 2022 年版，第 20 页。

治教育内容强制论等误区。

二、历史教育法的具体方式

（一）史料研析

"历史是最好的教科书，也是最好的清醒剂。"①中华民族五千多年的文明历史，创造了辉煌灿烂的中华文明，积聚了深厚的历史文化资源，形成了厚重的历史文化积淀，培养了本民族深沉的家国情怀，造就了世界上伟大的民族。在中华民族发展的历程中，诞生过许许多多的历史文化财富，为思想政治教育历史教育法的开展提供了丰富的史料支撑。作为历史教育法的重要资源，史料的可信度和完整性需要经过合理的分析和论证，以此来判断史料的正确与否，是否适用于历史教育。因此，史料研析对于历史教育法有着十分重要的意义。

史料研析是开展历史教育法的根据，将史料引入思想政治教育的教育环节中，颇受历史教育法的重视。凡是人类过去活动的一切遗迹，都可以作为史料。史料研析法是指在历史教育过程中，教育者指导受教育者对相关的史料进行处理，使受教育者自主地从材料中获取历史信息，并利用这种信息完成对历史探究的一种教育模式。在思想政治教育过程中，史料研究者首先要及时阅读史料，增强对史料的理解力，求得正确的理解，不能单凭一言半语就作结论，要克服泛泛而读、不求甚解、随意作答的坏习惯。其次，教育者在进行史料研析时，要注意联系书本内容，寻找突破口。教育者将所提供的材料先确定范围，放入篇、章、节中去考虑，然后整体回忆作答。史料研析的内容，不管难度有多大，隐秘性有多深，都可以从书本中找到痕迹和突破口，抓住突破口顺藤摸瓜，问题就迎刃而解。抓住关键、理出要点是史料研析的必然要求。最后，在历史教育法的实际运用与操作过程中，教育者应就有关内容根据题意有所取舍，有所提炼，内容要点化，不要把整段史料内容全盘照抄。此外，还需要根据史料分析要求，突破现象求本质，抓住关键语句，归纳出正确的鲜明的观点进行分析。

（二）史论统一

史与论相统一是历史教育法具体且必备的方式方法。在历史教育法中，掌

① 习近平：《习近平著作选读》第2卷，人民出版社2023年版，第376页。

握真实的、丰富的历史材料是教育活动得以顺利开展的首要且必要的前提条件。历史材料的客观性、历史性、过往性等特点，决定了其本身所具有的重要学术价值与教育资源。然而，历史材料作为历史事实的载体与表达，其在直观呈现给受众群体与面向对象时，本身所具备的教育效果与教学目的是有限的。这是因为历史材料在客观陈列时的教育效果往往取决于受众对历史材料的了解程度与接收意愿。一旦受众缺乏对历史材料的正确理解与相关认识，那么历史材料本身的教育成效就大打折扣了。因此，只有教育者对历史材料加以评述，完整准确地将历史材料呈现给受教育者，复原真实的历史场景、历史事件、历史人物，讲清历史脉络、历史背景，阐明历史性质、历史经验、历史意义等，才会引导受教育者将历史材料的感性认识上升为理性认识，从而达到历史材料所蕴含的教育内容的手段与目的相统一。

史论统一要坚持论从史出，即在确保历史的真实性、准确性基础上概括归纳历史观点，发挥史观的指导作用。史论是史观在历史材料、历史情境中的具体表现，是历史教育法的原则遵循和方法论依据。在史论统一、论从史出的过程中，教育者要实事求是地看待和评价历史，把握历史材料、历史现象的主要与次要、必然与偶然、原因与结果之间的联系，进而探究与揭示出历史的深层次教育意蕴。思想政治教育历史教育法应采取“以史为主，寓论于史”的策略，坚持以史为线、以史为据、论从史出，不能离开历史发展的阶段、顺序、线索，不能不以史实为依据去作理论的概括、分析和立论、论证，要深入地挖掘史料，讲究史料的翔实与真实。

（三）培养历史思维

历史思维能力，就是知古鉴今，善于运用历史眼光认识发展规律、把握前进方向、指导现实工作的能力。历史思维是一种科学的思维方式，是重视学习和总结运用历史经验，善于从历史规律中寻找前进的方向和道路的思维方法。习近平新时代中国特色社会主义思想作为当代中国马克思主义、21 世纪马克思主义，也特别强调历史思维能力的重要性，“要加强对历史的学习，深刻把握历史规律、认清历史趋势、总结历史经验、牢记历史教训，在对历史的深入思考中做好现实工作、更好走向未来”。① 党的二十大报告提

① 中共中央宣传部：《习近平新时代中国特色社会主义思想学习纲要》，学习出版社、人民出版社 2019 年版，第 245 页。

炼并概括出了习近平新时代中国特色社会主义思想的世界观和方法论及贯穿其中的立场、观点和方法，明确了我们要善于“通过历史看现实”,① 并将历史思维确立为前瞻性思考、全局性谋划、整体性推进党和国家各项事业的科学思想方法，为新的历史条件下思想政治教育运用历史教育法指明了方向，提出了根本要求。

历史思维对于思想政治教育历史教育法中的教育者与受教育者而言都具有必要性，这是由思想政治教育的核心内容、独特属性与根本职责决定的。历史教育法中要求的历史思维，就是对一定思想观念的历史分析能力，对具体历史现象的理解洞察能力，对现实教育内容的历史联系能力。历史思维首先要从总结历史经验开始，思想政治教育历史教育过程中的教育者与受教育者不了解历史这个“发展过程”本身，就不可能发现历史规律，而要总结历史经验，首先就要了解历史知识。只有形成一个宽阔的历史视野，才能做到自如地运用历史思维，达到生动、深入、具体的教育效果。历史思维其次要注重引导教育者和受教育者找准历史方位。人的思维不是超然的存在，思维的运用者总是具体的、有限的，处在一定社会、一定时代条件下的个人，也就是说，历史思维中的“历史经验”和“现实工作”都是相对于思维的主体而言的，思维的主体所处的历史方位决定了历史思维的出发点，所以习近平同志就曾要求全党在学习党史时要“认清当代中国所处的历史方位，增强历史自觉”。② 对于思想政治教育历史教育法中的教育者与受教育者而言，找准历史方位首先要有高度的历史自觉，只有自身在思想上对历史有清晰的自觉，才能在教育实践和知识接收的过程中认清找准历史方位。

(四)坚持“两个结合”

“两个结合”是在5000多年中华文明的深厚基础上开辟和发展中国特色社会主义的必由之路，是我们党取得成功的最大法宝，同时也是思想政治教育运用历史教育法、开展历史教育的必由之路，为思想政治教育提供了方法论指南。党的二十大报告明确指出，坚持和发展马克思主义“必须同中国具体实际

① 习近平：《高举中国特色社会主义伟大旗帜 为全面建设社会主义现代化国家而团结奋斗——在中国共产党第二十次全国代表大会上的报告》，人民出版社2022年版，第21页。

② 习近平：《在党史学习教育动员大会上的讲话》，人民出版社2021年版，第7页。

相结合”、① “必须同中华优秀传统文化相结合”。② “两个结合”不仅有力地推进了中国特色社会主义文化建设、建设中华民族现代文明，而且在一定意义上推动了思想政治教育在理论和实践上开辟出新的境界，为思想政治教育在新时代新征程上发挥支撑引领中国式现代化、以中国式现代化全面推进中华民族伟大复兴注入了强大的精神力量。

思想政治教育与特定社会的历史文化环境密不可分，具备传递社会共同体成员的信仰信念、价值理念、道德观念的功能，具有一定的价值导向性，是具体的、历史的社会实践活动。“两个结合”是以习近平同志为主要代表的中国共产党人，坚持把马克思主义基本原理同中国具体实际相结合、同中华优秀传统文化相结合，深刻总结中国共产党百年奋斗的历史经验，从新的实际出发，实现了马克思主义中国化时代化新的飞跃的理论创新成果，蕴含着特定时空维度、时间属性与时代要求。思想政治教育历史教育法本身就注重阐释马克思主义基本原理的知识内容，强调揭示共产党执政规律、社会主义建设规律、人类社会发展规律。但要注意，运用历史教育法在向受教育者传递教育内容时，要与具体的时代、社会状况以及本民族历史文化传统相结合，因时因地因势地运用。因此，“两个结合”中的“第一个结合”为历史教育法提供了重要的方法指导，即在注重解决中国具体的实际问题中“作出符合中国实际和时代要求的正确回答，得出符合客观规律的科学认识，形成与时俱进的理论成果”，③ 更好地将马克思主义基本原理创造性地运用于指导中国实践。“两个结合”中的第二个结合，赋予历史教育法以深厚底蕴，即为其扎根中国大地、厚植文化根基、茁壮马克思主义真理之树提供了坚实的历史基础，使马克思主义思想精髓更好地同中华优秀传统文化精华相贯通、同人民群众日用而不觉的共同价值观念相融通。历史教育法要用好“两个结合”的价值资源，使马克思主义在中国大地焕发有效性，在东方大地焕发真理性。

① 习近平：《高举中国特色社会主义伟大旗帜 为全面建设社会主义现代化国家而团结奋斗——在中国共产党第二十次全国代表大会上的报告》，人民出版社 2022 年版，第 17 页。

② 习近平：《高举中国特色社会主义伟大旗帜 为全面建设社会主义现代化国家而团结奋斗——在中国共产党第二十次全国代表大会上的报告》，人民出版社 2022 年版，第 18 页。

③ 习近平：《高举中国特色社会主义伟大旗帜 为全面建设社会主义现代化国家而团结奋斗——在中国共产党第二十次全国代表大会上的报告》，人民出版社 2022 年版，第 17~18 页。

第十一章　思想政治教育的一般方法

思想政治教育的一般方法是指在开展思想政治工作的过程中最常见、最普遍、具有广泛适用性的方法，是从操作方式角度对思想政治教育方法进行的划分，以下将重点介绍比较常用的几种方法。

第一节　说服教育法

说服教育法是思想政治教育一般方法中最常用的方法之一，是教育者通过语言向教育对象传递正确思想的活动。对话双方的互动性决定了说服教育必定是一个经由教育者有意识调整后的步步深入、螺旋上升的过程。语言只是一个载体，语言要发挥力量必须依赖有情有理的内容、合适表达时机及恰如其分的表达方式。

一、说服教育法的含义

说服教育法是教育者通过口头劝说开展思想政治教育工作的重要方法。“说”是基本路径，“说”的终极目的是使人“服”。说服教育法的对象一般是思想、行为产生问题或者即将出现差错，并且自我教育能力不足的民众。说服教育法是教育者说服教育对象的过程，从整体上来说，是教育者对教育对象的灌输。因此，在说服教育法中，教育者是主动因素，很大程度上决定着说服教育的效果，教育对象则相对处于被动地位。但是，这并不意味着教育对象主动性的丧失，在教育者决策和实施的过程中，教育对象是重要依据，教育对象的建议也对说服教育法的实际开展有着必不可少的导向作用。

说服教育法本质上是双向互动的过程。教育者将正确的思想传授给教育对象，教育对象对此不可能无动于衷，必然会表现出支持或反对等态度，这种态度可能通过语言直接告知教育者，也可能转化为行动，无意中给教育者暗示。无论是有声或者无言的反馈，都是教育者把握教育对象发展动态的关键，也是决定下一步说服教育具体开展的重要依据。因此，教育者在进行说服时，要注意察言观色，并及时与教育对象展开讨论，在一些关键问题上引导教育对象勇敢表达，多听取教育对象的意见。在收到反馈后，要及时做出下一步反应，从而在教育者与教育对象之间建立起顺畅的沟通方式。

二、说服教育法的具体运用

说服教育的内容要以理服人、以事感人。说服教育的内容是输送给受教育者的思想意识、价值观念等，是关乎教育目标是否达成的关键因素。说服教育不是“硬灌输”，不是给受教育者洗脑，不是强迫受教育者接受某种思想，而是要让受教育者明白事理后真心信服，教育者只有以理服人、以事感人，才能真正使人信服。以理服人即说服教育的理论内容为符合社会发展要求的真理，以事感人即说服教育的案例运用来源于百姓生活的真事。“理”与“事”要组成有机的整体。习近平总书记强调，推动思想政治理论课改革创新，要不断增强思政课的思想性、理论性和亲和力、针对性。有理才能服人，有事才能感人，有科学的内容结构才能真正打动人。因此，教育者一方面要钻研理论与深入实践，坚持真理性理论与真实性事实相结合，切忌胡编乱造、含糊不清、讲大话空话，提升思想政治教育的学理性与实践性。另一方面要根据内容之间的逻辑联系、受教育者的身心状况、思维规律等客观条件构建起合理的说服教育内容层次结构，并在开展工作的过程中适时调整，这是做好说服教育的主要环节。

说服教育要把握恰当的时机。“善于捕捉机会者为俊杰”，进行说服教育时要抓住教育的有利时机，择机而发。受教育者的思想状况是动态变化着的，也许今天思想矛盾有所缓和，过几天思想矛盾就比较激烈，再过一段时间思想矛盾就可能因积蓄太久而爆发。说服教育应该选择受教育者身心状态相对良好，情绪较为平稳，或者是对于受教育者来说极为关键的时机。好的时机不仅对说服教育的效果有加持作用，也能在关键时刻及时止损，避免受教育者在错误泥潭越陷越深。

说服教育要注意表达的语气。“说”是说服教育法的第一环节，“说”的内容再科学，再生动，若是语气生硬，也会拒人于千里之外。因此，教育者要学会“说”话，打动人心。在开展教育的过程中，要坚持以人为本的教育宗旨、认真负责的教学态度。语气要大气从容，有抑有扬，突出重点，但是不能摆出一副教训人的姿态，也不能目中无人，认为自己高人一等，要守正气、接地气、忌戾气，真正尊重、理解、关心受教育者。在对受教育者进行批评时，切忌语言上的发泄式暴力，也不能揠苗助长，急于求成。

第二节　比较教育法

比较教育法是通过两个不同主体的对比从而发现问题、解决问题的有效方法，其在比较主体的选择上具有较大的灵活性，是思想政治教育一般方法中十分重要的方法之一。

一、比较教育法的含义

比较教育法是运用对比说明方式开展思想政治工作的一般方法。比较的具体内容往往是不同事物的属性、表征、逻辑本质等。比较教育法正是将不同事物的个性加以对比，两者差异越明显越能突出某一事物的特点，越能深刻揭露矛盾的本质，人们也能更清晰地认识事物、理清思路，看待问题、解决矛盾也就越切合客观实际、符合客观规律。因此，相对于其他方法，比较教育法的优势就在于引入某一事物的对立事物或者某一事物自身某一方面的对立面，通过相互对比，有抑有扬，并根据思想政治教育的具体目标突出两者之中的重点，引导人们认清真假、区分美丑、趋善离恶。

一般来说，比较教育法有横比和纵比两种方式。横比是指对同一时空维度中的不同事物进行比较。例如国与国之间、群体与群体之间、个体与个体之间等，在横比时，要确保比较的是同一方面的内容，不能拿一个国家的经济状况同另一个国家的政治状况相比较，否则，这样的比较就会毫无意义。我们生活中的竞赛、选拔等都是采取横比。纵比是将不同时间的同一事物进行比较，重在看变化看趋势。万事万物都是在发展的，国家、集体、个人、某一学科、某一领域都沿着各自的轨道不断地发展变化，通过回顾、反思、总结，人们能更清晰地认识事物发展历程，把握事物发展规律，从历史中吸取经验教训，从而在当下做出正确选择，解决现实问题。

二、比较教育法的具体运用

比较教育法有多维度的分类。按照比较思路来划分，可以分为横比与纵比；按照比较对象的数量来划分，可以分为个体比较和多事物比较；按照比较方式来分，可以分为类比比较和对比比较。下面就后两种分类方法作一说明。

（一）个体比较与多事物比较

个体比较即将两个独立事物进行比较，比较对象的总数为二。个体比较是最常见、具有广泛适用性、操作性最强的比较方法。由于比较的总体数量较少，因此在比较时一般能够做到两相对照，思路清晰，也更能得出直接、全面的结论。多事物比较，顾名思义，是将总体数量大于等于三的事物进行比较。多事物比较往往运用于发展过程中阶段或程度为重要变量的事物，单用两个事物无法清晰地说明变化与发展的必然趋势。相较于个体比较，多事物比较的动态性强，表现力突出，说服力也更强，但是适用范围较小，在比较对象的选取上需要仔细斟酌，在比较过程中要头脑清晰，注重系统性，才能最大限度发挥多事物比较的优势。

（二）类比比较与对比比较

类比比较是通过具有相似属性的两个教育对象或两种现象的比较，推导出二者在其他方面的相似性的一种方法。类比比较可以运用于同类集体或个体之间以实现促进竞争、相互激励的作用。例如生活在同一社会条件下同辈人之间的比较，同一所公司、同一所学校内个人条件相似的个体等都可以进行类比比较。通过类比，形成对照，加强竞争，激励先进，鞭策后进。类比比较还可以通过分析某一事物的现象或发展，预测与之相似事物的发展趋势，为相似问题的解决提供借鉴。例如，大学中每一年都要招收新生，每一届学生的年龄、经历与文化水平基本相似，在大学中的生活经历与周期大致相似，因此，各届学生往往具有很多共同点。学校也通常会以高年级学生作为参照，与低年级学生进行类比，从而对低年级学生的思想与行为发展趋势做出合理预测，从而制订针对性教育计划。对比比较是将两个性质完全相对的事物或现象进行比较的一种方法，即将差的、不那么好的事物与好的事物进行对比，以帮助人们区分是非，自觉向善，做出正确的价值判断与选择。

第三节　榜样教育法

榜样教育法通过树立榜样典型，将说理转变成活生生的人物或事件来对人们进行教育，从而引起人们的思想共鸣，激发人们向榜样学习的热情。榜样源于实践，作用于实践，也要归于实践。

一、榜样教育法的作用

榜样教育法是通过树立典型事物的正面形象，引导人们见贤思齐的方法。在思想政治教育实践中，理论教育与实践教育要紧密结合，生活中的榜样正是理论在实践中的生动展现，也是教育对象将理论付诸实践的强大动力。榜样教育法具有形象、具体的特点，能够拉近理论与群众的距离，让群众感受到理论不是空话而是切实可行的科学。在社会主义现代化进程中，人们都有不甘落后、积极上进的自尊心和责任心，只要广泛开展学先进、赶先进的活动，就能够有效调动人们内心的积极性和创造性，激励人们自我完善、服务社会，主动投身社会主义现代化建设事业中。

每个时代都有自己的英雄，榜样人物身上体现出的崇高精神具有传承意义。在革命时期，无数英雄为民族独立、国家富强殒身不恤，这些革命先烈可歌可泣的英雄事迹传承至今，教育了千千万万中国同胞，永远成为中华民族的精神火炬，时刻激励中华民族前进奋斗。在建设时期，英雄模范人物同样层出不穷，共产主义战士雷锋始终全心全意为人民服务，他的身上体现出中华传统美德和共产主义道德。中华民族千百年来的奋斗历程汇聚成宝贵的中华民族精神与品格，榜样人物既是优秀精神气质的重要来源，也用实际行动传承着无比珍贵的精神财富。在社会生活中，榜样往往起到风向标的作用，在一定程度上影响着社会整体价值追求与精神风貌。感动中国人物让我们感受到一个充满爱心的社会，鼓励人们追求大爱、给人无私奉献的勇气与力量；建党一百周年杰出人物表彰让我们感受到无数仁人志士为国家建设尽心尽力的伟岸形象。通过树立榜样人物，引导人们坚持社会主义信仰，自觉追求真善美，从而有利于在社会上形成一股合力，为共同的追求而奋斗。

二、榜样教育法的运用条件

榜样教育法的运用首先需要发现榜样，这就要求教育者扎根实践，从古往今来的实践中挖掘榜样人物。其次，在榜样的选择上，榜样的先进事迹必须是真实可靠、群众认可的，这是榜样选择的前提。要选择最有代表性的人物，宁缺毋滥。榜样的树立事关重大，并且一旦树立并推广，便会在整个社会迅速产生巨大反响，需要格外谨慎。再者，在榜样的宣传与推广上，要坚持实事求是，切忌浮夸、造谣。在表彰先进时，也要坚持一分为二地看问题，对榜样人物的评价应该力求客观，切忌护短。另外，榜样与榜样之间不能存在冲突，否则，人们会感到无所适从，严重者会造成拉帮结派、社会分化的不良后果。还需要注意的是，榜样是从人民群众中来的，也是朴实的老百姓，不能大肆标榜，更不能捧上神坛。否则，容易造成榜样人物脱离群众的错觉，既不利于榜样保持先进性，也容易使人民群众产生反感，不利于榜样作用的发挥。

在进行榜样教育的同时，也要对榜样人物和人民群众开展配套教育，引导二者正确认知榜样教育。一方面，要加强对榜样人物的教育、培养工作，使之加强修养、严于律己、追求上进，防止骄傲自满和脱离群众的错误倾向。另一方面，要引导人民群众正确对待榜样，自觉尊重榜样，学习榜样，将榜样人物的先进经验与自身实际予以创造性结合，并积极在实践中运用，在全社会形成向榜样看齐的氛围，杜绝对榜样人物进行打压、抹黑、诋毁，防止出现打击先进的不良倾向。

第四节　自我教育法

自我教育是个体运用自身思想的矛盾运动，克服错误、消极、后进思想，树立正确、积极、先进思想的过程。从主体身份来看，自我教育是教育者与受教育者的统一，其有赖于人民群众的自我觉醒。

一、自我教育法的含义

自我教育法，顾名思义，是人民群众自己教育自己的方法。具体来说，是受教育者按照思想政治教育的目标和要求，自我完善、自我批评，提高自身综合素质，纠正自身错误思想行为的方法。古语说“师傅领进门，修行在个人”，自我教育就是自我修行的过程。人民群众是自我教育的主体，因此，自我教育的效果与群众自身的素养、觉悟程度等呈正相关。在我国，社会主义制度为人们创造了良好的自我教育的环境和条件，广大人民群众是国家的主人，每个人享有平等的权利，具有平等的政治地位与社会地位，在个体成长的过程中平等利用教育资源，发展自身素质，在社会主义实践中不断提升觉悟力与自觉性。我们的社会自由、开放、包容，每个人都既是教育者，也是受教育者，大家相互学习，共同进步，形成了群众自我教育的良好氛围。

教育与自我教育是相互联系、互相影响的。接受教育是进行自我教育的先决条件。思想政治教育的根本目的，是要提高人们自我教育的能力，实现人民群众的自我觉醒。受到良好的教育，提升自身素质，才有能力进行科学的自我教育，否则不会产生自我教育的意识，也不会有自我教育的正确方法。良好的自我教育能够促进教育事业的发展。其一，自我教育能够促使人们更加自觉地接受教育的影响，增强和巩固教育效果。其二，到位的自我教育能够自我化解自身矛盾，节省外部教育资源，促使教育资源帮助其他困难人群。另外，优秀的自我教育能力可以转化为教育能力，造福他人，造福社会。一个擅长自我教育的人，一定是一个有及时发现问题的眼力、妥善处理矛盾的脑力的人，在心性、智性的发育程度上都比较成熟，能够发现群众的困顿，并能够提出解决问题的可行方法。因此，在思想政治教育实践中，教育与自我教育双管齐下才能取得更好的教育效果。

二、自我教育法的实践路径

从主体角度来看，自我教育可以分为个体自我教育和群体自我教育。个体自我教育中，个体既是教育者，也是受教育者。群体自我教育则是通过群体内部的互教互学自行解决矛盾。在社会主义社会，每个人都是平等独立的个体，又都属于整个社会集体，因此，从某种意义上讲，群体自我教育就是思想政治教育，个体自我教育与群体自我教育应该统一于社会主义建设实践中。在群体自我教育的同时，群体内部的个体也应积极开展个体自我教育，这样才能取得更好的教育效果。下面着重介绍几个主要的个体自我教育方法。

（一）自我修养

自我修养是个体在政治、思想、道德、文化等方面的自我磨砺与提升。自我修养是自我境界的提升历程，对于个人价值追求的升格、精神境界的提高、理想目标的树立都有重要意义。古人说“修身，齐家，治国，平天下”，修身当属第一位。我国古代有众多思想家主张“修身养性”，虽然他们中有大多数人只在心灵世界修炼，片面夸大主观作用，脱离社会实践，但是他们确实认识到了修身对个体和国家发展的重要意义。以史为鉴，个体在自我修养时一定要坚守理论与实践相结合的原则，在改造客观世界的同时积极改造主观世界，把学习各类理论知识与参与各种生活实践结合起来，在学习中观照实践，在实践中思考学习。

（二）自我监督

自我监督是个体通过反省、反思的方式保持自身思想与行为端正无误的方式。曾子有言，“吾日三省吾身”，这“三省”实际上就是自我监督。自我监督的难度较大，俗语有“当局者迷，旁观者清”的说法，就是说个体很难认知到自身正处于迷惑、困顿之中，实现自我监督个体不仅需要有较强的自制力、自控力，还要时刻保持头脑清醒，坚守正道。自我监督是对过去思想与行为的自我剖析与自我评价，也是对目前自身思想与行为的自我规范与自我约束，在具体实践中，可以采取定期自我检讨、撰写思想报告等方法。

（三）自我调控

自我调控是受教育者自己调节自己，自己控制自己，自己稳定自己，以达到解决思想困惑、消除心理障碍的方法。自我调控方法需要受教育者首先对自身有清晰的认知，接纳自己的不足，树立自我调控的信心。其次，受教育者应该遵循科学的调控原则，掌握正确的调控方法，正确处理思维、行动与外部环境的关系。要坚持稳中有进的调控原则，思想的改变本就需要一个长期的自我说服、自我化解过程，不能急功近利。调控方法的选择要对症下药，不能盲目依赖外力。另外，认知调控、情绪调控、行为调控等都是自我调控的重要内容，在具体实践过程中要学会灵活运用。

第五节　激励教育法

激励教育法是思想政治教育的常用方法，其最大特点是通过激发人们的思想情感和主观动机来调动接受教育的积极性，是一种行之有效的教育方法。

一、激励教育法的含义

激励教育法是通过激发人们的主观动机和思想情感来调动积极性的一种方法。激励，就是激发与鼓励。人们的行为很大一部分源于内在需求而引发的主观动机，通常来讲，不存在没有动机的人的活动。激励教育法正是运用各种方式培养人们符合社会与个人发展要求的内在需求，或者满足人们内心合情合理的发展需求。当人们已经确立了正确的目标，并朝着目标付诸行动时，强化人们对目标的期望、激发人们持久的动力就是激励教育法的基本任务。

从内容角度来说，激励教育法可以分为物质激励和精神激励。物质激励是对为社会发展做出积极贡献的先进分子进行物质给予。列宁说过，“我们应该记住，除了我们决心要进行的生产宣传以外，还要采取另一种诱导方式，即实物奖励”。① 为了提高人们的积极性，促进经济效益和社会效益的提高，必须给具有突出贡献的人以一定的物质奖励。精神激励是对为社会发展做出重大贡

① 《列宁全集》第 40 卷，人民出版社 2017 年版，第 151 页。

献的先进分子进行精神表彰，其有利于引导人们提高精神追求，激发人们投身社会主义现代化建设的内生动力。

在运用激励教育时，要始终坚持物质激励与精神激励相结合。一方面物质激励直接关系到人民群众的生活福祉，是最能直接调动人民群众积极性的方式，对广大人民群众具有普遍适用性。因此，要关心人民群众的物质需求，合理运用物质激励法。需要注意的是，在运用物质激励法时，既不能过于节俭，也不能过于铺张，应该认真衡量先进分子的积极贡献，做出恰当的分配。另一方面，精神激励是最为核心的激励，要坚持以精神激励为主导，关注人民群众的精神需求。从本质上说，奖品、奖金等都是精神激励的物质承担者。观照现实，我们不难发现，对杰出分子表彰时往往采用荣誉证书等精神激励，即使进行物质激励时也通常有精神激励相伴相生，可见，精神富足是物质之本、动力之源。若是只运用物质激励，长此以往，容易给人民群众造成不良诱导，重物质轻精神，甚至陷入拜金主义泥淖。因此，物质激励与精神激励必须有机结合，才能更好地发挥激励教育法的作用。

二、激励教育法的具体方式

激励教育法有多样的具体方式，主要有奖罚激励、榜样激励、目标激励等。奖罚激励，简而言之就是奖励先进以激励群众，打击消极以警示群众；榜样激励是通过树立榜样典型以起到教育作用；目标激励则以目标体系为指引，激发群众向美向善的内生动力。

（一）奖罚激励

奖罚激励是对人们的思想行为给予表扬、肯定或者批评、否定。在学习工作生活中，总是同时存在着先进与后进、积极因素与消极因素，奖罚激励兼顾这两方面，对两方面采取不同的方法进行教育，奖惩结合，在激励先进的同时鞭策后进，在表扬积极因素的同时打击消极因素，从而取得整体的进步。

（二）榜样激励

榜样激励是通过树立、表彰模范典型来发挥激励作用的。习近平总书记指出："榜样的力量是无穷的。大家要把他们立为心中的标杆，向他们看齐，像他们那样追求美好的思想品德。"①挖掘榜样的核心精神价值，有利于引导民众

① 《习近平谈治国理政》，外文出版社2014年版，第183页。

见贤思齐，促成自身素养的提高。

（三）目标激励

目标激励以全局性、总体性目标作为行动指引，以个人具体目标作为行动规划，是最具号召力和感染力的激励方法。目标激励是通过激发人们内心的主观能动性来发挥作用的，确立的目标必须深入人心才能发挥激励作用。因此，在目标的选择上，一方面要客观具体，具有可实施性。另一方面要形成目标体系，阶段目标与总体目标、近期目标与长远目标有机结合。

要坚持以奖罚激励为策略，榜样激励为手段，目标激励为核心，将激励教育的内容与具体方式深度融合，才能最大限度发挥激励教育法的作用。

第六节　疏导教育法

疏导教育法是思想政治教育的常用方法之一，是教育者对受教育者进行疏通引导的过程。疏导教育法既是对历史经验的传承，也是时代飞速发展的要求，是我们必须长期坚持的方法。

一、疏导教育法的含义

治理河道淤堵造成的水流浑浊，首要任务便是疏通河道，再引入清水，方能东流如海。类比来看，河道淤堵与思想淤堵类似，“疏”，即疏通，是指广开言路，充分表达各自的意见和观点；“导”，即引导，就是把错误的思想引向正确的轨道、把纷乱的思想引向正确主线。疏导便是先疏后导，疏是首要环节，导是终极目的。做好疏导，才能解决思想矛盾，促进个体健康发展。

疏导是思想政治教育中广泛而经常使用的方法。毛泽东在《关于正确处理人民内部矛盾的问题》一文中指出：“凡属于思想性质的问题，凡属于人民内部的争论问题，只能用民主的方法去解决，只能用讨论的方法、批评的方法、说服教育的方法去解决，而不能用强制的、压服的方法去解决”，“企图用行政命令的方法，用强制的方法解决思想问题，是非问题，不但没有效力，而且是有害的”。① 这里所提出的各种方法，本质上都是疏导教育法。我们党始终坚持群众路线，坚信人民内部的问题可以通过教育来解决，疏导教育法是党的思想政治教育的重要方法传承。

① 《毛泽东文集》第7卷，人民出版社1999年版，第209页。

现代社会飞速发展，世情、国情发生深刻变化。新媒体席卷而来，各色信息铺天盖地，多样思想碰撞激荡，人们的思想极易接触到矛盾的思想，产生思想迷茫与矛盾。疏导教育法就是疏通人们纷乱思想，引导人们将自身思想问题暴露出来，再引导问题的解决，其是我们在新时代必须坚持的思想政治教育方法。

二、疏导教育法的具体方式

疏导教育法的具体方式多种多样，从教育对象数量来分，可以分为个体疏导法和群体疏导法。个体疏导法与群体疏导法既有区别又有联系。个体与群体虽然样本数量不同，但是个体是群体中的个体，群体是由个体组成的，因此在具体操作时，应将个体疏导与群体疏导有机结合，具体问题具体分析。

（一）个体疏导法

个体疏导法是对群体中的个体进行“各个击破”的方法，主要针对群体中的具有突出问题或发挥关键作用的个体。这种方式把群体存在的某种情绪、思想问题“化整为零，分而击之”，遏制群体内部消极情绪、混乱思想的蔓延，可以集中教育力量突破重点，最终达到整体教育的目的。在对个体进行疏导教育时，要对个体的思想现状与行为特征有总体把握，根据个体的身心发展规律制订个性化疏导计划，采取针对性疏导方法，切不可千篇一律。另外，个体疏导并不意味着一个一个来，而是可以对多个个体同时疏导，合理分配教育力量，分散而导。

（二）群体疏导法

群体疏导法是针对某一群体出现的共性问题而进行的集中解决的方式。一个群体内部具有信息相通、联系性强的特点，一旦出现思想问题也往往同根同源，相似性高。因此，追根溯源，对群体共性问题进行集中解决，往往能够提高教育资源的利用效率，达到事半功倍的教育效果。例如，一个企业内部信仰缺失、一个社会团体内部较为普遍的纪律意识不强的问题都可以通过群体疏导法来开展群体教育。

个体疏导法与群体疏导法是从教育对象的角度对疏导教育法的划分。需要注意的是，群体是由个体组成的，个体是群体中的个体，因此个体疏导与群体疏导相互连结，一同作用于疏导教育过程。个体的情绪、思想和行为会对群体产生影响，群体的氛围也会带动个体的思想走向。当群体中有个体出现思想问题时，一方面要对该个体采取治疗性疏导，另一方面要对群体进行预防性疏导，减少个体不良情况的传播。反之，当群体出现普遍性问题时，一方面要对群体进行全面性整体疏导，另一方面要对其中起到引领、煽动作用的个体进行重点性个体疏导，从而及时止损，防止群体的不良情况加剧。

第十二章　思想政治教育的特殊方法

在开展思想政治教育活动的过程中，可能遇到某些特殊的情况和问题，比如可能发生的心理危机、顽固的思想错误甚至剧烈的行为冲突，此时仅靠思想政治教育的一般方法很难解决问题，需要思想政治教育的特殊方法。

第一节　心理危机干预法

现代社会飞速发展，影响人们思想和行为的因素越来越复杂。人们的思想要适应快节奏变化的客观状况，就必须提高思想觉悟、政治意识和心理素质。尤其是青少年正处于生理和心理急剧变化的关键期，思想很容易受到外部不良因素的干扰，尚未成熟的心理也很难接受复杂环境中的挫折，极易产生心理危机。因此，心理危机干预法对保护个体和群体的健康心理状态极为重要。

一、心理危机的含义

伴随着经济的飞速发展，人们的生活节奏明显加快，社会竞争压力显著增强，加之信息开放、文化多元，更易催生出接连不断的危机。根据《现代汉语词典》的解释，“危机”被定义为一种严重困难的状态。利用拆字组词法来解释，“危”即危险、危难，“机”指机会、机遇，危机就是危险之中隐藏着机遇，想要抓住机遇便要战胜危难。在现实生活中，个人受到外部环境带来的威胁，仅凭个人范围内的资源无法妥善解决难题时就会产生危机。危机通常分为灾害性危机和社会危机。灾害性危机又可分为自然灾害危机和事故灾害危机；社会危机按照波及范围可以分为国内危机和国外危机，按照危机的剧烈程度又可划分为一般性危机和重大性危机，按照危机发生的对象可分为个体危机和群体危机。危机的产生有一定的规律，一般来说，危机产生的起点都是外部刺激，危机的剧烈程度与延续时间也与外部刺激的剧烈程度呈正相关。

心理危机是外部刺激造成的人们心理的危机状态。通常来说，心理危机往往与其他类型的危机相伴而生。外部刺激，例如社会现实中的矛盾与冲突、社会竞争压力与工作压力、人际关系出现问题等，既可能是心理危机的直接诱因，也可能是间接诱因。直接诱因如高考前夕学习压力突然增大直接导致考生内心的紧张与恐慌。间接诱因如新冠肺炎疫情引发了社会的灾害性危机。身处危机之中，若个体内心不能进行充分的自我调适，就会造成内心郁结，从而进一步引发心理危机。但是，我们可以发现，外部刺激无论是作为直接诱因或者间接诱因，都不能作为引发个体心理危机的唯一因素。面对同样的外部环境，有的人能安然处之，心情明朗，有的人却抑郁苦闷，心情阴沉；有的人通过运动、听音乐等放松身心，有的人却日思夜想，无所适从。可见，个体的心理承受能力与自我调适能力对心理状态的影响不可小觑。因此，心理危机的产生既有外部刺激作为必要条件，也有个体心理承受力与自我调适力作为重要因素。

按照心理危机的对象数量，心理危机可以分为个体心理危机和群体心理危机。个体心理危机是指个体认知、情感甚至行为的失调，例如心理焦虑、抑郁、绝望、人际交往困难、行动错乱等。群体心理危机是指社会整体思想、行为导向的偏差，例如社会主流价值消弭、信仰危机等。个体心理危机与群体心理危机之间往往是相互联系、相伴相生的。出现心理危机的个体在危机初期往往难以自觉，若是不加以及时的心理干预，消极的心理状态极易外化为不良甚至极端行为，影响周边的人或物，恰似一颗投入平静湖面的石子，引起外泛式的涟漪作用，扩大心理危机的波及范围，并作为新的外部刺激，对其他人的健康心理状态产生威胁。当个体心理危机规模扩大、集中性增强时，就会对社会整体的思想、行为产生影响，个体心理危机就会向群体心理危机转化。

二、心理危机干预的原则

发生心理危机的个体的心理往往是十分复杂、敏感、脆弱的，因此教育者在进行心理干预时应该遵循长期性、阶段性、差异性的原则，既不能急于求成、揠苗助长，也不能忽视个体差异一刀切，这样才能最大限度地发挥心理危机干预的效果。

（一）长期性原则

心理危机往往具有潜伏性、隐蔽性等特点，尤其是轻度的心理危机很难通过典型行为外化，患者自身也很难察觉，即使察觉也不易引起重视，甚至会想方设法隐瞒，这就给心理问题的及时发现与干预增加了难度，需要一个长期的引导、疏通、治疗过程。心理危机不是一夜之间形成的，也不会在短时间内消失，心理问题的顽固性也导致心理危机极易反复，因此，心理危机的干预是一条长战线，需要患者与教育者双方坚定的信心与强大的毅力。另外，从心理危机干预工作者的角度来看，患者不同，心理疏导的具体方法就不同，寻找最佳治疗方式也是一个长期摸索的过程。

（二）阶段性原则

心理危机干预的长期性决定了心理危机的干预必然具有阶段性特征。在心理危机的长期干预过程中，患者的心理危机程度会发生改变，这就要求心理危机干预工作要适时调整，把握好阶段性原则。一般来说，心理危机干预可以划分为引导期、关键期、稳定期。在初期，患者的心理危机是最严重、最顽固的，教育者直接介入的难度较大，因此可以先采取沟通引导等温和的方法，打开患者的心扉，倾听他们内心的声音，为后续的心理危机干预奠定良好基础。伴随患者心理状态趋于平稳，心理危机干预工作进入关键期，这是根治患者心理危机的最佳时期，要追根溯源，帮助患者从源头解决问题。进入稳定期后，患者的心理状态基本良好，但也存在复发的风险，因此教育者仍然要与患者合理安排沟通时间，以便跟踪患者心理状态的恢复情况。

（三）差异性原则

心理危机干预对象的差异性既有群体差异，也有个体差异。因此，心理危机干预工作既要做到全面覆盖，又要做到精准有效。以此次新冠肺炎疫情为例，对于已经感染或者疑似感染被隔离治疗的患者，他们可能会对自身的病情感到恐惧，甚至做出拒绝配合治疗等极端行为；对于居家隔离的社会民众，由于停产停工、延迟开学等，他们难免会内心焦虑。对于这两类不同的心理危机患者，虽然内心有相似的消极情绪，但是原因却大为不同，干预的方向与目标也不甚相同。心理危机干预对不同群体有不同作用，对不同群体也要采取针对性的心理危机干预方法。另外，除了针对不同群体，不同个体之间由于先天遗传情况、外界刺激因素和自身心理素质水平的差异，在进行心理危机干预时也应该区别对待。

第二节　思想转化教育法

个体思想复杂多样，变化万千，并且每时每刻都在发生变化。思想转化教育法便是抓住思想转化的某个契机，采用某种方法，促进错误思想向正确思想转化、后进思想向先进思想转化、消极思想向积极思想转化，从而实现个体思想的纠偏与净化。

一、思想转化教育法的含义

思想转化教育法是通过引导、规范、约束等手段帮助人们实现思想转化的方法。在社会生活中，总是不可避免地存在着先进与后进、积极因素与消极因素，思想转化教育法是从人们思想入手，着力于解决思想问题的办法，其目的在于解决顽固的错误思想问题，树立正确的思想，促进消极因素向积极因素转化。

人的思想问题往往是难以在短时间内完全改变的，尤其是一个成年人，在世界观、人生观、价值观基本固定后，容易形成一定的思维定式与行为习惯。而接受错误思想观点的人，在遇到与自己已认可的思想发生矛盾时，往往会开启一种自我保护机制，从而对思想政治教育存在一定的抵触情绪，甚至产生抗拒心理、报复情绪，想要竭力证明自身错误思想的正确性，从而肆意进行错误思想的传播，企图同化他人。在这种情况下，出现问题的个体对思想政治教育内容的接收度大大降低，认可度大大下降，教育难度大大提升，因此，教育者一定要冷静分析，正确对待，掌握思想转化的基本要求。

(一)积极沟通，正确引导

个体的错误思想是在外部错误思想的影响下或者片面接受某种思想形成的，因此，进行正确思想的灌输十分重要。但是，如果直接进行生硬的教导，反而有极大可能加剧个体的逆反心理。因此，首要任务是与受教育者做朋友，与受教育者积极沟通，打开受教育者的话匣子，疏通受教育者的闭塞心灵，要让受教育者愿意把自己的想法表达出来。此外，要在沟通中引导，教育者不能唱独角戏，只有边沟通边引导才能时刻把握受教育者的思想发展状况，从而方便下一步决策。

(二)全面看待，尊重为先

每个人的身上都不可避免地存在着积极部分与消极部分，受教育者亦然，不能因为某方面的思想问题，就看不起、不尊重受教育者。教育者应该对受教育者的整体情况有全面的把握，多方面收集受教育者的信息，才能为后续的思想转化教育提供参考。在思想转化过程中，受教育者若是出现消极情绪，要以理服人，耐心讲解，不可随意呵斥；若是有所进步，也要及时鼓励，让其继续追求上进。在受教育者出现厌烦情绪，甚至自暴自弃时，应该引导受教育者正确认识自身问题，发现自身的闪光点，重新树立信心。

(三)孜孜不倦，持之以恒

思想问题的解决不是一朝一夕的事情，在思想转化的过程中往往会出现反反复复、停滞不前的状况。面对这种情况，首先，教育者不能丧失信心，要耐心地继续进行思想转化教育工作。其次，要鼓励受教育者，增强受教育者的自信心。另外，若是长期不见效，也要积极思考出现滞缓状况的原因，是否教育方法出了问题，或者思想问题已经朝另一个方向转化，或者受教育者自身受到了其他的刺激。在不断的思考中推进思想转化工作是极为必要的。

二、思想转化教育法的具体方式

个体思想的成功转化既需要内部动力也需要外部推力。通过情感促进受教育者打开心扉，通过事理启发受教育者反省，通过规范制约受教育者自律，这些都是思想转化必不可少的有效方式。

(一)以真情感人

情感往往触及人们心底最柔软的角落，在打开受教育者心扉中扮演着重要角色。受教育者往往存在不同程度的抗拒心理，需要教育者用真情感染、感化他们。在思想转化教育过程中，教育者要与受教育者通情、共情，真正理解受教育者的想法，尊重受教育者的感受，关心受教育者的生活，一方面，有利于教育者与受教育者的沟通，减少工作阻力；另一方面，有助于教育者把握受教育者的立场，从而摸清状况，对症下药，为后续的思想转化工作打下基础。

(二)以事理服人

以事理服人就是通过摆事实、讲道理使人信服，从而达到思想转化的目的。科学理论是最有力的武器，事实具有直观性，生活化的事实更具有感染力和说服力。因此，在讲事论事的过程中，一是要讲真事理，切忌假大空，二是要讲透事理，切忌含含糊糊，模棱两可，三是讲活事理，切忌本本主义，照搬照套，四是讲实事理，切忌脱离实际。另外，要将理论与事实有机结合，不可理论与事实牛头不对马嘴。

（三）以规范化人

真情和事理在思想转化的过程中起着重要作用，但是受教育者的思想转化并非是一帆风顺的，往往具有曲折性。受教育者自身的心智也会出现不坚定的情况，因此，从外部规范入手加以干预，能够帮助受教育者渡过难关，巩固思想转化效果。另外，对于少数觉悟低、自制力差的个体，更需要严格的纪律规范，通过外力的推动去启发他们内在的自觉，制止其错误思想和错误行为的进一步发展。需要注意的是，要坚持以讲情理为主，不能动不动就拿纪律规范说事，这样显得不近人情，降低教育效果。

第三节　冲突调解教育法

冲突是生活中客观存在、不可避免的现象，冲突的类型多种多样，但是无论何种类型的冲突，实质上都是冲突双方思想矛盾激化的外露。因此，要彻底解决冲突就要从思想入手进行冲突调解，找准根源，做好疏导，及时化解纠纷。

一、冲突调解教育法的含义

在现实生活中，冲突处处存在。大到国与国之间的经济冲突，小到夫妻之间的家长里短，这些冲突往往给正常的生产和生活造成不同程度的危害，都应该及时予以化解。

在冲突调解教育法中，冲突具体指人与人之间思想、态度、利益不一致导致的摩擦与矛盾。冲突调解教育法就是针对人们思想矛盾和行为激化的状态，建立科学的制约机制、调解机制和排解机制，来最大限度扼制冲突产生的条件，对已经发生的冲突进行及时化解的一种方法。

冲突的类型多种多样。按照冲突对象，冲突可以分为自我冲突和自我与环境的冲突。自我冲突是指个体内心世界的矛盾激化而不能进行自我调节的状态。自我冲突往往伴随着焦虑、暴躁等负面情绪，严重者甚至会有自我否定甚至自杀的倾向。自我与环境的冲突是个体与其他个体、集体、社会在利益、思想观念、行为举动等方面发生的矛盾。按照冲突的剧烈程度，冲突可以分为一般性冲突和剧烈性冲突。一般性冲突的常见表现形式有日常生活中的争吵、摩擦等，涉及范围小，危害程度较低，调解难度较低。剧烈性冲突有群众斗殴、打砸抢烧等，往往涉及深层次的问题，调解难度大，给个人和社会造成的危害较为严重。

虽然冲突的类型繁多，但是冲突发生的基本条件是相似的。矛盾积累是发生冲突的首要环节。两个互不相识的人之间不可能发生冲突，冲突的发生必然伴随着矛盾的积累，矛盾的积累不是显而易见而是悄无声息的。人们之间的矛盾是经常性并且大量存在的，旧的矛盾解决又会出现新的矛盾；有的矛盾难以解决，演化为更为严重的矛盾；有的矛盾看似解决实际上却隐藏下来。对于不同个体而言，矛盾的积累也有不同的条件。对那些与人为善的人来说，普通矛盾很难积累，对于斤斤计较的人来说，鸡毛蒜皮的小事也可以成为矛盾积累的因素。因此，矛盾的积累可能是双方的，也可能是单方的。一般来说，矛盾积累程度与冲突剧烈程度呈正相关。前期矛盾积累越多，隔阂越大，误解越深，冲突爆发时也就越剧烈。有了矛盾积累也不意味着一定会发生冲突，也需要导火索，即某个偶然事件的出现。作为导火索的偶然事件一般是超出意料的突发事件，并且仅凭已有的知识和经验难以解决的问题。偶然事件是冲突产生的直接原因，没有偶然事件的发生，即使矛盾积累再深，双方对立情绪再严重，也始终缺少冲突爆发的契机。除了矛盾积累和偶然事件，冲突的发生还受到生活环境、社会风气等其他因素的影响。

需要注意的是，虽然偶然事件起到一触即发的作用，但是并不是生活中所有的偶然事件都会引起冲突，偶然事件处理得好，也能避免冲突激化。

二、冲突调解教育法的具体实施

根据实际情况，冲突调解可以详细分为调解矛盾和处理冲突两个方面。无论是矛盾积累还是产生冲突，都是主体原因和客观原因综合作用的结果，调解教育也应该从这两方面入手。

(一)及时追根溯源，把握焦点问题

所有的矛盾总是有一定的原因，往往围绕着某一主题或者某一事物而产生。在矛盾萌发阶段，要做到全面了解事件始末，理性分析原因，找到矛盾产生的根源和焦点问题。矛盾根源往往是深层次问题，牵扯多方利益，大多时候彻底解决的可能性较低。矛盾的焦点问题是双方最在意、最关心的，一般来说，在双方发生口角等轻微摩擦时能够直接表露出来。在清晰把握根源和焦点问题后，首先，要动用各方力量尽力解决矛盾根源，若是难以解决，便要着力

于矛盾的焦点问题。对于焦点问题，要及时疏导分流，一方面积极解决问题，另一方面引导双方开阔视野，打开思路，分散双方在焦点问题上的注意力，这样既有利于现实问题的解决，又能避免矛盾焦点迅速升温，转化成为冲突。

（二）摸清心理状态，做好情绪疏导

心理状态和情绪状况对个体的思维方式与行为选择产生重大影响，一方面，不良的心理或情绪可能直接引起矛盾，另一方面，矛盾中的双方往往会产生暴躁、郁闷等消极情绪，若是不及时加以干预和疏导，就容易成为引起冲突的催化剂。因此，为了减少消极的原生心理和情绪，首要任务是调整复杂利益关系，尽力做到公平公正。此外，要创造愉悦身心的外部环境，包括自然环境、物质生活环境和文化生活环境。为了减少矛盾中产生的消极心理和情绪，要晓之以理，导之以行，一方面，要做好心理疏导工作，另一方面，要引导消极情绪的合理宣泄。做好心理和情绪疏导工作的根本目的，是最大限度保证个体的理性与冷静，防止一时冲动致使矛盾激化，也有利于冷静思考问题，及时化解矛盾。

第十三章　思想政治教育的综合方法

随着我国社会的不断发展，我国社会的主要矛盾发生了转变，人民对于美好生活的需要同不平衡、不充分发展之间的矛盾成为当前社会的主要矛盾。随着社会主要矛盾的变迁，思想领域也出现了许多新矛盾与新问题，这些新矛盾与新问题诞生于复杂的国内外环境之中，往往需要多学科、多领域的参与才能够解决，这就越发凸显了思想政治教育工作中综合方法的重要性。

所谓思想政治教育的综合方法，就是以唯物辩证法为指导，运用系统论的方法，把各个角度、各个层次的思想政治教育方法进行有机整合，使之成为具有最大教育合力与最佳教育效果的教育方法。这种有机整合，既不是各项教育方法的简单相加，也不是多种教育方法合并起来的总称，而是一个多因素、多层次、多目标组成的复杂动态系统。

综合教育法，从本质上来说是一种创新的教育方法，是多种教育因素有机结合的产物。综合教育法与单个教育因素，是整体与部分的关系。对于部分来说，不同的组织架构和结合方式，往往能够产生不同样貌的整体。同样地，各种教育因素不同的组织与结合方式规定了综合教育法的种类。从这个角度来看，综合教育法主要分为协调式综合方法、融合式综合方法和渗透式综合方法。

第一节　协调式综合方法

协调式综合方法是最为常见的综合教育方法。协调式综合方法中往往存在多个教育因素，各个教育因素有其特定的职能和作用。但从整体来看，既不能过于强调单个教育因素的特殊作用，让它们孤军奋战，也不能弱化不同教育因素的特定职能，使其不能够明晰责任。不同教育因素的错误组合和错误运用，容易阻碍整体效果的实现。例如针对中小学生的爱国主义教育，学校要管，少先队、共青团、共产党要管，家长要管，社会也要管。单拿出任何一个教育因素，都无法做到圆满地解决问题。只有多方合作，各尽其职，相互配合，才能在中小学生阶段打好爱国主义教育的基础，这就是协调式综合方法。

一、发挥各级单位党组织的作用

要用好、用对协调式综合方法，就要学会协调各方，总领全局。各级单位的党组织就是运用协调式综合方法开展思想政治教育工作的突出代表。

各级的党组织，在整个思想政治教育体系中居于主导地位，起着领导作用。在党组织的内部，它通过明确的规章制度和具体的工作要求来组织、协调党员的行为，使整个党组织能够拧成一股绳，发挥好领导核心的作用。在党组织的外部，党需要组织、指导、协调包括人民政府、人民法院在内的国家机关和包括工会、共青团、妇联在内的群众组织的思想政治教育。国家机关对人民群众的影响往往是间接的，是通过具体的业务工作和专业工作保障并实现人民群众的现实利益；群众组织是党联系群众的桥梁和纽带，缺少了群众组织的支持与帮助，各级党组织就很难实现从群众中来，到群众中去的现实需求。协调好国家机关与群众组织的工作，是各级党组织必备的领导能力。

同时，各级党组织还要站在舆论前线，直接面向群众进行思想政治教育。党组织的思想政治教育，一是充分发挥党组织的政治核心作用和战斗堡垒作用，团结群众，组织群众；二是充分发扬党员的先锋模范作用，影响群众，带动群众；三是充分运用党的路线和方针政策，教育群众、宣传群众。无论是党组织内部的协调，还是领导各方力量形成最优解，又或是协调好各种方式为人民群众带来现实利益，都是党组织运用协调式综合方法开展思想政治教育工作的体现。

二、从时间和空间两大维度进行总体把握

要用好协调式综合方法，就需要学会从整体上把握、分析并处理多种教育因素的关系，这就要求思想政治教育工作者学会有层次、有重点、有顺序地开展思想政治教育工作。在开展工作的过程中，往往可以从时间和空间两大维度对所要开展工作中的不同教育因素进行总体把握。

从时间维度上看，思想政治教育工作者要深入了解工作对象的思想状况和现实情况，善于根据时间和时机安排不同的教育方法，不能不经调研就盲目地把所有方法都施行一遍。这是因为受限于不同的思想状况和外部条件，不同的

教育对象对于各项教育方法的认可程度也不尽相同。例如，有些持错误观点的人，思维固化，性格倔强，但容易受到情感的左右；有的可能只认数据和事实，不接受任何情感熏陶，这时候就需要详实的数据和证据为你撑腰；有的可能“眼高于顶”，苦口婆心对他没有效果，但让其亲自实践，问题则可以迎刃而解；有的可能自觉性较差，采取又管又导的方式进行教育，可能效果会逐渐明显。有时候之所以在开展工作的过程中会出现不配合、不协调的问题，大多是因为方法没用全或是方法出现的顺序不对。这些问题能够得到解决，也是因为不同的教育因素能够被协调起来，针对不同的人和不同的思想问题进行不同的教育。协调是在充分考察时机的基础上，有层次、有重点、有顺序地持续施加影响。

从空间维度上看，思想政治教育工作者需要深入调研工作内容的覆盖范围，正确处理好简单与繁琐、粗略与精细、总体与部分的关系。这是因为很多全局性的思想政治教育工作，往往需要从中央到地方进行层层推进和步步深化。这个时候就要处理好中央与地方之间，地方与地方之间工作内容的差异化管理。既要让我们的工作纲领得到简明扼要的宣传，又要让我们的工作内容得到广泛深入的实施。以发扬勤俭节约精神为例，从决策到实施需要大量的准备工作与深入调研。中央方面需要发布简短有力的宣传口号和宣传短语，但不能具体化到日常生活应该怎么做，避免成为地方开展工作的桎梏与限制。地方则要避免只喊口号不做实事，而要结合实际，将自己所需开展的工作具象化。例如在学校，勤俭节约就意味着在学校食堂只取所需，不乱倒饭菜，在教室里珍惜纸张和粉笔，不滥用材料。在职场，勤俭节约可体现为精打细算，拒绝“面子大餐”和随意浪费。概而论之，空间层次的不同往往意味着工作内容的不同，做好工作内容的差异化管理，让不同的个体或群体各尽其职，是让协调式综合方法能够充分发挥效用的方法论支撑。

当然，这种方式也不是尽善尽美的。每个教育因素的相对独立性导致协调式综合方法总会在现实生活中有协调不了的时候。针对一次爱国主义教育活动，可能学生准备好了，但是学校没有组织好；可能学校组织好了，但是父母的教育没有跟上。只有在开展工作前就对各个教育因素有一番深入的了解，才能使它们各司其职，这是运用协调式综合方法需要注意的问题。

任何一个思想政治教育工作的主体，欲把不同教育因素的优势充分发挥出来，形成思想政治教育的综合体系，就必须运用系统论对现实问题进行分析。一部精密仪器的运行离不开每个零件，同样，要想形成助推思想政治教育工作不断前行的教育合力，就要组织协调不同的教育因素和教育力量，最终形成和谐统一的教育体系。

第二节 融合式综合方法

第二种综合方法是融合式综合方法。在这种综合方法中，各个教育因素之间相互吸引、相互结合、融为一体后，发生了性质的变化，从而产生出一种新的教育方式。在这种方法中，单个教育因素已不再具有独立性，而是作为特定思想政治教育工作的一部分而存在。企业文化建设、校园文化建设、军营文化建设等都是融合式综合方法的现实表现。接下来以校园文化建设为例，简要叙述融合式综合方法的作用机理和现实功效。

一、校园文化建设的复杂性

首先需要明确的是，校园文化建设是一项复杂的综合性建设。这是因为，第一，校园中存在着生活经历不同、三观不同、认识水平与实践水平不同的学生群体。他们虽然普遍具有学生群体的特性，却因为心智尚不成熟，呈现出“含苞待放”、等待塑造的思想状态。这就需要校园中的思想政治教育工作者牢牢把握具体情况，作具体分析，既不能一概而论，只看表面现象，也不能过于小心谨慎，以至于顾此失彼。第二，社会中不同的主体对校园文化建设有不同的需求。校园是社会年轻一代成长的舞台，也是社会各个阶层、各个群体所密切关注的焦点地带。不同的人群，出于不同的立场，对于这个培养未来社会人才的场所往往有着不同的需求。例如，老师和家长对于校园文化有激励学生严谨治学、刻苦学习的上升需求，在校学生对于校园文化有开放自由、放纵天性的自然需求，主流文化对于校园文化有树立正确思想、培养健康观念的社会需求。可以说，不同的主体因其主观需要，都会对校园文化建设中的思想政治教育工作提出或这或那的要求，重重的规定性让校园文化建设的复杂程度大大加深。第三，校园文化建设采取的方式复杂。首先，对于培养不同年龄段的学生而言，自然要根据学生的身心发展程度采取不同的方式。即使是同一年龄段的学生之间，也会因为教学资源、教学水平、文化底蕴、经济实力等一系列因素的影响，必须采用适合自身的建设方案。即使是在同一个校园中，针对不同年级、不同班级、不同学生出现的问题也要辨证施治，不能采取“一窝蜂”式的教育方法。由此可见，校园文化建设是一项复杂而艰巨的任务。

也正是因为校园文化建设的复杂性，融合式综合方法才能成为首要选择。因为融合式综合方法往往本身就是一项思想政治教育的综合工程。在这项工程之内，有着种类繁多的教育手段和教育内容，能够在尽可能满足多方需求的同时，达成事半功倍的效果。例如：在校园内开展党史国情的学习活动，既能够增长学生的课程知识和课余知识，也能提高学生的政治素养和思想境界。在校园内传授专业知识和专业技能时，既教会了学生职业技能和职业本领，也在潜移默化中向学生们灌输了不同职业的职业素养，培养了学生的社会责任感。

二、影响校园文化建设的三重因素

融合式综合方法看似一个大的框架，但实际上可以通过以点代面、融会贯通的方式来达成教育效果。这就需要我们从不同的角度着手，对影响校园文化建设的各种因素进行细致的剖析。从宏观角度来看，我们常常会谈及一个学校的历史底蕴和人文情怀，这指的是文化环境问题。生长于好的文化环境之中，也能使人潜移默化地发生好的变化。我们在评价环境的影响时常说近朱者赤，近墨者黑。古人也常说与善人居，如入芝兰之室，久而不闻其香；与恶人居，如入鲍鱼之肆，久而不闻其臭。文化环境对于校园文化建设的影响可见一斑。从中观角度来看，人的文化活动总要在具体的场所中实现，一座图书馆、一个读书角，抑或是一个大礼堂，如果有设备良好的文化场所作为支撑，对于文化活动的开展将大有裨益。从微观角度来看，文化活动是连接人与人、人与社会、人与世界的物质载体，人们的思想状况、文化水平、思维境界往往就通过文化活动体现出来。值得一提的是，微观层面的文化活动往往可以作为文化建设的核心内容，这是因为文化是现实的人所创造的精神产物。外物虽然可以在一定程度上影响文化的繁荣或是枯竭，但却无法决定文化建设的命运到底会走向何方。明确了三个维度的影响因素后，如何运用融合式综合方法进行校园文化建设的问题也就迎刃而解。

三、以融合式综合方法推动校园文化建设

学校文化环境建设。学校文化环境既包括学校的学术气氛、精神面貌等“隐性”的环境内容，也包括校园景观、校园秩序等“显性”的环境内容。建设学校文化环境，必须综合考虑，从多方面入手，其中，诸如校园的规章制度等“显性”的环境内容往往更容易建设，而学风和学校师生的精神面貌等往往需要长期的积累和沉淀。万里长城非一日而成，把握好不同时期发展的侧重点是有效率地开展校园文化建设的重要理念。

文化场所建设。学校文化场所，主要指校园师生从事文化活动的公共场所，例如图书馆、报告厅、学校课堂等。更新设施、完善设备往往能够在文化

建设的过程中节省大量时间与精力。例如多媒体设备可以让学生与老师在课堂上实现线上文化学习的讨论，学校礼堂可以让全校师生定期开展主题教育活动。在进行文化场所建设的过程中，要依据学校的具体情况，做到质量第一。

此外，还要进行文化活动建设。这是校园文化建设的关键步骤。它是以学生为主体，以各类文化场所作为支撑，包括文体活动、政治活动、科技活动等在内的校园文化活动，是充分激发学生自主性的教育力量。在正确引导学生自主开展文化活动的基础上，思想政治教育工作者应鼓励学生自主参与和自主创新，帮助学生努力吸收并有效转化在课堂上学到的知识技能，将其内化于心、外化于行。

从校园文化建设的例子中可以看出，融合式综合方法可以运用多种手段在多个层次、多个方面给思想政治教育对象带来全面且深刻的影响，就像是把一匹白布浸在染缸之中，可以很好地让白布染上需要的颜色。然而，在运用融合式综合方法时，要时刻注意每一个决策可能带来的现实影响。这是因为在这种方法中，每个教育因素都紧密相连，往往会牵一发而动全身。例如在学校教育过程中，如果对同学之间所爆发的矛盾没有处理好，就有可能影响某些同学对学校的看法，甚至走上错误的道路。所以我们在运用这种方法之前，不仅需要对思想政治教育工作所要达成的目标有明确的认识，也要慎之又慎地做好全局规划和具体安排。如果只是贪图现实成效，那就很有可能陷入“一着不慎，满盘皆输”的困境之中。

第三节　渗透式综合方法

相较于融合式综合方法，渗透式综合方法中的单个教育因素变化较为温和。在该综合方法中，各个教育因素在保有相对独立性的同时产生了相互渗透与相互影响，这就使渗透式综合方法可以同时保有不同教育因素的特殊性和教育因素间相互融合的整体性。这种综合方式的典型代表是思想政治教育与我们日常从事的专业学习与专业工作之间的结合与渗透。

一、思想政治教育与专业工作的结合与渗透的可行性和必要性

思想政治教育同专业学习与专业工作的结合与渗透，是思想政治教育最主要的综合方式。这是因为思想政治教育与专业工作的结合与渗透有其可行性和必要性。从两者的现实属性来看，思想政治教育工作与人们的主观情感与思想状态有关，是一个人认识世界的主观表达；专业工作和专业学习所收获的则是

客观的知识与技能，展现的是一个人改造世界的客观成效。两者作为人们认识世界和改造世界的不同工具，本就相辅相成，互不冲突，所以两者的结合与渗透有其可行性。从两者的现实联系来看，人们的思想活动，同他们的日常生活有着直接联系。人们在进行专业学习与专业工作的过程中，总会遇上这样或那样的现实问题，而这些现实问题有很多都是思想问题在现实领域的映射。与此同时，很多价值观的冲突和思想上的矛盾都是借由专业学习与专业工作中的问题加以体现的，解决了思想问题与价值冲突，往往也有利于解决自己的现实问题。这就证明两者的结合有其必要性。也正因如此，思想政治教育与专业工作往往成为一对“双生子”，历来都会受到教育家的重视。

二、中西方对思想政治教育与专业工作结合的重视

中国古代的儒家学说，本身就是把“仁”这一道德观念作为治学的根本。春秋战国时期的孔子讲求“博学于文”“约之以礼”，即在涉猎文化知识的同时，要用当时统治阶级的政治思想约束学生。同时，孔子要求他的弟子所反复诵读的《诗经》，不仅是文学精品，也常常被用做外交辞令，其中的政治意味和教育意义不言而喻。唐代的韩愈在提倡新古文运动时，喊出了“文以载道”的口号，他提出文学作品需有现实意义，不能堆砌辞藻、故作高深。韩愈的这一口号就是号召知识分子把知识传播与社会教育结合起来。

西方教育家也十分重视德育与智育的结合。亚里士多德将人的灵魂分为营养的灵魂、感觉的灵魂和伦理的灵魂，并据此主张实施体育、德育和智育；瑞士教育家裴斯泰洛齐从人的和谐发展出发，把智育同德育密切地联系起来，提出了教学的教育性原则；俄国教育家乌申斯基甚至反对把学校从事道德教育和知识教学人员的职责分开，他说：“不应当让科学死板地堆积在学生的头脑中，而应当把各种科学所传授的知识和思想有机地联系起来，建立一个明哲的并且尽可能是广博的世界观和人生观。”①不难看出，古往今来，思想政治教育与专业学习、专业工作的结合，既有悠久传统，又富时代特征。

三、思想政治教育同专业工作有机结合的具体路径

思想政治教育工作与专业技能的学习是互相联系、互相渗透的。专业学习的不断精进离不开思想政治教育，思想政治教育工作的正常开展也离不开专业

---

① ［苏］康斯坦丁诺夫主编：《世界教育史纲》第 1 册，人民教育出版社 1954 年版，第 322 页。

学习。

(一)抓住专业工作过程中具有普遍性的思想问题进行教育

专业工作过程中具有普遍性的思想问题，就是指无论从事什么工作，学习什么学科，都会遇到这样或那样的，具有共性的思想问题。例如工作和学习的目的，工作状态和学习状态，不同职业和不同学科的职业素养、学科素养，职业道德和学科纪律等。我们往往能够通过一个人的学习态度和工作状态剖析他的世界观、人生观与价值观。针对这种普遍性的，借由具体工作或学习状态所表现出的思想状况和价值取向，思想政治教育工作者应该抓住这些问题的关键，运用多种教育方法，结合具体工作开展教育工作。

(二)以专业学习和专业知识为载体，坚持按照政治性、科学性和针对性有机统一的原则实施思想政治教育

所谓政治性，是指思想政治教育活动在思想上始终坚持以正确理论为指导，在组织上坚持中国共产党的领导；所谓科学性，是指进行思想政治教育要与传授专业知识和专业技术结合起来，确保学有所成、学有所得；所谓针对性，是指思想政治教育活动要能够针对不同的人群，设计不同的方案，引导人们主动接受甚至开展思想政治教育工作。思想政治教育结合专业知识和专业技能进行，就是渗透式综合方法的生动写照。

(三)发动专业工作者结合实际开展思想政治教育

这是因为专业工作者熟悉工作的内容和特点，相较于置身局外的思想政治教育工作者，其更能了解人们在工作过程中的思想活动，知道什么环节上的思想问题该用什么方法解决。如果让不熟悉某项业务的人去做从事具体工作岗位的职工或是学习具体学科的学生的思想政治教育工作，往往不能完成目标，甚至贻笑大方、适得其反。所以在具体工作的过程中，积极发动专业工作者结合工作实际开展思想政治教育，往往更有针对性也更有说服力。

在开展渗透式综合方法的过程中，尤其需要注意明确目标，指向核心，不然就有可能造成重心偏移、任务失败的结果。这是因为渗透式教育法因其个体教育因素的相互渗透，往往具有模糊性，如果在具体教育的过程中因为方法的模糊性而丧失了具体的目标，就有可能导致任务失败。

思想政治教育领域的综合方法，往往能够完成单项教育方法所不能完成的事，这种作用主要有两个方面：一是形成教育合力。所谓教育合力，就是基于

特定的历史条件，通过对不同教育因素的组织运用，达成教育的综合作用。这种综合作用，不是单项教育因素的简单相加，而是能够借由不同的组织形式和组织架构发挥出更大的力量，而这种更大的力量是任何一个单一的教育因素都无法具备的。二是具有综合教育效果。综合教育方法所产生的综合教育效果，往往在作用范围、影响周期、全面布局等方面产生单项教育无法达到的效果。例如校园文化建设，往往一项工程就可以覆盖校园文化的方方面面，不仅覆盖面广而且影响深远，甚至可以辐射到其他地区，成为其他学校学习的榜样，而这往往是一项单一的文化建设措施难以实现的。

综合方法不是灵丹妙药，它和所有思想政治教育方法一样，都有其适用的条件与范围。这就需要思想政治教育工作者时刻牢记不同综合方法的适用范围，将教育方法上的优势充分转化为现实工作中的优势，切实推动思想政治教育工作的顺利开展。

第十四章　网络思想政治教育法

网络思想政治教育法是网络思想政治教育赖以成功的途径。习近平指出："要加强网上正面宣传，旗帜鲜明坚持正确政治方向、舆论导向、价值取向",① "推进网上宣传理念、内容、形式、方法、手段等创新，把握好时度效，构建网上网下同心圆，更好凝聚社会共识，巩固全党全国人民团结奋斗的共同思想基础"。② 这些论述强调了网络思想政治教育法的重要性，为深化研究网络思想政治教育提供了基本的价值要求。

第一节　网络思想政治教育法的内涵与特点

网络思想政治教育法并不是中国共产党思想政治教育的传统方法，它是随着我国互联网时代的到来而不断发展起来的。人们对网络的基本认识经历了发展变化的过程，网络思想政治教育法的内涵也随之更新，经历了从"网络工具论"到"网络社会论"的迭代。网络思想政治教育法受到网络自身特征以及思想政治教育内在规定性的形塑，具有虚拟性、交互性和综合性的特点。

一、网络思想政治教育及其方法的内涵

自 1990 年代开始接入互联网起，我国的互联网络历经了近 30 年的发展，逐步影响着人们的生产方式、生活方式、交往方式，改变着神州大地的面貌。互联网的使用不仅推动了社会生产力的迅速发展，为生产活动的信息化、科技化、现代化准备了充足条件，而且促进了新社会生态的形成与发展，为人们的

① 《习近平谈治国理政》第 3 卷，外文出版社 2020 年版，第 306 页。
② 《习近平谈治国理政》第 3 卷，外文出版社 2020 年版，第 306 页。

政治生活和文化生活提供了新的场所。互联网生活成为人们日常生活必不可少的重要组成部分，人们越来越习惯于通过互联网了解新知、获取内容、交换信息。在主流意识形态“触网”的过程中，互联网中的思想政治教育内容从无到有、从有到优，日渐丰富化、多样化，网络思想政治教育作为一种相对独立的思想政治教育形态应运而生。

网络思想政治教育仍然是正在不断深化研究的概念，在当前互联网发育尚不健全的时代，人们对于互联网的认识也处于较为简单、初级的阶段，出于对不良思想观念借助网络传播扩散的警惕和防范，部分单位将网络的诞生视为“洪水猛兽”，对互联网怀有防御性的心态，具体落实到互联网管控政策上，产生了对部分互联网内容采取“围追堵截”等严格控制的管理措施。这种措施短期内有利于规避意识形态风险借助互联网的放大效应酝酿成为思想危机和政治危机，但是从长远来看，这与互联网长足发展的根本趋势相违背，不符合网络空间建设发展的客观规律，因而这种管制思路与方法不仅在思想政治工作方面效果每况愈下，还在客观上阻滞了互联网的发展道路，引起人们的反思与争议。在此背景下，思想政治教育学中的“网络工具论”①横空出世，它将网络视为能够“以我为主、为我所用”的工具和载体，提倡运用网络平台和工具开展思想政治教育活动。在“网络工具论”的影响下，研究如何开拓网络思想政治教育空间、建设网络思想政治教育阵地的学者不断增多。同时，思想政治教育工作者也开始以“网络工具论”为视角给网络思想政治教育下定义，把现代传媒计算机作为一种连接工具，融入思想政治教育的定义中，这一界定，是思想政治教育概念在网络领域的延伸。

随着互联网逐渐发展完善，人们对于互联网与思想政治教育关系的认识也不断深入，不再仅仅将其视为一种工具和载体，而是认识到互联网在创新思想政治教育方法、塑造思想政治教育新形态上发挥的巨大作用。于是，“网络社会论”成为人们认识和研究网络思想政治教育的新观点。综合来看，在“网络工具论”和“网络社会论”两种不同的研究视角下，人们形成了不同的网络思想政治教育概念，这两种观点并非截然相反，而是各有侧重，互为补充。在互联网新时代，“互联网+”的观念深入人心，从某种意义上讲，网络思想政治教育就是“互联网+思想政治教育”，这种连结不是简单加总、机械拼接，而是逐渐呈现出“你中有我、我中有你”“你就是我、我就是你”的深度融合状态。我们认为，网络思想政治教育是在互联网深度介入人类社会生活的时空领域开展思想政治教育的

① 张再兴等：《网络思想政治教育研究》，经济科学出版社 2009 年版，第 8 页。

虚拟实践活动，是以网络虚拟空间为基本场域，基于互联网特点和人们在网络社会中的思想、行为形成发展的规律，有目的、有组织、有计划地对网络社会成员施加思想认识、政治观念、道德规范等方面的有效影响，在多边互动中使之形成符合一定社会发展要求和一定阶级统治需要的思想、行为的交往实践活动。网络思想政治教育的环境是网络虚拟空间，在这一特定空间里，教育者和受教育者之间的平等性、互动性与相互转化性更为突出，教育内容更加全面、丰富、立体，教育方法也更具有多样性和灵活性，彰显互联网的创新特质。①

网络思想政治教育方法，具体来说，是指根据网络以及人们在网络空间思想与行为的规律、特点，为实现网络思想政治教育目标、传播网络思想政治教育内容、完成网络思想政治教育任务所采用的方式、手段和程序的总和。② 与现实思想政治教育相似，网络思想政治教育方法不是单个方法，而是一个方法体系，所属其中的方法具有不同的适用范围和层次。

二、网络思想政治教育方法的特点

网络思想政治教育方法与传统的线下思想政治教育方法不同，网络思想政治教育方法具有以下特点：

（一）虚拟性

虚拟性是网络思想政治教育方法的基本特点。互联网是一个虚拟世界，虚拟性是互联网的本质特征。因此，在网络世界开展思想政治教育，必然具有虚拟性的特点。虚拟性表现在：运用网络思想政治教育方法的主体，即网络思想政治教育工作者和受教育者都以虚拟化符号的形式在网络空间存在着，并以虚拟面目开展交往互动；网络思想政治教育方法不直接牵涉现实世界的手段和方式，而是借助网络空间的运行法则对受教育者施加影响。

（二）交互性

网络思想政治教育方法的交互性是由网络思想政治教育工作者与受教育者之间彼此平等、相互转化的关系决定的，也是网络信息自由流动、开放进出的

① 郑永廷主编：《思想政治教育方法论》（修订本），高等教育出版社 2010 年版，第 190 页。

② 郑永廷主编：《思想政治教育方法论》（修订本），高等教育出版社 2010 年版，第 190 页。

必然结果。在网络空间，由于人们皆以虚拟身份示人，教育者与受教育者往往不会形成现实思想政治教育那样界限较为分明、地位相对固定的教育关系。作为网络思想政治教育的重点对象，青少年成长在互联网时代，被称为“互联网原住民”，因此，他们对于网络世界的“游戏规则”往往比教育者更为熟悉，因而更善于运用网络充实自己的知识储备和思想库存，有时候甚至掌握了原有教育者并不掌握的思想观念和知识素养。这时，教育者转化为受教育者，受教育者转化为教育者，双方教学相长、沟通互鉴，推动着教育主体关系的动态变化。此外，互联网是一个开放的平台，信息生产传输趋于“去中心化”，各种信息从无数个源头不定向自由发送，不存在一个永恒的信息高地，教育者也不可能一直占有高话语权。

（三）综合性

综合性主要体现为：第一，内容综合。网络空间的内容纷繁复杂，经过网络加工后的思想政治教育信息也是丰富多彩、千变万化的。但是，适应网络的特点，网络思想政治教育内容往往是以碎片化的形式存在着，缺乏系统性和整体性，需要运用集合整理的方式加以整合、优化，实现内容综合，第二，载体综合。网络本身就是一种大众媒体，广播、电视、报纸等其他媒介也加紧完成网络化转型，互联网正成为融媒体建设的主渠道和主阵地，因此，网络思想政治教育势必需要综合运用多媒体视听手段，实现载体综合。第三，环境综合。网络思想政治教育环境是指影响网络思想政治教育活动的外部因素的总和。这些因素或单独或共同发挥作用，通过互联网社会生活潜移默化、深入持久地影响着网络思想政治教育对象的思想与行为，增加网络思想政治教育的复杂程度。因此，必须通过信息收集、判断决策等方式方法评估并应对其产生的影响。

第二节　网络思想政治教育法的原则与类型

网络思想政治教育遵循多元立体的方法论体系，不仅包含了一般性的方法原则，还包括特殊类型的具体方法。网络思想政治教育遵守虚实结合、教学相长、输导合一的方法原则，并由此展开，形成信息检索、舆情疏导、咨询辅导等不同的具体方式。

一、网络思想政治教育法的原则

网络思想政治教育法在运用的过程中需要遵循一定的原则，如此才能确保实现其价值，即主要遵循虚实结合、教学相长以及输导合一的原则。

(一)虚实结合

“虚”是指虚拟性，即网络思想政治教育方法在网络虚拟空间展开，将现实使用者及其关系隐匿在符号身份之后，以数字化符号为基本存在方式。“实”是指现实性，即网络思想政治教育方法是现实思想政治教育方法在网络虚拟空间的延伸和发展，具有广泛而深厚的现实基础。从现实性意义上说，网络思想政治教育方法，根植于人们的现实存在和现实活动，来自现实思想政治教育方法在互联网时代向虚拟社会的渗透与嬗变，受到现实思想政治教育方法体系的影响和制约。网络思想政治教育方法的运用不仅影响着人们的网络参与行为和生活方式，还作用于人们在现实生活中的思维模式与行动逻辑，影响着人们对现实世界的思想认识。

坚持虚实结合的原则，要求网络思想政治教育既要立足于虚拟社会，利用好、发挥好“主场优势”，在虚拟空间中对网络社会成员的思想行为施加积极影响，培养他们良好的思想政治素养，又要充分利用好网上网下两个教育场、两种教育资源，为人们现实的生产生活服务，加快形成网上网下同心圆，构建网上网下相互促进的思想政治教育新格局。

(二)教学相长

习近平总书记曾指出思政课教学要坚持主导性和主体性相统一。这一论断同样适用于网络思想政治教育活动，教学相长所指向的就是坚持教育者主导性与受教育者主体性相统一。主导性和主体性同时体现了网络思想政治教育活动主体的本质规定性。主导性是指网络思想政治教育工作者要努力把握、控制教育活动的整体走势和阶段节奏，确保网络思想政治教育活动始终以主流意识形态贯穿始终，不断增强社会主义核心价值体系的感召力、向心力、影响力。主体性是指网络思想政治教育的受教育者要充分调动自己培养高超思想觉悟、锻造优良政治素质的积极性和能动性，主动学习、主动研究网络思想政治教育内容并将其主动转化为个体内在素质的结构要素和外在行为的指导准则，实现思想认识、政治站位、道德水平的提升。简而言之，网络思想政治教育既离不开教育者的主导作用，又要明确思想政治教育必须为了受教育者、依靠受教育者而进行，充分尊重受教育者的主体地位。

“教”与“学”并不是一成不变的，教育者和受教育者身份关系会发生交换，而主导性和主体性也会随之向对方转化。在网络思想政治教育中，这种转化相对于现实关系更加容易实现，教学相长就是在转化中完成的。虽然如此，网络思想政治教育中教育者和受教育者的相互转化并非不顾条件随意发生的。坚持教学相长的原则，要求教育者按照目标导向和身份责任尽可能维持主导地位，确保教育活动按照既定计划和安排进行，不变形、不走样，最终达到以社会主义意识形态铸魂育人的目的；要求受教育者主动完成对思想政治教育内容的学习研究，储备马克思主义理论知识，修炼思想政治素养，更加自觉地维护社会主义意识形态的指导地位，在保证主体性发挥的同时努力实现向教育者的跃升。

（三）输导合一

“输”即灌输性，是指教育者在运用网络思想政治教育方法过程中，积极主动在网上传播以社会主义意识形态为中心的先进思想理论和优秀文化，向受教育者灌输正确思想观念，同时在大是大非问题面前摆明立场，敢于亮剑斗争，坚决抵制错误思想言论。网络思想政治教育方法的灌输性是灌输原理产生作用的必然结果，这一原理表明受教育者个体的正确思想认识不是自发形成的，也不是一直处于向前发展状态的，必须由教育者主动向受教育者传输科学理论和先进思想，引领他们的思想进步。“导”即启发性，是指教育者在运用网络思想政治教育方法的过程中，注重帮助受教育者形成正确思维方法和良好信息素养，引导受教育者在海量网络信息中自觉选取有益信息，启发他们将有益信息吸收消化为精神养料，同时带动他们自觉摒弃不良信息，抵制错误思潮的影响。网络信息场是一个非常复杂的空间，混乱交错的信息流干扰着人们对信息的判断和接收，因此需要教育者帮助受教育者学会选用有益信息，避免不良信息的侵扰。同时，网络的特点决定了受教育者具有高度自主性，教育者不能像现实思想政治教育中那样代替他们做出正确选择，只能通过启发引导的方式帮助他们趋利避害。

习近平指出：“准确、权威的信息不及时传播，虚假、歪曲的信息就会搞乱人心。”①坚持输导合一的原则，要求网络思想政治教育工作者要具备阵地意识，按照意识形态工作责任制要求，守好一段渠，种好责任田，在责权范围内把网络主流意识形态阵地建设好、维护好、发展好，形成正能量储存积蓄、扩散涌流的“能量场”，持续灌输正确思想观念；要注重研究网络受众的思想行为特点，在尊重网络特性的基础上开展思想政治教育工作，善于使用启发方式化育人心，引导受教育者主动理解并自觉接受科学理论观点；要在教育他人之前先教育自己，学习掌握互联网技能和信息素养，增强信息辨别筛选能力，磨

① 《习近平谈治国理政》第 3 卷，外文出版社 2020 年版，第 319 页。

练出去伪存真的“火眼金睛”。

二、网络思想政治教育法的类型

网络思想政治教育法类型繁多，对提升网络思想政治教育的实效性具有重要价值。当前，网络思想政治教育法类型主要有信息检索、舆情引导、咨询辅导、社群互助、实践体验、越轨矫正等。

（一）信息检索

信息检索是运用网络信息引擎工具，有意识、有目的地搜索、辨别、选取有关网络思想政治教育信息，并从信息中汲取知识、提升自我。网络世界无所不有，在“信息爆炸”的虚拟空间，如何有效获取思想政治教育信息，成为网络思想政治教育面临的一大挑战。网络社会成员在信息充盈的虚拟海洋遨游、“冲浪”，需要熟练运用网络信息引擎实现信息快速检索。人们只需按照心中所想的大致方向，在信息引擎里输入关键字、词、句并开始搜索，便可以由引擎在海量信息数据库里快速定位和显示相关内容，供人选择。

信息检索使网络社会成员能够省时省力地获取需要的信息，自主完成思想政治教育活动，有利于网民增长知识、开阔视野、了解新生事物，把握社会运动的基本趋势和思想理论的最新发展，提高网络思想政治教育的效率和效果。当然，我们也要看到，以前是“人找信息”，现在是“信息找人”。在大数据精准化应用的今天，不少信息能够根据网络用户线上活动的轨迹和喜好主动向不同的网民群体投放推送，如何增强网络信息检索的主动性，避免人云亦云、盲从大流，增强辨别和防范不良信息的能力，成为网络社会成员迫切需要解决的问题。这需要网络思想政治教育工作者加强互联网管理，规范信息生产传播主体的行为，优化信息分发机制，同时引导广大网民科学、适度使用信息引擎，避免陷入“信息茧房”之中。

（二）舆情疏导

网络舆情是指网络受众在网络领域通过网络领域和其他方式，围绕公共事务性的热点或普遍关注的议题所表达的情绪、态度、意见的集合。① 舆情疏导是指针对已经形成或尚未形成、行将出现的网络舆情进行疏通和引导，消解负

① 郑永廷主编：《思想政治教育方法论》（修订本），高等教育出版社2010年版，第201页。

面舆情，制造并扩大正面舆情，解决网络和现实矛盾，推动思想和实践发展的教育方式。网络舆情具有形成速度迅疾、演变趋势复杂、情绪表达激烈、实质难以把握、影响规模广泛、议题彼此联动等特点。网络舆情无处不在，蕴含着越来越大的能量，一旦爆发将造成不可估量的连锁反应。习近平指出："网络是一把双刃剑……用好了造福国家和人民，用不好就可能带来难以预见的危害。"①因此，舆情疏导是网络思想政治教育的重要方式之一，有着正本清源、激浊扬清、止恶扬善的重要功能。

一般来说，网络舆情在一定时间段内有正面与负面的性质之分，这个性质取决于社会热点、焦点、敏感议题内容，取决于参与讨论的网民结构与素质，取决于网络空间的互动程度和传播速度。舆情疏导的具体方式因舆情性质而异。因势疏导就是面对正面舆情，网络思想政治教育工作者顺着舆情发展态势或方向对网络社会成员进行引导，强化正面舆情的能量与效应，使之更加广泛、深刻地影响网络社会成员的思想与行为。造势疏导就是面对尚未形成但是有形成条件的正面舆情，网络思想政治教育工作者主动设置议程，营造舆论氛围，吸引网民参与讨论，加速正面舆情的酝酿形成并扩大其积极影响，引导网络社会成员接受和认同正面舆论信息。转向疏导就是面对负面舆情，网络思想政治教育工作者根据网络思想政治教育的目标和要求，调控和弱化网络舆情，帮助网民排解不良情绪，引导网民克服错误认识，从而扭转舆情发展态势，消解、转化负面舆情，确保正面舆情牢牢占据主流地位。舆情疏导要求网络思想政治教育工作者善于在收集信息的基础上分析预判舆情性质和状态，及时处置并制定科学的调控策略，掌握有效转化网络舆情的技能和方法。

（三）咨询辅导

咨询辅导是网络思想政治教育工作者根据社会发展需要，凭借自身特长，分析、解答网络社会成员通过互联网提出的有关思想、行为、心理等问题，与他们围绕问题开展讨论，辅导他们培养解决问题的思维、能力并提供其他相关服务的教育方式。咨询辅导一般分为咨询和辅导两个阶段。在咨询阶段，网络社会成员向特定的网络思想政治教育工作者提出关于思想、行为、心理等方面的疑难问题，希求得到解决，教育者则通过反问、商讨等方式与咨询者共同明确实质问题所在，为辅导阶段的教育活动提供依据。在辅导阶段，教育者综合运用网络思想政治教育方法以及自身的心理学、教育学、管理学、传播学等方

① 《习近平谈治国理政》第 3 卷，外文出版社 2020 年版，第 319 页。

面的知识储备，通过交流探讨、互动引导、答疑解惑等方式解决咨询者的思想、行为、心理问题，推动咨询者的所思所行向预期方向发展。

咨询辅导具有针对性强、私密性高、互动性大等特点，是网络思想政治教育的具体方式。随着现代社会发展到了一定阶段，人们生活节奏加快，生活压力加剧，心理问题发生频率增大，心理亚健康状态不时困扰着人们。网络咨询辅导方式对于解除社会心理危机、解决个体心理问题具有独到的作用，是一种充满人文关怀的网络思想政治教育方法。

（四）社群互助

社群互助是指网络社会群体之间以及群体成员内部相互帮助、彼此协调，完成网络思想政治教育活动，促进不同群体、不同成员的思想认识、道德水准、政治素养共同提高的教育方式。网络社会同现实社会一样，是由一个个社会群体组成的共同体。网络社会群体以即时通信工具、博客论坛、视频网站等网络社交平台为依托，在虚拟空间形成集体，开展活动。网络社会群体是虚拟性与现实性的统一体，在条件适当的情况下，网络社会群体也会由虚拟空间向现实世界延伸，转化为现实社会群体，开展线上线下联动的活动。网络社群成员通过社群内部交流、社群联谊联欢、社群资料共享以及社群规则的制定与实施完成互帮互助、互教互学的思想政治教育活动。由于网络社群相对平等的氛围环境，社群及其成员的活动自发性较强，社群互助也是一种个体或群体自我教育的方式。

实施社群互助方式，要求网络思想政治教育工作者要掌握网络社交平台的使用规则和技能，善于创建、管理、运营思想政治教育相关的网络社群，将网络思想政治教育信息通过社群互助共享的模式实现一定范围内的传播；要将社会主义核心价值体系贯穿网络社群创建、运营的全过程，通过管理、教育的手段帮助社群成员提高思想觉悟，养成核心价值，确保网络社群朝着正确方向发展壮大；要在审时度势开展启发引导的基础上营造平等友好、利于讨论的社群氛围，不搞“清一色”“一言堂”，引导社群成员围绕社群关心的议题或主题开展互学和自学，实现网络社群的自我教育。

（五）实践体验

在网络空间，人们所进行的实践活动主要是虚拟实践，即网络社会成员以数字化符号为中介存在于网络虚拟空间内，并有目的、有计划地开展改造网络世界的客观活动。实践体验是指网络思想政治教育工作者运用虚拟空间的信息技术和信息资源，模拟和延伸现实实践活动，创造虚拟实践条件和场所，引导、组织网络社会成员参加虚拟空间的活动，从而培养他们良好的思想品德、政治素质和行为习惯的教育方式。虚拟实践之所以成为可能，是因为互联网的高度发达使虚拟空间具有复制、模拟现实空间的能力与特性，使实践主体、客体可以从物理实体转化为符号存在，使实践介体可以从物质手段转化为信息手段，为网络社会成员能动地改造虚拟世界奠定基础。实践体验方式通过在虚拟空间拟构现实实践教育方法的内容、程序、作用，使网络社会成员在虚拟实践中获得、检验与发展真理性认识，增长才能本领。

实践体验是多种多样的，网络社会成员可以在网络社会模拟体验现实政治活动，如参与网络投票选举、网络听证、网络评议等；可以通过网络开展社会调查，考察网络世界的社会现实与运行规律；可以参加网络社区的集体生活，与其他网络社会成员开展交往实践活动；可以参与网络内容的生产与更新，如参与红色教育网站的栏目和架构优化，参与思政专题公众号的编辑运营等；可以参与网络虚拟公益活动，如网络募捐、网络远程支教、网上种植树木森林等；可以通过虚拟组织(如网上农场、牧场、超市、餐馆等)参与虚拟生产劳动实践，接受虚拟劳动教育；可以通过适当的网络游戏接受一定的视听刺激，获得正确情感和认识；还可以参观网上文化场所，如网上博物馆、纪念馆、红色革命遗址，感知中华文明优秀成果，接受红色文化熏陶，等等。近年来，虚拟现实技术(VR 技术)取得了长足进步，VR 智能设备正加快投入使用并扩大应用领域，全景式、沉浸式、互动式的虚拟实践体验越来越受到人们的欢迎，实践体验方式具有极佳的发展前景。

(六)越轨矫正

网络越轨行为是指网络社会成员所做出的违反网络规则或社会主流价值并引发恶劣后果的行为。越轨矫正是指对发生网络越轨行为的网络社会成员，网络思想政治教育工作者通过干预他们的网络生活、规范他们的网络行为、重塑他们的网络认知而帮助他们改正不良行为习惯、克服错误思想认识，从而步入网络生活正轨的教育方式。

网络越轨行为主要包括五种类型，其一是沉迷于网络无法自拔，影响身心健康发展的行为；其二是给他人正常网络生活造成不良影响，受到网络社会其他成员排斥的行为；其三是违背网络社会和现实社会主流价值，不符合社会主义核心价值观的行为；其四是违反网络管理规定，乃至逾越网络法律法规底线，或利用网络从事现实违法犯罪的行为；其五是触碰人类道德底线和集体良知的行为。针对不同的越轨行为，网络思想政治教育工作者可有针对性地采取矫正网络成瘾、规制网络“恶搞”、打击网络欺诈、剿灭网络色情、破解网络暴力、清查网络邪气等不同方式加以矫治纠正。

第三节　网络思想政治教育法的优势与局限

网络思想政治教育法具有独特的、不可替代的优势。总的来说，网络思想政治教育法代表了思想政治教育事业自身发展趋势和互联网时代特征，成为思想政治教育法体系中愈发重要的方法类型或层次。同时，网络思想政治教育法不是尽善尽美的，它在可行性、规范性、主导性等方面存在着局限性。

一、网络思想政治教育法的优势

网络思想政治教育法增加了思想政治教育主体间的互动性，具有强烈的渗透能力，同时也顺应了互联网发展的时代浪潮。

（一）互动性

网络思想政治教育法增强了思想政治教育主体的互动性，特别是有利于受教育者发挥主体作用，为教育对象开展自我教育提供了方法论指导。网络思想政治教育法的基础是平等的教育关系，它的广泛应用反过来促进了思想政治教育主体关系的平等化、民主化、动态化，促使教育者和受教育者以互联网社会平等成员的视角认识彼此之间的联系和区别，为教学共同进步、师生相互转化奠定了更坚实的方法基础。网络思想政治教育法还能为受教育者所用，巩固受教育者在思想政治教育中的主体地位，调动受教育者的积极性、主动性、创造性，在网络社会的交往生活中完成自我教育、自我引导、自我管理的过程。

（二）渗透能力

网络思想政治教育法具有强大渗透能力，存在与现实思想政治教育法互为镜鉴、融会贯通、形成合力的巨大潜能，能够推动思想政治教育工作整体发展。网络思想政治教育法随着互联网深入人们生活而渗透到现实思想政治教育领域，带来互联网的开放包容本色，逐渐开始与现实思想政治教育方法形成彼此交融、相互借鉴的格局。观察当代的思想政治教育现象，不难发现，单个方法越来越难以发挥最大化效用，现实思想政治教育法和网络思想政治教育法常常“组合出拳”，且主要方向是将网络思想政治教育法引入现实教育实践。

（三）紧跟网信事业发展潮流

网络思想政治教育法与我国网信事业发展同频共振，顺应了互联网方兴未艾的时代潮流，探索了思想政治教育守正创新的着力点。习近平指出：“网络空间已经成为人们生产生活的新空间，那就也应该成为我们党凝聚共识的新空间。”①现今，我国网信事业的发展不仅体现在网络内容的持续丰富、网民规模的不断扩大上，更深刻地体现在它为人们的全部社会生活印上了互联网的鲜明烙印，使得一切社会活动的开展必须适应互联网时代的基本规律和客观要求。可以预见，现实社会与虚拟空间的界限正在模糊，未来，互联网将完全成为人类社会有机体的一部分，与每个社会领域发生强有力的联系。与之相应，现实思想政治教育和网络思想政治教育日趋合流，具有互联网时代特点的新的思想政治教育现象层出不穷，思想政治教育时空场域将逐步向虚拟世界转移。如何面对这一新趋势、新变化，正在成为研究的重大课题。

二、网络思想政治教育法的局限

网络思想政治教育法形成较晚，经验尚不充足，仍然具有很大的局限性。思想政治教育工作者在认识到网络思想政治教育法进步性的同时也要深刻认识到网络思想政治教育法难以避免的局限性。

（一）与互联网发展的高速度、高水平不相匹配

网络思想政治教育法较之现实思想政治教育法，在思想政治教育方法体系中居于次要地位，与互联网发展的高速度、高水平不相匹配。网络思想政治教育法在思想政治教育实践中以辅助性、附加性地位居多，往往需要配合现实思想政治教育法才能实现教育目的，与互联网的高度发展产生了一定程度的错位，具有滞后性。特别是在基础教育领域，以学校思想政治理论课为主要渠道的思想政治教育活动受到主客观条件的限制，使用网络思想政治教育法频次较低，与现实思想政治教育法的综合渗透程度不高，难以形成最大合力。

（二）规范化、制度化水平、适用性有待提高

网络思想政治教育法的规范化、制度化水平亟须提高，适用性受到制约。在思想政治教育的组织管理中，网络思想政治教育法尚未受到良好规范，在教

① 《习近平谈治国理政》第 3 卷，外文出版社 2020 年版，第 318 页。

育制度发展过程中存在一定缺位。它的使用往往取决于教育者和受教育者的个人喜好和能力，表现出随意性、业余性、非强制性的特点。网络思想政治教育法对使用者的信息素养和创新思维能力提出了较大挑战，将其引入教育制度中加以推广有较大难度，造成了适用性不足的问题。

（三）失控风险

网络思想政治教育法隐含因教育者主导性不足而导致失控的风险，存在不良社会思潮“借道”传播、侵蚀社会思想肌体的隐患。网络思想政治教育法的虚拟性、交互性是一把双刃剑，一方面有利于教育关系的平等化和民主化，另一方面又让教育者在一定程度上失去了对思想政治教育活动的整体把控，教育者的主导地位受到一定威胁。互联网是一个巨大的信息场，各种信息良莠不齐、泥沙俱下，如果教育者不善于运用网络思想政治教育法，就会无法防止互联网有害信息对受教育者的思想、行为施加教育者所不希望看到的负面影响，损害受教育者的世界观、人生观、价值观发育。

第五篇　思想政治教育评估方法

思想政治教育评估方法是衡量思想政治教育活动现实效果的重要标尺。思想政治教育工作者所开展的教育活动是否达到了预期的目标，是否完成了预设的任务都需要经过评估方法的客观检验。思想政治教育工作者在评估思想政治教育活动成效的基础上准确指出思想政治教育工作的显著问题与应对策略，才能有效推动思想政治教育工作的发展与进步。

第十五章　思想政治教育评估方法的重要意义

思想政治教育评估方法是检验思想政治教育活动的现实效果、揭示思想政治教育工作的现实问题与明确思想政治教育发展趋向的重要媒介。思想政治教育工作者在完成教育活动后，既需要借助科学的评估方法检验思想政治教育活动的现实效果，也需要在获得准确评估结果的基础上知晓思想政治教育工作的显著问题，更需要以评估结果为依据明确思想政治教育未来的发展趋向。

第一节　检验思想政治教育活动的现实效果

检验思想政治教育活动的现实效果，既不能依靠教育者的主观臆测，也不能依靠受教育者的感性认知，必须针对思想政治教育活动各个环节的特性，借助不同的科学评估方法检验现实效果。思想政治教育评估方法的运用要从内容的教学成效、方法的运用成效以及价值的培育成效三重维度检验思想政治教育活动的现实效果。

一、检验思想政治教育内容的教学成效

知识的传输是思想政治教育活动中最基础的职能，受教育者对于教学内容的熟悉程度也是衡量思想政治教育有效性的重要维度。“理论上清醒，政治上才能坚定。”①充足的马克思主义理论知识储备是受教育者形成正确价值观的基础与前提。如果受教育者连获取知识的基本维度都没有达到的话，就谈不上在获取马克思主义理论知识的基础上形成正确的价值观念。因而检验思想政治教

---

① 《习近平谈治国理政》第2卷，外文出版社2017年版，第35页。

育活动的现实效果首先要检验思想政治教育内容的教学成效。

检验思想政治教育内容的教学成效有很多种方式，在显隐程度上分为显性检验与隐性检验，在考察维度上分为广度检验与深度检验，在动静程度上分为静态检验与动态检验。常见的检验方式有考试测验方式、沟通交流方式、信息分析方式等。

（一）考试测验方式

考试测验是当前思想政治教育工作者检验教学成效所采用的最普遍的一种方式。通过考试测验来检验思想政治教育教学成效具有很多优点：首先考试测验的检验方式效率较高。思想政治教育工作者可以在较短时间内通过分数直接检验受教育者对思想政治教育内容的熟悉程度。其次考试的检验结果量化性强。考试所呈现出来的是每个受教育者知识掌握程度的量化分数，便于思想政治教育工作者开展进一步的分析与研究，分析受教育者对于每部分知识的熟悉程度，从而为教学积累更加充足的经验。最后考试的检验范围较广。考试是思想政治教育工作者针对数量较大、范围较广的受教育者所采取的最常用的检验方式之一。一方面考试本身带有一定的强制性，因而受教育者往往不会刻意逃避考试。另一方面考试的结果对于受教育者来说具有较大的影响，因而受教育者普遍以较为认真的态度参与考核与检验。

但同时考试这种检验方式也存在着难以克服的弊端：首先是考试受到时间与范围的限制，对于受教育者的考察只能限于试卷上的个别知识点，考察的知识范围十分有限，难以全面反映受教育者的知识掌握程度。其次是考试中的答案是否能代表受教育者的真实想法有待商榷。部分受教育者畏惧于考试的结果以及由此而产生的影响，在试卷答题的过程中会适当掩饰自己的真实想法，影响了检验结果的真实性。最后是考试结果具有随机性与偶然性，难以真实地反映受教育者的知识掌握程度。在考试前受教育者经常采取短时间快速记忆知识的方法，答对某道题或答错某道题并不一定就能真实反映受教育者对于某个知识的理解程度。当考试结束之后，受教育者可能就会立即遗忘考前快速记忆的部分知识，因而考试结果并不能反映受教育者知识掌握程度的现实变动情况。

（二）沟通交流方式

沟通交流是思想政治教育工作者常用的检验思想政治教育教学成效的重要方式。相较于其他检验方式而言，沟通交流所得到的结果更加真实有效，但同时由于沟通交流所耗费的时间精力较多，因而这种方式往往针对具有特殊情况的受教育者。沟通交流实际上是通过一种较为隐性的方式检验受教育者的知识掌握情况。思想政治教育工作者首先可通过其他话题的引入来放松受教育者对自身的戒备心理，以聊天的方式间接性地检验受教育者对于知识的熟悉程度、理解程度与真实态度。沟通交流虽然不能像考试一样可以在短时间内检验受教育者对于知识的熟练程度，但是可以深入了解受教育者对于知识的理解程度与真实态度。思想政治教育活动的有效性检验既要看学生对于知识的熟悉程度，更要看受教育者的理解程度与真实态度，甚至后者更为关键。受教育者是否真正理解知识远比简单识记知识更为重要。

(三)信息分析方式

信息分析是思想政治教育工作者常用的检验思想政治教育教学成效的重要方式。思想政治教育工作者通过剖析受教育者在各个网络平台发布的信息，深入了解受教育者对于教学内容的真实想法与态度。信息分析相较于沟通交流而言效率更高，相较于考试而言更容易获得真实可靠的检验结果，因而获得了相当一部分思想政治教育工作者的认同。但同时信息分析也存在着信息来源十分有限、信息真实性有待检验等现实问题。网络平台的虚拟性、交互性等特征为信息分析增添了很大的难度。思想政治教育工作者首先要搜集受教育者在网络平台发布的各类信息，确认信息的来源真实性(是否由受教育者本人发布)与内容有效性(是否表达了受教育者的真实观点)，接着针对信息的具体内容进行分析，凭借信息分析的方式深入了解受教育者对于教学内容的掌握情况。

不论是采用考试测验方式、沟通交流方式还是信息分析方式，最真实地反映教学成效是评估工作的根本目的。思想政治教育工作者可以通过教学成效的检验成果，明确当前教学中存在的现实问题，从而明确未来提升教学成效的方向。

二、检验思想政治教育方法的运用成效

思想政治教育工作者在长期的学习、研究以及实践中积累了许多教育方法，而对现实的教育对象如何选择切实有效的教育方法成为思想政治教育工作者面临的普遍难题。思想政治教育工作者所选择的方法是否合适直接影响了教育活动的科学性与有效性，即便是十分科学有效的方法，一旦在使用过程中超出了原有的适用范围，实际上也难以达到理想的效果。因而不同思想政治教育方法运用成效的检验结果实际上为方法的选择提供了重要的参考依据。

(一)检验方法运用成效要遵循“控制变量”的原则

“控制变量”本来是自然科学的概念，指的是在进行科学实验的过程中，尽量排除实验因素(自变量)以外的所有能干扰到实验结果的变量。只有将自变量以外所有能引起因变量变化的变量控制好，才能弄清实验中的因果关系。思想政治教育工作者检验方法的运用成效同样要遵循“控制变量”的原则，选取同样一批受教育者，在同一学龄阶段运用不同的方法教授同样的教学内容，以便于测试不同思想政治教育方法的实际效果。但在实际过程中，难以达成绝对意义上的“控制变量”，因而只能尽可能控制影响因子较大的变量，尽量缩小其他变量因素的影响，为测试不同方法的运用成效提供合适的现实条件。“控制变量”是检验思想政治教育方法运用成效时应当遵循的基本原则，一旦脱离了基本原则，测试所得出的结论受到了教育者、教学内容以及学龄阶段等多重因素的影响，不仅再多的检验工作都无法得到最终的结果，甚至错误的结论会反过来扰乱教育活动中方法的实际选择，严重影响思想政治教育活动的现实效果。

(二)检验方法运用成效要明确“适用范围”的界限

思想政治教育的任何方法都具有适用的条件与范围，在适用的条件与范围内思想政治教育方法才能取得应有的成效，而一旦超出了方法的适用范围，“只要再多走一小步，看来像是朝同一方向多走了一小步”,① 方法的现实效果就会受到一定程度的影响。因而在检验方法运用成效时首先要明确每种方法的“适用范围”，即方法的条件与范围，既不能以适用范围以外的错误结果来否认方法本身，也不能以适用条件以外的正确结果来肯定方法本身。思想政治教育方法的适用范围包括教育者、受教育者、教育媒介、教育环境等。

从教育者的角度来看，不同知识储备、研究经历以及教学经验，都会对思想政治教育方法的运用成效产生重大的影响。教育者可以依据自身的知识储备、教学经验选择更适合自身条件的教育方法。从受教育者的角度来看，不同的年龄、地域、家庭背景以及所学的专业会对思想政治教育方法的运用成效产生影响。面对不同特征的受教育者，同样的教育方法未必能形成相同的效果，因而必须根据受教育者的不同特征选取更适合受教育者的思想政治教育方法。从教育媒介来看，不论是传统的纸质媒介、课堂授课，还是网络新媒体平台，

---

① 《列宁选集》第 4 卷，人民出版社 2012 年版，第 211 页。

思想政治教育方法搭载的媒介不同，产生的效果也存在着很大的差异。思想政治教育工作者既要熟练运用传统的教育媒介，也要努力了解全新的媒体平台，根据教育媒介的变化采用不同的教育方法。教育环境既包括国家政治、社会风气的大环境，也包括家庭环境、课堂氛围的小环境。受教育者对于教学内容的理解既受到国家政治的大环境影响，同时也受到课堂氛围的小环境影响。教育者不仅要懂得依据环境的变化采取不同的教育方法，更要懂得"环境正是由人来改变的"，① 思想政治教育工作要遵循"因事而化、因时而进、因势而新"②的重要原则，在一定的范围内运用教育方法对舆论环境进行适当的引导。

（三）检验方法运用成效要经过"科学严谨"的验证

检验思想政治教育方法的运用成效是一项科学严谨的工作，既没有"平坦的大道"，③ 也没有"轻松的捷径"可言，必须严格遵循规范的流程，经过反复的测试与检验，才能获得最终的准确结果。

方法检验的每一项步骤都要遵循程序的规范性。规范的流程建立在以往思想政治教育工作者长期经验积累的基础之上。依照规范的流程检验方法既能有效排除各类干扰因素的影响，也能及时发掘错误的成因。一旦背离了方法检验的正当程序，即使经过千百次的实验，也难以得出最终的结论，既大大降低了检验工作的效率，又严重浪费了现有的资源。在脱离规范程序的基础上得出的答案即便碰巧符合了正确的条件，但其中的错误与缺陷迟早会暴露出来进而产生更大的危害。

方法检验的每一项结论都要经过反复的验证。反复的测试与验证是逐渐排除偶然性得出必然性结论的一种必要方式。思想政治教育方法在运用的过程中极易受到错综复杂的因素影响进而得出偶然性的结论，只有通过反复的测试与检验才能逐渐排除偶然性因素得出必然性的结论。思想政治教育工作者既要对最终的结论进行反复的检验，也要对每一项步骤的合理性、准确性以及规范性进行反复的测试，谨防"千里之堤，溃于蚁穴"的风险。

三、检验思想政治教育价值的培育成效

思想政治教育工作肩负着知识传授与价值引导的"双向职能"，既不能局

---

① 《马克思恩格斯文集》第1卷，人民出版社2009年版，第504页。

② 《习近平在全国高校思想政治工作会议上强调：把思想政治工作贯穿教育教学全过程　开创我国高等教育事业发展新局面》，《人民日报》2016年12月9日，第1版。

③ 《马克思恩格斯文集》第5卷，人民出版社2009年版，第24页。

限于单一的知识传授，也不能在缺乏理论基础的前提下空泛地进行价值引导。如果思想政治教育工作者只是简单地进行知识传输，只能将学生培养成表面上“满腹经纶”但实际上“胸无大志”的“书呆子”；如果价值引导缺乏理论基础的支撑，那么价值引导就会成为“空中楼阁”“空招牌”，只能培养一大批不懂得理论只会喊口号的共产主义“吹牛家”。“如果以为不必领会共产主义本身借以产生的全部知识，只要领会共产主义的口号，领会共产主义科学的结论就足够了，那是错误的。”①

（一）理想信念的引导

“志不立，天下无可成之事。”对于一个人来说，理想信念既是生存发展的核心指引，也是努力奋斗的精神支撑。对于一个政党而言，理想信念既是思想理论的坚实根基，也是发展强盛的动力源泉。“中国共产党之所以叫共产党，就是因为从成立之日起我们党就把共产主义确立为远大理想。”②检验思想政治教育价值引领的成效首先要深入考察受教育者是否通过理论的武装建立了坚定的共产主义理想。

理想信念的引导是一个持续深化的过程。理想信念是一个多层次、多结构的价值观体系。理想信念源于现实，以现实为基础，但不仅仅局限于现实，是对现实的超越，因而理想信念对人具有巨大的吸引力、凝聚力与鼓舞力。理想信念的形成与确立从来都不是一个一劳永逸、一蹴而就的过程，而是一个始终同各种错误思潮勇敢斗争、不断磨练的过程。因而考察理想信念的引导成效，必须通过交流深入了解受教育者对于理想信念的理解程度与认同程度。如果受教育者对于共产主义理想信念缺乏最基本的认知的话，那只能说明思想政治教育是失败的。

（二）价值判断的引导

随着多元思潮的不断涌入，社会思潮日益呈现出一种错综复杂的态势，缺乏价值判别力的个体极易受到错误价值观念的影响，产生严重的道德迷失甚至价值失范。例如崇尚“宁可坐在宝马车里哭，也不坐在自行车上笑”的拜金主义倾向，倡导“读书多无用、赚钱多才管用”的反智主义倾向等。处在不同人生阶段的受教育者都需要在科学的价值引导下树立正确的价值观念。

---

① 《列宁全集》第 39 卷，人民出版社 2017 年版，第 333 页。

② 《习近平谈治国理政》第 2 卷，外文出版社 2017 年版，第 34 页。

检验思想政治教育活动的现实成效同样也要从检验受教育者的价值判断力着手。思想政治教育工作者不仅要让受教育者掌握识别错误思潮、剖析错误思潮的能力，更要让受教育者具备批判错误思潮、弘扬正确价值观念的能力。面对错综复杂的社会思潮，具有较强价值判断力的受教育者应当揭露错误思潮的本质，剖析错误思潮的内在逻辑结构，同时为了防止错误思潮所造成的危害不断扩大，受教育者必须及时以正确的价值理念对错误思潮进行彻底的批判。

(三)品德修养的引导

人无德不立，育人的根本在于立德。提升品德修养是培养人才的出发点与落脚点。习近平总书记在全国教育大会上强调，“要在加强品德修养上下功夫”,① 把“品德修养”作为社会主义建设者和接班人的基本素质。检验思想政治教育活动的现实成效要深入考察思想政治教育工作者对受教育者品德修养的引导成效。

道德内涵的认知。提升受教育者的品德修养，思想政治教育工作者首先要引导受教育者认识道德的内涵与外延，即帮助受教育者明确应树立何种道德信仰、坚持何种道德信念、遵循何种道德追求。道德内涵的认知对于受教育者而言是规定方向性的问题，即思想政治教育工作者为受教育者的“道德方向感”保驾护航。“道德方向感”的引导是品德修养引导的重要基础与根本前提，受教育者一旦在道德信仰、道德信念、道德追求的方向上出现了偏差，即便再充分的道德教育，也很难改变受教育者关于道德的根本认知。

道德情感的认同。情感在人类的道德生活中扮演着关键的角色，情感认同作为一种深层次的认同，既是激发受教育者对道德信仰、道德信念、道德追求产生深刻认同感的重要着力点，也是推动受教育者道德认知观念由他律遵循转变为自觉践履的重要途径。只有受教育者对于现实生活的道德要求产生强烈的情感认同，才能充分实现对社会道德规范的自觉践履。思想政治教育工作者可以通过生活中好人好事的感人案例与受教育者形成情感的互通，通过温暖人心的事迹感染人，通过榜样的力量激励人。

道德行为的践履。道德行为的践履是人类道德认知、认同情况的外在表现形式。个体对于道德的认知与认同程度实际上都需要通过一定的行为方式表现出来，因而道德行为对于检验受教育者内心的道德认知、认同情况具有十分重

① 《习近平在全国教育大会上强调：坚持中国特色社会主义教育发展道路 培养德智体美劳全面发展的社会主义建设者和接班人》，《人民日报》2018 年 9 月 11 日，第 1 版。

要的参考价值。思想政治教育工作者要以受教育者的道德行为作为判断标准，针对道德行为背后蕴含的道德信念不坚定、道德追求不自觉等问题“对症下药”，为受教育者在道德认知、道德认同上遇到的难题释疑解惑。

第二节　揭示思想政治教育工作的显著问题

反思问题是历史进步的重要驱动力，人类社会只有在对现实问题的不断反思中才能取得重大进步，政党也只有在对发展历程的不断批判中才能继续前进。思想政治教育工作者只有敢于直面问题、勇于揭示问题、勤于反思问题，才能找寻到解决问题的方法策略，才能以问题为导向不断明确思想政治教育工作未来发展与完善的方向。思想政治教育工作者通过科学的评估方法能真实发现思想政治教育工作中的现实问题，深入剖析问题产生的多重原因，以问题为契机探讨解决思想政治教育问题的有效措施。

一、反映问题：真实反映思想政治教育工作的现实问题

随着经济社会日新月异的变迁，思想政治教育工作在面临理论与实践成果不断丰富的同时也面临着越来越多的现实问题。如何认知、理解以及解决现实问题是当前思想政治教育工作者面临的重大命题。思想政治教育工作者在通过评估方法认知现实问题时既要准确核实问题的客观性，也要不断明确问题的复杂性，更要深入了解问题的变化性。

(一)核实问题的客观性

问题的客观性是思想政治教育工作者认知问题、解决问题的基础与前提。问题的客观性即问题是真实存在的而非主观捏造的，问题是具有普遍意义的而非特殊的。如果问题根本不存在或者不具有普遍性的意义，那么思想政治教育工作者对于问题的理解与研究也就失去了现实的意义。思想政治教育工作者要从问题是否真实存在、问题是否具有普遍价值、问题是否具有可解决性以及问题的解决是否具有意义四个维度核实现实问题的客观性。

首先，思想政治教育工作者要核实问题是否真实存在。越来越多的思想政治教育议题被纳入研究领域并引发研究者广泛的关注，这些议题本身的客观性亟待思想政治教育工作者的核实与查验。思想政治教育工作者要深入产生问题的领域仔细了解问题的描述是否符合实际。其次，思想政治教育工作者要明确问题是否具有普遍价值。如果探讨的问题只是某个领域或者某个区域单独存在

的而非普遍存在的现象，那就不具有探讨与研究的现实价值。最后，思想政治教育工作者要了解问题是否具有可解决性以及问题的解决是否具有意义。如果问题几乎没有解决的可能性或者问题的解决对于改进与完善思想政治教育工作没有十分重大的意义，那么研究与探讨这些问题实际上是对时间、精力一种严重浪费。

(二)明确问题的复杂性

思想政治教育工作的现实问题由于受到多重复杂因素的影响，往往不是简单直观地呈现在事物表面，因而需要经过深入的调研，一层一层剖开覆盖在问题表面的屏障才能真正了解到复杂问题的实质。明确问题的复杂性是真正理解问题的重要前提。思想政治教育工作者在观察问题时要尽量避免受到表层问题的错误影响，避免将复杂的问题“简单化”、将宏大的问题“空洞化”，将紧迫的问题“滞缓化”。一旦将复杂的问题“简单化”了，思想政治教育工作者所思考的方向与所提出的措施不仅无益于问题的解决，甚至会进一步扩大问题的现实影响；一旦将宏大的问题“空洞化”了，思想政治教育工作者所作的泛泛而谈对解决问题起不到任何实质性的作用；一旦将紧迫的问题“滞缓化”了，思想政治教育工作者会错过解决紧迫问题的最佳时间，严重影响问题解决的效果。

(三)了解问题的变化性

思想政治教育工作者面对的问题是处在不断变化的现实环境之中的，影响现实问题的环境因素在变，现实问题也不断产生着深刻的变化。理解问题的变化性是认知问题、解决问题的重要前提，一方面，思想政治教育工作者不能用“抽象的教条”来理解现实命题，诚如马克思与恩格斯在《共产党宣言》“1872年德文版序言”中所指出的，经典原理的实际运用“随时随地都要以当时的历史条件为转移”。① 毛泽东在《反对本本主义》中也指出：“马克思主义的‘本本’是要学习的，但是必须同我国的实际情况相结合。我们需要‘本本’，但是一定要纠正脱离实际情况的本本主义。”②另一方面，思想政治教育工作者也不能用“一成不变”的方法来应对日益变化的现实问题。以往的方法之所以能够起作用正是因为准确契合了当时面临的现实问题，随着问题的不断变化，认知

---

① 《马克思恩格斯文集》第2卷，人民出版社2009年版，第15页。

② 《毛泽东选集》第1卷，人民出版社1991年版，第111~112页。

问题、解决问题的方法同样也需要做出相应的调整。思想政治教育工作者只有认知到问题的变化性，才能为现实问题提供有针对性的解决方案。

二、剖析问题：深入剖析思想政治教育问题的多重原因

思想政治教育工作在实际开展的过程中极易受到教育者、受教育者、教育环境以及教育媒介等多重因素的影响，因而思想政治教育问题的产生也是多重原因共同作用的结果。思想政治教育工作者在剖析现实问题的时候，既要积极了解影响因子较小的其他原因，也要主动掌握具有一定影响的重要原因，更要着重把握起决定性作用的根本原因。思想政治教育工作者在深入剖析现实问题的多重原因时，如果忽视重要程度的差别而抽象地认知、理解以及把握多重矛盾，必然会“陷入抽象的研究”中，① 无法准确地找出解决问题的正确途径。

（一）着重把握起决定性作用的根本原因

思想政治教育工作者在剖析现实问题时会发现“有许多的矛盾存在，其中必有一种是主要的矛盾，由于它的存在和发展规定或影响着其他矛盾的存在和发展”。② 主要矛盾即对思想政治教育现实问题起决定性作用的根本矛盾。在产生问题的诸多因素中，思想政治教育工作者只有抓住了起决定性作用的根本原因才真正把握了问题的实质。如果思想政治教育工作者只是把握了现实问题诸多重要原因而忽视了起决定性作用的根本原因，那么对于现实问题只能形成片面性、狭隘性的理解。这种片面性、狭隘性的理解不仅无益于问题的理解与解决，甚至会反过来误导思想政治教育工作者做出错误的决策。

（二）主动掌握具有一定影响的重要原因

重要原因指的是在影响现实问题的诸多因素中并非起决定性作用但也具有一定影响作用的原因。发挥决定性作用的根本原因影响的是问题的本质属性，而具有一定影响作用的重要原因更多影响的是问题的具体呈现形式。思想政治教育工作者主动掌握具有一定影响的重要原因，对于系统全面地认知问题、理解问题具有重要的价值。例如在探讨当前意识形态领域的现实问题时，思想政治教育工作者既要看到占主导地位的主流意识形态，也要看到并非处于核心地位但同样能起到一定作用的非主流意识形态，掌握非主流意识形态对于理解意

① 《毛泽东选集》第1卷，人民出版社1991年版，第326页。

② 《毛泽东选集》第1卷，人民出版社1991年版，第320页。

识形态领域的现实状况与核心问题具有很大的帮助。

(三)积极了解影响因子较小的其他原因

相较于根本原因与重要原因，其他原因的影响因子较小，但同样不能被忽视。毛泽东在《矛盾论》中强调："一切矛盾着的东西，互相联系着，不但在一定条件之下共处于一个统一体中，而且在一定条件之下互相转化。"①任何一项细微的纰漏如果不及时弥补就会逐渐积累产生更大的危害。"千丈之堤，以蝼蚁之穴溃；百尺之室，以突隙之烟焚。"②思想政治教育工作者只有从多个层次全面、深入地理解问题，才能为问题的解决提出切实可行、有针对性的方案。

三、解决问题：探讨解决思想政治教育问题的有效措施

思想政治教育工作者的任务不能仅仅局限于分析问题与解释问题，更要着眼于解决问题。诚如马克思所言："哲学家们只是用不同的方式解释世界，而问题在于改变世界。"③分析问题与解释问题是解决问题的基础与前提，而解决问题才是思想政治教育工作者分析问题与解释问题的根本目的。思想政治教育工作者在探讨思想政治教育现实问题的解决措施时既要紧密结合时代发展的主题，也要着力解决亟待解决的难题，更要全力应对未来发展的新题。

(一)紧密结合时代发展的主题

思想政治教育工作者所面临的每一项亟待解决的现实问题都同时受到两个层面环境的影响，一个是国家与社会层面的大环境，另一个是教育者与受教育者之间的小环境。思想政治教育工作者在解决现实问题时往往更容易理解教育者与受教育者之间的小环境而容易忽视国家与社会层面的大环境。顺应时代发展的历史潮流才是解答思想政治教育现实问题的根本方向，而任何试图回避甚至脱离时代大环境的解答都只能沦为泛泛空谈。新民主主义革命时期的思想政治教育工作无法回避"争取民族解放、国家独立"的时代主题，社会主义建设时期的思想政治教育工作无法摆脱"改造旧社会、建立新中国"的时代主题，改革开放时期的思想政治教育工作无法摆脱"社会主义现代化建设"的时代主

① 《毛泽东选集》第1卷，人民出版社1991年版，第330页。

② 《韩非子·喻老》。

③ 《马克思恩格斯文集》第1卷，人民出版社2009年版，第506页。

题，而新时代的思想政治教育工作更无法脱离“中华民族伟大复兴”的时代主题。“世界潮流，浩浩荡荡”，思想政治教育工作者只有从整个时代发展主题的高度认知、理解现实问题才能得出解决问题的根本答案。

（二）着力解决亟待解决的难题

思想政治教育工作经过长期的发展，相对容易解决的问题基本解决掉了，目前面对的更多是亟待解决的难题。“好吃的肉都吃掉了，剩下的都是难啃的硬骨头。”①随着经济社会环境的日新月异，长期难以解决的难题越来越凸显出来甚至已经到了不得不解决的地步，这种难题的长期存在严重损害思想政治教育工作的有效性。这种难题既包括理论研究中亟待回答的重大命题，也包括实践活动中亟待解决的重大问题。以往的思想政治教育工作者长期关注理论命题而往往忽视了现实问题。现实问题由于直接在现实生活中产生深刻影响因而受到更加广泛的关注。但理论是用于指导实践活动的科学指南，同样值得关注。理论的问题不解决，思想政治教育工作者便缺少了解决现实问题的方向性指引。思想政治教育工作者要下定解决难题的决心，深入了解产生难题的复杂原因，不断汲取以往失败方案的教训，主动借鉴国内外的先进经验方法，为克服难题制定切实可行的方案策略。

（三）全力应对未来发展的新题

“不谋万世者，不足谋一时；不谋全局者，不足谋一域。”②思想政治教育工作者不能仅仅将目光局限于当前的理论命题与现实问题，更要看到未来思想政治教育工作发展成熟后将要面对的新题，不能等到隐患一点点扩大甚至造成严重危害后再回过头来思考应对的策略。思想政治教育工作者要通过日常的评估工作揭示当前工作中蕴藏的问题与隐患，在问题与隐患还未爆发之前就及时将危害的苗头遏制住。当思想政治教育工作者对问题的关注、理解与解决不仅局限于已经产生危害的现实问题，更聚焦于未来可能会造成危害的隐患问题时，“我们的批判恰恰接触到了当代所谓的问题之所在的那些问题的中心”。③

---

① 《习近平谈治国理政》，外文出版社 2014 年版，第 101 页。

② 见陈澹然《寤言》卷二《迁都建藩议》。原文是：“自古不谋万世者，不足谋一时；不谋全局者，不足谋一域。”

③ 《马克思恩格斯文集》第 1 卷，人民出版社 2009 年版，第 9 页。

第三节 明确思想政治教育未来的发展趋向

思想政治教育评估方法不仅聚焦历史、关注过去，更立足现在，指向未来。思想政治教育未来的发展趋向不仅隐藏在思想政治教育的历史经验中，更蕴含在思想政治教育的现实状况中。思想政治教育工作者通过评估方法所得出的评估结果为判断思想政治教育未来的发展趋向提供了重要的参考依据。

一、以问题为导向明确思想政治教育工作未来的完善方向

管理学中的“木桶效应”指出一个木桶能盛多少水，并不取决于最长的那块木板，而是取决于最短的那块木板。当前存在的现实问题是现有思想政治教育工作体制机制弊端的有效呈现，思想政治教育工作者应以问题为导向明确思想政治教育工作未来的完善方向。

(一)从问题的产生思考体制机制优化方向

现实问题是对当前思想政治教育工作机制弊端的有机呈现，思想政治教育工作者以现象为切入口深入剖析产生问题的多重原因，在剖析原因的过程中尤其要关注思想政治教育工作体制机制中的弊端，从而为思想政治教育工作提供优化完善的方向。当前高校中部分大学生对思想政治理论课的消极态度实际上揭示了高校思想政治教育理论课中存在着课程设置不合理、师资配置不健全、教育方式太单一以及考核方式不完善等现实问题，而这些现实问题反映的正是高校思想政治理论课亟待优化与完善的方向。现实问题的解决对于完善高校思想政治教育工作的体制机制具有极大的意义。

(二)从问题的爆发思考应对能力提升方向

思想政治教育工作者随时随地可能会遭遇各种各样的问题与状况，现实问题的每一次爆发实际上都是对思想政治教育工作者应对能力的一种有效检验。一个相对成熟完善的应对机制应当及时采取合理措施解决问题，全面遏制问题的严重影响，有效维护党和政府的正面形象。因而现有的思想政治教育工作机制在应对突发情况的过程中所暴露的问题也正是当前思想政治教育工作者提升应对能力的重要方向。

(三)从问题的解决思考人才队伍建设方向

随着经济社会的日新月异，现实情况不断提出的新要求与新问题亟待得到思想政治教育工作者的全新解答。但当前思想政治教育人才队伍建设的时间较短，经验尚不充足，部分高校的思想政治教育人才配置仍不充足，部分思想政治理论课工作者的理论水平与实践能力仍有待提升，部分思想政治理论课教师的教学方式较为单一。思想政治教育人才队伍建设仍然是当前推动思想政治教育工作建设的重要方向之一。不同领域的思想政治教育人才队伍具有不同的问题，因而人才队伍的建设也具有不同的方向。现实问题的产生为思想政治教育人才队伍的建设提供了方向性的指导，针对思想政治教育人才配置不充足的问题可以加强相关人才引进力度，针对理论水平与实践能力不足的问题可以加强思想政治教育工作者的专业能力培养，针对教学方式较为单一的问题可以引用丰富多彩的教学方式。

二、以未知为导向明确思想政治教育工作未来的探索方向

“吾生也有涯，而知也无涯。以有涯随无涯，殆已！”①思想政治教育工作者受到科技发展水平与自身认知能力的局限难以对现实世界的每一项事物都做到“全知全能”。经过数十年的发展，思想政治教育的内容与形式已逐渐成熟、完善，但仍然还存在许多未知的领域亟待探索。

(一)开拓未知研究领域

努力探索未知一直是人类科学研究的重要目标。思想政治教育研究者要积极开拓当前研究中的未知领域，使理论的研究能够覆盖更广的范围，形成更多的创新性成果，能够对实践产生更大的指导作用。每位研究者探索未知领域的一小步都是人类研究前进的一大步。由于缺乏充足的经验，思想政治教育工作者对于未知领域的探索难免遭遇曲折甚至误入歧途。思想政治教育工作者在探索未知领域的时候不仅要“大胆地试”，也要“小心地闯”，充分吸收既往的经验教训，不断接纳国内外的前沿成果，形成创新性、原创性、前瞻性的科研成果。思想政治教育工作者要充分认识当前的科技发展趋势，努力将先进技术运用到思想政治教育的理论研究与实践活动之中，一方面扩大思想政治教育工作的影响范围，另一方面增强思想政治教育活动自身的亲和力与有效性。

---

① 《庄子·内篇·养生主第三》。

（二）尝试多元教育方式

未知领域是一个复合型的概念，表现在内容、形式等多个维度。思想政治教育的未知研究领域既包括思想政治教育工作亟待解决的理论命题与现实问题，也包括思想政治教育工作者在实践中如何选取最适合的方法与手段等。思想政治教育工作者要勇于创新，敢于尝试多元的教育方式，测试不同教育方式的最佳适用范围与应用成效，同时也要探索如何使方法的运用达到最大功效，如何使不同教育方式相互耦合获得最大益处，以便为思想政治教育方式的抉择提供丰富的经验借鉴。思想政治教育工作者不仅要采用最适合的教育方式，也要科学、合理地运用教育方法以达到最满意的效果。

（三）制定科学发展规划

制定科学的发展规划是探索未来的一种重要方式。思想政治教育工作者要立足远景发展目标，将宏大的发展规划逐渐拆解为一项项可完成的具体目标，分阶段逐步完成总体的发展规划。首先，思想政治教育工作者制定发展规划要符合当前发展的现实情况。任何脱离现实的发展规划只能是“纸上谈兵”，不仅无法对现实起到指导作用甚至会对现实发展产生严重的负面影响。其次，思想政治教育工作者制定发展规划时要充分符合远景目标。发展规划一旦“跑偏”，现实的工作不仅难以达到预期甚至会“南辕北辙”。最后，思想政治教育工作者制定发展规划必须科学、合理，具有可行性。发展规划不是超越现实的“空中楼阁”，必须具有可操作性。

三、以规范为导向明确思想政治教育工作未来的建设方向

思想政治教育工作历经数十年的发展、完善，逐渐经历了一个从不成熟到成熟、从不规范到规范、从不标准到标准的发展历程。标准化、科学化、精细化既是快速变迁的外部环境为思想政治教育工作提出的全新要求，也是思想政治教育工作自身发展、完善的必然方向。思想政治教育工作者应针对当前工作情况进行全面的评估，以规范化为导向明确思想政治教育工作未来建设的方向。

（一）工作程序的标准化

工作程序指的是思想政治教育工作者开展活动时必须遵循的步骤与程序。早期的思想政治教育工作更注重工作者自身素质的培养而忽视了整体工作的标

准化要求，但现实的教育活动极易受到工作者自身理论素养、综合素质差异的影响。工作程序的标准化强调思想政治教育工作者必须按照特定的程序与步骤开展工作，在遵循基本工作原则的基础上发挥自身的主观能动性。工作程序的标准化既不是“刻板化”，即用刻板化的标准作统一的要求，也不是“随意化”，即不遵循任何要求随心所欲地开展工作。思想政治教育工作者要在既定原则的基础上发挥自身的主观能动性，在遵循步骤流程的基础上根据实际情况进行科学合理的调整。

(二)考核评价体系的科学化

考核评价体系是检验思想政治教育工作成效的标尺，考核评价体系的科学性直接决定了思想政治教育工作考核结果的准确性。思想政治教育工作的考核评价体系不能过于僵化，必须依据实际工作情况建立动态化的考核标准，既为思想政治教育工作的发展与完善提供准确的方向指引，也为受教育者明确自身的培养成效提供现实的参照。首先，思想政治教育工作者要出台公平公正的考核方案。思想政治教育工作者要充分结合实际情况制定公平公正的考核方案，同时也要充分吸收受教育者意见推动考核方案的修正与完善。其次，思想政治教育工作者要设立动态化的评价标准，现实的思想政治教育工作情况在变，考核评价体系必须依据现实情况进行修正与完善才能真正达到“公平公正”的标准与要求。最后，思想政治教育工作者要及时反馈考核结果。考核结果的获取不是考核工作的“完成时”。思想政治教育工作者必须及时将考核结果反馈给教育者与受教育者，一方面为教育者工作的完善提供正确的方向指引，另一方面也为受教育者检验自身的学习成果提供准确的现实依据。

(三)责任划分的精细化

工作责任划分的精细程度直接影响着任务完成的质量与效率。责任划分越精细，任务完成的质量与效率也就越高。首先，思想政治教育工作者必须将每一件任务都落实到个人，明确责任归属，形成完整的“闭环”机制，激发责任主体的“担当意识”，引导责任主体充分发挥自身的主观能动性。其次，思想政治教育工作者必须锁定“主要责任单位”，防止协管、共管单位之间推责卸任，从而全面提升思想政治教育工作的质量与效率。责任划分的不清晰极易造成职能相似部门之间的相互推诿行为，严重影响思想政治教育工作的开展，甚至在出现问题时严重影响责任的确认与追究。最后，思想政治教育工作者必须明确责任范围，防止责任主体滥用职权，将权力限定在一定的范围内。思想政治教育主管单位与工作者在承担责任的同时也获得了相应的权力，不排除部分主管单位与工作者借机滥用职权，在行使权力的过程中超出了限定的权力范围。因而思想政治教育工作者在赋予主管单位与责任人权力的同时必须明确主管单位与责任人行使权力的范围，坚持“专事专办、专事专审”的原则，坚决杜绝滥用职权、逾规越矩的行为。

第十六章　思想政治教育评估方法的具体内容

思想政治教育的评估方法，是以思想政治教育活动本体为对象进行系统评估的方法。评估方法的科学性原则是讨论评估方法具体内容的前提要求。思想政治教育在评估过程中欲要实现对现实的检验、对问题的剖析以及对发展趋势的判别，就必须对教育活动的主体、客体、程序、规则、效果、反馈等多方面因素进行全方位的评估。

“党的思想政治工作是经济工作和其他一切工作的生命线。”①因而必须注重思想政治教育活动的完整性与程序性，树立正确的评估意识与反馈意识，对思想政治教育活动进行不同方式的考核与评估，不断推进思想政治教育工作的优化与完善。在对思想政治教育活动进行系统评估的过程中，要谨遵评估方法的科学性原则，注重对事实的客观评价，对评估对象的系统性考察，对评估内容的时效性检验，以及对评估方法的开放性思考。因此，在明确思想政治教育评估方法的具体内容、具体内涵与具体意义的基础上，应注重对各种方法的重要性、必要性以及偏颇性的深化解析。

第一节　对比评估法与达标评估法

对比评估法与达标评估法是研究者在对思想政治教育活动进行评估的过程中经常使用的科学方法。对思想政治教育活动进行评估，既要注重对教育主体、客体的横纵向比较，也要注重对受教育整体的达标评估。对比评估法有益于考察思想政治教育活动中不同教育者行为、教育活动要素以及教育活

① 《胡锦涛文选》第1卷，人民出版社2016年版，第458页。

动组织形式之间的差异，使无论处于何种发展阶段的思想政治教育活动均可通过对比明确自身优势与不足并加以改进。达标评估法则是对思想政治教育对象进行标准性评估，只要达到一定的标准被评估对象即可得到均等化的对待。

一、对比评估法

对比评估法是一种将思想政治教育活动按不同指标量化，并以相同标准将一项思想政治教育活动同其他思想政治教育活动进行比较的评估方法。对比评估法是一种相对评估，包括横向评估和纵向评估。横向评估主要指多个评估对象并列时，通过多项指标的对比来区分对象的高低、质量与效果；纵向评估主要指在历史的维度中，评估对象因内在或外在的动因发生了变化，通过对不同历史阶段进行对比，评估所发生的变化是积极的还是消极的。对思想政治教育活动的对比评估而言，首先要明确评估的维度与对象，从而利用确定的对比指标进行分析与比较，达到评估的预期目的。

(一)对思想政治教育的教育主体进行比较

在高等教育环境下，思想政治理论课是面向广大青年学生开展思想政治教育的重要形式，在面向专业背景复杂多样的教育对象进行思想、政治、道德等规范教育的过程中，通常采取一定的量化规则将教育成果进行比较，从而便于教育评估的开展。通过对不同受教育者的课程成绩进行量化考核，以分数的高低、等级、次序来进行比较，以受教育者的直接接受情况为依据，比较不同教育主体的不同教育效果，从而为整体评估提供参考。

(二)对思想政治教育的教育客体进行比较

无论是高校的课程形式教育，还是更加广泛多元的社会形式教育，评估工作始终要重视受教育者的接受情况。受教育者作为社会中的每一个行为个体，拥有相对独立的价值观与行为习惯，考察受教育者通过教育所形成的观点与行为是一项直接的评估方式。通过对同一受教育者对不同思想政治教育活动的看法、评价、反映、行为的变化进行比较，对不同受教育者对同一思想政治教育活动的看法、评价、反映、行为的变化进行比较，可以直观反映受教育者从教育活动中所吸收内容的比例，同时也可以反映出教育效果。此外，还要收集受教育者对思想政治教育活动的评价，对评价反馈进行全面的比较。

（三）对思想政治教育的教育介体进行比较

思想政治教育通常因工作环境的不同而呈现出明显的差异。教育主体对思想政治教育的课时安排、内容筛选、素材抓取、环境设置、考评规范等要素进行调整与设计，都会对思想政治教育活动的实际效果产生重要影响。思想政治教育工作者针对教育媒介进行比较，能够有效反映教育者从事某项具体教育活动的初衷，对思想政治教育活动进行全局评估具有重要的价值。

对比评估法的优点是受众面广，即无论被评估对象在整体上存在何种差异，均可以通过某种具体的对比指标进行对比评估；同时，思想政治教育工作者也要认识到通过对比评估法比较出的差异并不是对象整体的高下之别，而是局部的对比差异，对整体的评估可以起到参考与辅助作用，但绝不能将评估对象局部的对比差异理解为整体的高下之别。

二、达标评估法

达标评估法指在跳出现有评估结果的情况下，以另外一种独立的客观评价标准，针对评估对象以及所参考的标准体系进行比较，衡量评估对象是否达到该客观评价标准，同时按客观评价标准对评估对象进行评价。被评估对象只要达到客观标准即为达标，而不论被评估对象指标的绝对高低值。通常情况下，思想政治教育主体在面向非思想政治教育专业的教育对象开展教育活动时，要注重将思想政治教育知识融合到不同的专业背景中，积极结合各个专业的特征实现因材施教。达标评估法可由多种方式展开：一是按照主体，可分为教育者测评、受教育者自评，以及受教育者之间的互评。二是按照选取的指标，可选取最为重要的一项指标进行达标评估，也可选取相对重要的多项指标进行达标评估，亦可列举所有指标进行全项达标评估。

第二节　宏观评估法与微观评估法

宏观与微观广义上指的是事物是否可以被肉眼测量和观察，宏观事物通常指的是能够通过感官被直接感知的事物，是“看得见，摸得着”的现实存在物。微观则相反，指的是无法被直接感知的事物，是“难以触摸到、感知到”的现实存在物。评估思想政治教育活动可以从宏观和微观两个维度出发，宏观的思想政治教育评估主要指以一段时间、某个阶段为范围考量思想政治教育活动的实际效果，或针对某项大政方针的制定、宣传以及落实进行跟踪，旨在从较大的范围着手完成对被评估对象的考察与评价。微观的思想政治教育评估指的是将教育活动中的因素构成按一定方式分解开来，完成对被评估对象细节性的考察，例如一个部门、一个政策、一个对象。微观评估法所评估的内容和对象通常更加灵活，更有针对性，但只体现了思想政治教育活动的部分内容与特质，无法从全面整体的角度进行评估。因此，微观评估法往往要服从于宏观评估法，同时也是对宏观评估法的有效补充。

一、宏观评估法

宏观评估法是对思想政治教育活动进行整体、全面、系统的观察，并进行综合评估的方法。宏观的评估角度所体现的被考察对象的特点是共性的、抽象的、普遍的，因此是思想政治教育评估工作过程中一种十分重要的评估方法。

宏观评估法主要有两个类别：第一个类别是针对教育内容本身进行宏观评估，主要指的是评估工作者对思想政治教育活动的内容设置、材料选择、时间安排以及考核方式进行宏观的评估，得出的评估结论是多种因素综合作用的结果。宏观评估法能够直接评价一项思想政治教育活动的完整度与科学性。第二个类别是针对受教育者进行宏观评估，主要指的是对受教育者的情感态度进行宏观的评估，例如对某项思想政治教育活动的评价偏向积极还是消极，其产生的效果与自身的预期相比偏向积极还是消极，因而得出的评估结论也是对多种情感与评价的高度概括，能够从侧面反映出一项思想政治教育活动的质量与效果。宏观评估法能够在较短的时间内，对评估对象进行整体性把握，高效地对评估对象实行分级分层，为后期更细致的评估工作打下坚实的基础。显然，宏观评估法也存在一定的局限，例如对评估对象的评价过于笼统而导致评价结果均等化，评估指标之间的问题导致评估结果缺乏真实性。因此在对思想政治教育活动进行评估时，所采用的宏观评估法通常被视为一种首要的、初步的方法，之后再综合运用更加丰富的评估方法，从更加具体、多样的角度开展更细致的评估工作。

二、微观评估法

微观评估法是对思想政治教育活动进行局部性、聚焦性、细节性的观察，并进行分析评估的方法。微观的评估角度所体现的被考察对象的特点是个性的、具体的、显著的，因此微观评估法是思想政治教育评估活动中一种必不可少的评估方法。

微观评估法首先需要明确微观评估的角度或对象，此类对象可通过多种角度进行选取。一是按照对象来分，如不同教育对象、教育群体等。二是按照要素来分，如教学内容、教学环境、教学制度等。三是按照阶段来分，如某项思想政治教育活动的初期阶段、中期阶段与后期阶段。微观评估法在具体实施过程中，主要包括量表法、问卷法、访谈法、跟踪法四种方法。首先是量表法，量表法指的是评估工作者为了获得被询问者的态度，以量表的形式，将事先选取的评估项以统一的标准进行评价的常用方法。例如，评估工作者要求被询问者用“1”到“9”(表示程度从轻到重)表示对某项思想政治教育活动的喜爱程度。其次是问卷法，问卷法指的是评估工作者运用一系列问题组成的问题集合(问题组)来获取被询问者对某事的态度或看法，它是调查研究中的常用方法。例如，评估工作者为了对“思想道德修养与法律基础”课程进行评估，可以选定微观角度的“考核方式”，对被询问者列出一系列关于“思想道德修养与法律基础”课程的考核方式现状、态度、建议等问题，从而组成一份有现实针对性的问卷。接着是访谈法，访谈法顾名思义即为访谈者和受访者之间针对某项特定话题面对面进行普通交流与拓展交流。最后是跟踪法，跟踪法指的是评估工作者在确定微观评估的角度或对象的基础之上，在一定时间内跟踪评估对象的变化、发展的趋势与特点，并分析出其变化、发展的原因。评估者在对某项思想政治教育活动进行评估时，可以不拘泥于当前的情况与现实条件，针对思想政治教育活动历史的活动状况、未来的发展趋势进行跟踪，尤其未来的跟踪评估可能需要一段时间的持续调查，从而更加全面、深入地了解被评估对象。

微观评估法由于需要选取确定的微观角度和对象，因而在操作过程中比较复杂，操作的时间成本与难度也比较大。但微观评估法所得出的结论通常更加深入，所反映的问题更加清晰、准确。辩证地看待微观评估法，有利于评估者尽可能准确地选取到最合适的评估方法来开展具体的评估工作。评估工作者在评估工作中要注重将微观评估法与宏观评估法相结合，从而更加清晰地认识评估对象的内在与外在，使评估工作得出的结果更真实、更有说服力。

第三节　自我评估法与相互评估法

自我评估法与相互评估法是按照评估工作的主体对评估方法进行区分。自我评估指的是思想政治教育的主体或客体对思想政治教育活动本身展开的反思与评估，相互评估则是邀请思想政治教育活动以外的群众对思想政治教育活动所进行的评估。

一、自我评估法

思想政治教育的自我评估通常由思想政治教育的主体或客体，针对自己的教育活动、学习活动的成果进行反思与总结。在评估过程中，评估工作者注重考察思想政治教育活动的效果与自身预期之间是否存在差距，从而将存在的差距分类整理，并依次分析差距形成的原因，在明确差距的基础上明确优化改进的思路。

自我评估法实际上可以理解为从参与者的视角开展的评估方法。在思想政治教育现实活动中，参与者既可以是参与传授知识的教育者，也可以是参与学习知识的学习者，还可以是参与组织教育活动的组织者。在进行自我评估的过程中，教育者可以通过教案的撰写记录开展课程反馈或教学反思，通过对自身教育行为进行由内而外的主动思考开展评估工作。而学习者也可以通过自我检测的试题、学习日志、学习心得交流等方式对自己的学习活动进行回顾和评价。学习者通过评价分数、日志内容或者与同学的比较来对自己的学习活动开展评估工作，从而对自身未来的学习做出调整、改变打下坚实的基础。组织者可以将教育者组织起来，用课题组会议、教学总结会议等方式评估教育效果是否达到预期目标、教育过程中遇到的现实困难、教育计划的制订是否科学合理并且需要做出哪些详细的调整、改善和创新等。

通过自我评估法对思想政治教育活动开展评估，能够有效激发教育活动参与者的积极性与主动性，充分发挥参与者对已经发生的思想政治教育活动进行反思、改进与讨论的积极性与主动性。自我评估的过程本身也是一种自我学习、自我教育的过程，但由于自我评估法的行为主体与教育活动的主体、客体一致，他们对于同一对象的认识难免存在一定的主观性与局限性。自我评估法只是从内向外展现了对评估对象的认识与评价，需要同其他评估法同时使用、综合分析才可以得到比较科学的评估结论。另外，需要注意在进行自我评估时，每个参与者从自己的主观出发，容易出现评价标准不一致从而导致评估结果差异过大的现象，因此要辩证看待每个人的评估结果，并且尽可能地将评估内容进行分类，用客观的形式表达的评估内容要统一为客观的评估标准，主观的评估内容则需专门拟定相对标准。

二、相互评估法

相互评估实际上可以理解为从旁观者的视角展开评估。在思想政治教育中，旁观者既可以是领域内的他人旁观，也可以是领域外的他人旁观。领域内的评估，通常是相关活动的直接参与者，相关活动的监察者，或者是相关领域的专家、学者。因此，领域内的相互评估通常建立在对该思想政治教育活动的背景、内容、形式等的认识相对丰富、全面的基础之上，所得出的评估结论更加有针对性，表达更加恰当精准，更趋向于科学、可靠，对思想政治教育活动能够提供直接的指导性建议，有利于活动的专业化发展。领域外的评估，涉及的评估对象相对宽泛，例如非思想政治教育专业的学生、非思想政治教育专业的教育者、关注思想政治教育活动的学生家长等。由于领域外的评估对象涉及多种职业、专业，对思想政治教育本身的了解程度存在较大差异，因而容易导致开展评估的角度不够深入，此类评估结论往往反映的是一项思想政治教育活动的成效，是从外向内进行思考的一种方式。

通常来说，相互评估法的具体实现途径有四类：一是会议讨论。相关单位组织领域内或领域外的相关人士，针对某项或多项思想政治教育活动进行讨论评估，多以检查、反思为目的。二是学术论坛。相关专家、学者以论坛的形式对思想政治教育活动展开讨论，涉及的专业、切入的角度、运用的方法均有较大的话语空间，多以学术研究、学科建设，以及解决问题为出发点。三是教育考核。通过对受教育者的考试成绩、课堂讨论情况、论文进行综合的分析与评估，得出思想政治教育的成效。四是社情舆论。主要通过互联网、问卷等形式，扩大调查范围，以多方位、多角度获取受众对思想政治教育活动的认识与评价。

相互评估法有利于充分运用社会资源，从多角度对思想政治教育活动进行评估，是自我评估法的有效补充。相互评估者为置身事外的人，评判的标准与情感态度相对客观、公正，但在选取评估者时要尽可能选取诚心参与评判的人，也要注意选取的评估者的专业素质和立场导向，谨防弄虚作假和诱导他人测评的做法。在实际的评估过程中，要注意一分为二地看待问题、分析问题，一项思想政治教育活动既有优点也有缺点，不能在评估时偏废一方。同时，由于相互评估的主体多样，要注重评估的标准统一，评估的结论可视化，以便后续针对评估结果开展深入分析与总结。

第四节　群体评估法与个体评估法

思想政治教育的评估过程，既要注重群体对教育活动的评估，也要重视典型个体对教育活动的评估。群体评估法和个体评估法是“点”和“面”关系的互相补充，共同构成真实且客观的评估结果。

一、群体评估法

群体评估法是对社会系统中较为复杂的项目，组织多个专家、决策者或者普通群众共同开展评估的方法。群体评估的过程，通常不是直接得出结论或做出决策过程，而是群体中的个体相互影响、相互作用，推动评估接近客观的过程。因此，群体评估中对评估者的选取至关重要，需要充分保证评估者的素质、能力和专业达到一定水平。群体评估法通常是自上而下的一种评估方法，即由组织者、监察者对某项具体的思想政治教育活动展开的评估，评估的结果以判断为主，通常客观、可靠。群体评估法的具体方法主要包括三种方式：表决法、评议法、赋分法。

表决法又称正负表决法，即在对某项思想政治教育活动进行评估时，评估者针对活动是否达标、是否合理、是否优秀等问题进行投票，是或否二者只能选择其一，没有折中的选项。因此表决法能够有效规避评估者在评估活动中消极应对、敷衍了事的心态和做法。评估者不得不认真思考评估项，积极投入评估工作，用积极的态度评选出相对客观公正的结果。表决法能够有效提升群体评估的效率，减少评估过程中因责任心缺失、态度不佳而造成的结果模棱两可、难以得出最终评估结论的情况。但同时也要认识到，并不是所有问题都是是非判断类型的问题，在思想政治教育活动的评估过程中，很多评估项并不适用于用是否来回答，故而要明确问题本身的特点与性质，再进行评估方法的选择。

评议法是评估者针对某项具体的思想政治教育活动开展多项指标的评价和讨论。评议法十分注重评估过程中的讨论环节，尤其是参与讨论的评估者之间的互相影响和互相作用。在评议过程中，评议的内容通常是描述性的，而非确定性的数据与测算，因此评议往往是对某种属性的讨论与界定。评议法由于仅需要相关专家组织评估者进行面对面的讨论，因此耗费的时间较少，简单高效。但评议的形式往往考验参与者的专业素养、表达能力、理解能力等，容易出现词不达意、言过其实、不明所以等主观性的问题，从而严重影响评估结果的科学性。因此，评议法与表决法可以形成互相补充的关系。

赋分法顾名思义，即为选定的评估项，按事先拟定好的标准进行打分的方法。赋分法中，首先要针对评估对象的具体特点制定赋分规则、选取赋分项，因此相较于其他方法，赋分法的准备周期与所耗费的精力会更多。正因需要提前对赋分标准进行统一，因此提前确定一份合格的赋分规则和考评事项，评估的效率和科学性将会大大提升。

群体评估法通常由相关领域的群体经过充分讨论而形成评估结论，因而所得评估结论一般比较客观公正。群体评估法的结论一经达成，本身已经代表了相当数量的群体的认可，因此更有利于所产生的结论、建议的有效执行。

二、个体评估法

个体评估法相较于群体评估法而言，偏重发挥个体对思想政治教育活动评估的作用。个体评估法通常选择具有一定素质与代表性的评估个体，组织他们分别对测评对象进行评价与估测。被选择的个体有多种类型：按教育活动的主客体来分，既有教育者也有受教育者；按行业来分，既有专业人士也有非专业人士；根据与教育活动的关系亲疏来分，既有教育系统内的人也有教育系统外的人。个体评估法的评估主体通常以考虑自身对某项思想政治教育活动的感受、态度为主，所得出的结论通常真实度较高，但也存在主观性强的问题。

评估者在开展个体评估工作时有一定的程序要求。首先，选取典型个体作为评估者。典型，即具有代表性的，包含较多同类事物共性特征的对象。在选取思想政治教育活动评估者时，一般更看重个体在专业领域的态度、认识、积累与个体本人的综合素质以及个体对评估活动的参与态度、积极程度等。其次，确定评估具体方法。个体评估法可以采用多种方式针对具体的思想政治教育活动开展评估，诸如访谈法、问卷法、量表法等。再次，确定评估内容。评估者运用已经确定的评估方式，拟写评估的系列内容。最后，综合分析形成评估结论。个体评估法并非整个评估过程仅有单个评估者的参与，而是指收集多个个体评估者的评估结果，进行综合分析并得出最终的评估结论。在综合分析的过程中，评估工作者要注意考虑评估者的主观条件等因素。

个体评估法对评估的组织者而言，耗时较长，要求较高，因此通常不作为一项评估工作的主要评估方法。典型个体的挑选与确定是否科学合理，将对后续的综合分析与评估的结果造成很大影响，因此尤其需要重视典型个体的挑选与综合评价。

第五节　定性评估法与定量评估法

定性和定量是现代科学研究中常见的研究思路，在思想政治教育的评估工作中，也可以运用定性和定量的思维方式进行评估。通常来说，定性指的是按照事物(对象)的不同性质进行区分，并分别开展分析与评估，例如评估者对一项思想政治教育活动的第一印象、对一项思想政治教育活动的评价建议等。

定量指的是针对运用客观数值所表现出来的事物(对象)特质进行比较与分析，从而在原始数据的基础上开展进一步的评估。定量评估法由于建立在确定的测量基础之上，数据准确、客观且稳定，通常容易得到更加合理、科学的评估结论。定性评估法不便于针对量化的考察项进行描述性的评估，因而更容易得到相对详细、形象的评估结论。因此，定性评估法与定量评估法二者应相互补充，共同反映思想政治教育活动的特点。

一、定性评估法

定性评估是以事物质的规定性为客观依据。评估者通常用描述性的方式，通过语言、文字等形式将自身对评估对象的印象、态度、评价、建议表达出来。其主要有四种类型：一是评估者从主观感受出发，用平铺直叙的语言表达自己的看法。这类定性评估通常十分接近评估者最直接、最真实的想法，却容易与思想政治教育评估的初衷和目标方向相左。评估者容易出现信马由缰、情绪化表达的情况，从而导致表达者和记录者/接受者的理解偏差。因此，在此类评估开始之前，评估工作者需要同被评估者作充分的沟通，或评估者自身需要主动充分地了解评估对象、内容，对自身的语言组织和看法归纳要更加注重严谨性。二是评估者从专业的角度出发，对思想政治教育活动进行专业性评估。此类评估通常具有较强的学术性、逻辑性，但容易受制于学术思维与学术表达，使得评估结果较为宏观，但缺乏与社会实践的结合。故此类评估方法所得出的评估结论可以作为一个完整评估的支撑性结论，在此结论的基础之上，得到更多体现某项思想政治教育的具体特征的评估结论。三是评估者从全新的理论视角出发，对思想政治教育活动进行评估。此类评估方法将跳出思想政治教育惯有的评估方法、评估理论和评估思维，充分融入其他相关学科(含强相关学科，或相关学科)的学科思维与学科方法对思想政治教育活动进行评估。例如，曾经有学者运用力学知识研究经济系统的演变，而进化证券学这门学科也正是介于生物学与金融学之间的一门交叉学科。评估思想政治教育活动，这些评估工作者可以综合运用不同学科的研究模型、统计方法、分析方法等。

定性评估法的评估结论通常以描述性的结论呈现，有较强的概括性，能够较为全面地反映对思想政治教育的评估情况。但往往由于缺乏统一的衡量和判断标准，每个评估者在定性评估的过程中都容易形成主观评价的差异，同时对语言的掌控能力、表达能力以及对客观信息的提取角度也有差异，因此对定性评估的科学性、客观性有一定的影响。因此，在对参与定性评估的评估者的选取上，尤其需要注意其综合素质、立场观念，要提醒评估者尽可能全面地、辩证地认识和看待问题。

二、定量评估法

定量评估以事物量的规定性为客观依据，是一种以数据为基础的分析模型。思想政治教育的定量评估需要评估工作者针对一系列量化的评估项的客观数值进行数量特征、变化、趋势、联系等因素的评估，从而进一步分析被评估者的思想、态度等，深入剖析出数据背后的教育活动特点、成效、优势与不足。相较于定性评估而言，定量评估克服了一定的模糊性、主观性，因而所得出的评估结果更加具有稳定性、直观性。但定量评估在思想政治教育活动评估中适用的范围有限，诸如被评估对象的思想、看法难以用客观的数据进行描述与评价，因而在进行定量评估时，需要尽可能确定合适的评估角度并设定科学的评估项开展量化评估。思想政治教育评估通常将定性评估与定量评估充分结合，通常有三步程序：首先，对被评估对象进行性质上的评估，形成初步的、基础的认识；接着，用确定的评估标准形成定量评估的评分体系，进行一系列定量评估；最后，分析总结定量评估所得到的客观数据，得到被评估对象的发展趋势、特点等，结合初步定性评估所得出的认识，形成最终更加全面深入的定性评估结论。

在进行定量评估法的过程中，主要有三种方法：第一种是对比法。对比法指的是评估者针对思想政治教育活动的具体指标进行比对，从数据的差异分析不同教育活动之间的变量因素，从而得出相应的评估结论。第二种是趋势法。评估工作者针对思想政治教育活动的量化评价数据开展横纵向比较，着重关注数据的走向与发展趋势，完成历史走向的归因分析以及未来走向的预测分析，从而针对当前思想政治教育活动提出改进的科学建议。第三种是模型法。评估工作者通过运用模型针对被评估对象的相关数据进行建模分析，运用一定的数理模型得出科学、有效的分析结果。

第六节 分析评估法与总结评估法

在哲学领域中分析与总结是一对经典的“范畴”，我们在看待事物时通过“总—分—总”的思维逻辑展开，有利于认知主体由浅入深地对认识对象进行全面、系统的了解。思想政治教育活动首先作为一个整体，能够带给评估者最初的整体印象。其次思想政治教育活动在整体评价的基础之上，评估者按照所需的分析项与分析要素针对教育活动进行拆解，一部分一部分地进行分析与评估，从而得出深入、细致的评估结论；最后运用总结的方法，将对整体进行拆解后所得的分析结论整理、总结，得到更加全面、科学的结论。

一、分析评估法

分析评估法是在对思想政治教育进行评估过程中的常用方法，旨在针对无法直接得出结论的教育现象进行过程分析、推导与归因。思想政治教育的分析评估法往往是评估工作者针对众多被评估对象进行本质的剖析，对评估对象的发展轨迹、发展途径、发展走向以及规律逐一评估，从而针对被评估对象做出正确性、合理性、科学性的判断。

通常情况下，分析评估法有三种具体的操作模式。首先，按照要素进行分析。思想政治教育活动的四大要素为：教育主体（教育者）、教育客体（教育对象）、教育介体（教育内容和方法）以及教育环体（教育环境）。评估工作者以要素为分析单位，逐一评估其在某项思想政治教育活动中的作用、功能、效果或发展规律。其次，按照动静状态进行分析。评估工作者在评估思想政治教育活动的过程中可以从动态的角度，重点考察变化的趋势、速度和规律，也可静态考察某一部分的形态特征。最后，按照横纵方向进行分析。评估工作者在评估思想政治教育活动的过程中，既要有横向视野，也要有纵向考量。横向维度上，考察思想政治教育活动在不同现实环境与学科背景下的不同特质，对思想政治教育内部各组织要素进行特征归纳与分析考察；纵向维度上，观察思想政治教育活动在时间推移、历史变化的过程中发展、演化的脉络，评估思想政治教育的变化所昭示的发展趋向。

分析评估法有助于评估工作者深入认识思想政治教育活动的特征，并逐项进行分析。在多角度、多层面的分析过程中，分析评估法有助于评估者将被评估对象的特征一步步解剖，得到较为系统、全面的分析结论，通过丰富的解读与分析实现对整体评估结果的有效补充。但正由于分析评估法对细节的兼顾，在操作上存在一定的复杂性，因而具有较高的分析成本与较长的分析周期，需要评估者提前进行相当充分的评估准备，认真完成后续繁重的数据处理工作。

二、总结评估法

总结与分析是一个对子，对评估对象进行由总到分或由分到总的观察与评估，是一对相互补充、相辅相成的评估方法。思想政治教育评估中的总结评估法实为逻辑上“分—总”形式，即评估工作者针对众多不同的数据、特征、现象、条件所进行的归纳与总结，从中提取出共同的、本质的部分，加以概括并形成分析结论。总结评估法通常是针对一项思想政治教育活动全面的、总体的概括，是建立在对被评估对象宏观把握基础之上的，评估结论对思想政治教育活动的优化与完善具有方向性的指导作用。

评估工作者在进行思想政治教育的总结分析时，有三种具体的展开途径。第一种是对已有的分析结论进行简单相加。即对已有的、业已形成的分析内容进行补充修饰合并，起到对分析结论的整理作用。此方法得到的结论，往往篇幅较长，所呈现的内容相对具体，评估结论更通俗易懂。第二种是对已有的分析结论进行逻辑上的分类、编排，并形成评估结论。这种评估方法所得出的评估结论通常具有强烈的内部逻辑性，如常见的“总—分”“总—分—总”等逻辑形式，是对已有的分析结论的归纳整理。第三种是对已有的分析结论进行概括、升华，在此基础上形成新的评估结论。这种评估方法对于评估者自身的专业素养、概括能力要求较高。这种评估方法通常能够得出提纲挈领又切中肯綮的评估结论，对思想政治教育活动的现实问题与发展方位具有明确的指导与建议。

在对思想政治教育活动进行总结评估时，必须承认总结评估法存在不够系统、全面的问题，对很多具体的、个别的、细微的问题无法处处兼顾。因此，评估工作者要格外注重总结评估法与分析评估法的有机结合，二者互相借鉴、相互参考才可以形成具有科学性、学理性、完备性的评估结论。

第十七章　思想政治教育评估结果的反馈路径

思想政治教育评估结果是评估人员依据社会的现实要求和教育对象的客观需要，运用科学、有效的思想政治教育评估方法对思想政治教育现实活动各个环节进行测量、分析、比较所形成的评价成果。思想政治教育评估结果既是思想政治教育工作效果的直观体现，也是思想政治教育内在问题的真实呈现，更是思想政治教育未来发展趋向的生动展现。评估人员在获取思想政治教育评估结果后，应在筛选的基础上对评估结果进行系统的整理与深入的分析，最后将分析的成果反馈给思想政治教育的理论研究者与实际工作者，从而为思想政治教育理论研究与现实发展提供切实可行的意见建议。

第一节　思想政治教育评估结果的精准获取

获取真实准确的思想政治教育评估结果是一切反馈工作的根本前提。缺乏真实的评估结果，再有效的分析模型也无法获取准确的评估结论。评估方法、评估流程以及评估原则都是影响评估结果准确性的重要因素。评估人员选用的评估方法越科学、遵循的评估流程越规范、遵守的评估原则越严谨，获取的评估结果也就越准确。准确的思想政治教育评估结果既可以有效减少检验筛选流程中繁重的工作量，也为系统整理与深入分析工作提供了准确的数据信息。

一、灵活选用评估方法

评估方法是获取评估结果的工具。评估方法的科学性、适用性与有效性直接影响着评估结果的准确性。因而开展评估工作的首要步骤就是要充分依据评估目标的内容形式、评估方案的规定要求以及评估对象的现实特征选取科学、适用、有效的评估方法。评估方法的选择与应用必须综合考虑多重现实因素，不能顾此失彼，否则既会影响评估工作的顺利进展，也极易产生错误的评估结果。

(一)考察评估方法的科学性

科学性指的是评估方法以充分的科学理论作为依据，以严谨的科学思维作为支撑，遵循严格的评估流程，从而对评估对象的真实属性做出客观准确的评价。在选用评估方法前要充分保证评估方法本身一定是科学有效的，否则运用错误的方法开展评估，所得出的结论很难是真实准确的。考察评估方法的科学性要从理论依据、程序规范、实践检验等多个维度共同着手。首先，考察评估方法的科学性要追溯评估方法的理论基础与内在逻辑，验证其科学性与逻辑性。理论基础的科学性是评估方法有效性的首要前提，理论基础中的任何错误与偏差都会严重影响评估结果的科学性与准确性。其次，考察评估方法的科学性要检验评估程序的规范性，明确每一项步骤、每一项程序是否客观公正，是否符合评估要求。评估程序是连接评估方法与评估结果的中间桥梁，评估程序中所隐藏的任何漏洞都会直接或间接地呈现在评估结果上。最后，考察评估方法的科学性需要通过实践检验，科学的评估方法一定是经得起实践反复检验的。判定选用的评估方法是否科学有效，“不是依主观上觉得如何而定，而是依客观上社会实践的结果如何而定”。① 评估人员可以通过反复的实验假设测试评估方法的准确性与科学性。评估人员在确认评估方法前一定要对选用的方法进行多次的测验，同时也要重视测验中暴露出的各类问题，针对每种可能出现的情况提前做好应对预案。

(二)注重评估方法的适用性

任何评估方法都有自己适用的范围和条件，在适用范围内使用评估方法测评出来的结果更加准确有效。而超出适用范围，“只要再多走一小步，看来像是朝同一方向多走了一小步”，② 评估方法的现实效果也会受到一定程度的影响。考察评估方法的适用性要从评估主体、评估客体、评估成果形式等因素综合考虑。从评估主体来看，选用评估方法时要充分考虑评估主体的知识储备与评估经验，注重评估主体与评估方法之间的匹配性。无视评估主体的现实状况

---

① 《毛泽东选集》第1卷，人民出版社1991年版，第284页。

② 《列宁选集》第4卷，人民出版社2012年版，第211页。

随意选用评估方法，极易导致评估工作难以发挥应有的功能与价值，甚至会产生严重的问题与漏洞。从评估客体来看，选用评估方法时要充分考虑评估客体的内在属性与显著特征，依据评估客体的特点选用测评准确度更高的评估方法。同时在运用评估方法时也要依据评估对象的特点进行适当的调整与修改，从而充分保障评估方法所测评出来的结果的真实性与准确性。从评估成果形式来看，评估人员所选用的评估方法所测评的结果必须符合预期的评估成果形式。

（三）检验评估方法的有效性

有效性指的是评估人员通过运用评估方法能够得到真实有效的评估结果。评估方法的有效性必须通过实践的方式才能得以检验。“只有在社会实践过程中（物质生产过程中，阶级斗争过程中，科学实验过程中），人们达到了思想中所预想的结果时，人们的认识才被证实了。”①评估人员在选定评估方法后，可以通过小规模试点实验的方法来检验评估方法的有效性，在确认试点结果准确有效的基础上再将评估方法进行大范围的推广与宣传。评估方法的有效性检验既是大规模大范围开展评估工作的前提条件，也为评估工作的顺利推进提供了有力保障。同时，未经检验的评估方法一旦进行大范围的推广，临时修改、调整评估方法的现实成本就会大大增加，甚至错误的评估结果反过来会影响评估人员对思想政治教育现实活动的客观认知。

评估方法的选用是开展评估工作的首要步骤与前提工作，评估人员应当在深入了解评估目标、认真研究评估对象的基础上选用科学、适用、有效的评估方法，推动思想政治教育评估工作的顺利进行。

二、严格遵循评估程序

评估程序是评估人员经过长期的评估工作基于经验所总结概括出的一套步骤与流程。评估人员是否严格遵守评估程序是影响评估效果的重要因素之一。评估程序包括评估方案的审定、评估环节的监督以及评估结果的公示等多项流程，评估人员在全面了解评估程序的基础上严格遵循每一项评估流程，及时公布评估工作中的全部细节，既可以有效减少评估工作中的漏洞与误差，也可以切实提高评估工作的权威性与信服力。

---

① 《毛泽东选集》第1卷，人民出版社1991年版，第284页。

(一)评估方案的公开审定

思想政治教育评估方案是评估人员开展评估工作的重要指南，评估工作的每一步流程、每一项指标、每一轮审核都要充分依据评估方案进行。同时在同一份评估方案的指导下，评估工作受到评估人员主观因素的影响也会逐步缩小，评估工作也会更加客观公正，因而制定一份完善的评估方案在评估工作中起着至关重要的作用。一份完善的评估方案往往不是某个人单独制定的，而是凝聚集体智慧的结晶。首先，公开审定有利于增强评估方案的科学性。评估单位邀请评估人员组建工作专班共同协商评估方案的制定工作。评估方案内容涉及思想政治教育评估工作的多个方面，评估方案本身的全面性、综合性与复杂性也决定了方案的制定必须建立在集体决策、共同协商、公开审定的基础之上。不同的评估人员拥有不同的知识背景与教育程度，掌握不同的工作经验，因而建立在集体智慧之上的评估方案更加科学、更加系统、更加全面。其次，公开审定有利于增强评估方案的透明性。评估方案既涉及评估人员的工作内容，也关系思想政治教育实践活动的评价依据，公开透明的评估方案更有利于增强评估工作的透明性。最后，公开审定有利于增强评估方案的执行性。在公开审定的机制下，工作专班所做出的集体决策是在综合各评估人员意见的基础上针对思想政治教育评估工作所形成的趋于一致的看法，因而更有利于评审人员的理解与接受。

(二)评估环节的共同监督

思想政治教育评估工作每一环节的监督是评估结果客观性、公正性以及有效性的根本保证。监督机制越完善，评估工作也就越透明。思想政治教育现实活动的评价具有一定的主观性，缺乏完善的监督机制极易产生“监督漏洞”。因此应严格遵循评估环节的监督机制，确保整个评估流程都处在公开、透明的环境之中。

加强源头把关，开启事前预警。领导干部逾规越矩的想法和行为普遍都存在一个从“量变到质变、小节到大错的过程”,① 如果能在源头处加以遏制，在还未产生恶劣影响的时候予以警示，部分领导干部也不会在错误的道路上越走越远。在评估工作开始前，评估工作组及时邀请参加评估工作的全部成员共同召开警示会议，通过规章制度学习、警示教育等方式帮助评估人员明确评估

① 《习近平谈治国理政》第2卷，外文出版社2017年版，第186页。

工作中的禁区与红线以及逾越禁区、触碰红线的惩戒措施，从而在源头处遏制评估人员逾规越矩的想法。

完善环节审核，强化过程监督。习近平总书记强调要盯紧权力运行各个环节，完善及时发现问题的防范机制与精准纠正偏差的矫正机制。在评估工作的流程中，评估工作组应依据工作要求对评估人员的每一项工作环节进行细致的审核，审核评估过程是否严格依照评估方案的流程开展，各项评估要求是否真正落实到位，评估结果是否客观公正，从制度设计的维度强化对评估工作的过程监督。

明确责任归属，开展事后倒查。工作责任的落实程度直接影响着任务完成的质量与效率。评估工作组应当将每一项评估任务都落实到个人，形成完整的“闭环”工作机制，从而全面激发评估人员的责任担当意识。同时评估工作一旦发现问题，可以立即追查到具体的责任人。

(三)评估结果的及时公示

思想政治教育评估工作者运用评估方法得出评估结果后，评估工作组应当对所得结果进行整理复核，最后将评估结果公示出来，设置公示日期，在公示期内接受评估对象或评估人员的申诉意见，并根据申诉意见对评估结果进行二次复核，将评估结果的复核过程完整地呈现出来。思想政治教育实践活动的评估工作主观性较强，评估人员在评估工作中难免会出现一些偏差，为评估对象保留一定的申诉空间一方面可以切实减少评估工作中的漏洞与失误，另一方面也可以有效提高评估工作的公开性与透明度。同时评估工作组及时弥补评估工作中出现的漏洞，也会进一步提升评估工作的权威性与信服力。

评估人员是否严格遵守评估程序是影响思想政治教育评估工作客观性、规范性以及公正性的重要因素。评估工作一旦缺少了规范性的流程，既容易因为评估人员的个体差异而严重影响评估结果的客观性与公正性，也容易因为缺乏严格的监督审核程序而成为腐败问题滋生的温床。为了有效避免评估工作的失误，有效规避评估工作中的主观影响，遵循严格评估流程已成为思想政治教育评估工作者的共同选择。

三、遵守评估原则

评估原则指的是思想政治教育评估工作者在评估工作时应当遵守的规范与要求。思想政治教育评估工作者通过长期的评估工作经历总结形成了评估工作的经验与方法，从经验与方法中抽象出了评估工作的重要原则。评估原则为思想政治教育工作者开展评估工作提供了方向的指引与经验的指导。

(一)静态与动态相统一

思想政治教育的静态评估指的是在一定的现实条件下针对思想政治教育现实活动的内容、特点、效果等要素的现状展开的评估。思想政治教育现实活动在长期运行与发展过程中会形成一些稳定的特征，而静态评估正是针对这些特征展开的评估。动态评估指的是在一定的现实条件下针对思想政治教育现实活动的内容、特点、效果等要素的发展能力与变化趋势展开的评估。静态评估针对的是思想政治教育现实活动的现状，而动态评估针对的则是思想政治教育现实活动的变化趋势。思想政治教育的评估工作既要关注静态的现状，也要关注动态的变化趋势，在开展评估工作时要将静态评估与动态评估相统一，才能实现对思想政治教育实践活动的全面、系统、深入的评估。反之，只关注现状而忽视变化趋势或者只关注变化趋势而忽视现状抑或是将两者机械地组合在一起，都难以得到准确、完善的评估结果。部分评估人员将两者简单机械地组合在一起，忽视了静态评估与动态评估两者之间的深刻联系，只会得到片面的、简单的评估结果。因而静态评估与动态评估相统一是思想政治教育评估工作需要遵循的根本原则。

(二)整体与局部相融合

思想政治教育的整体评估指的是在一定现实条件下针对思想政治教育现实活动整体运行的规模、态势、效果等因素展开的评估。思想政治教育局部评估则是在一定现实条件下针对思想政治教育实践活动具体现象、实际问题展开的评估。整体评估针对的是宏观的状态、趋势，局部评估针对的是中观、微观的现象或具体的问题。思想政治教育评估工作既不能只关注整体的状态与趋势，也不能只关注具体的现象与问题，必须将整体评估与局部评估相融合，针对不同层次的问题进行不同程度的分析与研究，从而实现对于评估对象的全面把握与深入了解。同时，思想政治教育评估工作如果仅仅聚集于宏观态势，其结果缺乏现实情况的支撑往往会导向泛泛而谈。思想政治教育评估工作如果仅仅聚焦于微观现象，其结果又缺乏宏大的视野以及推广研究的现实价值，因而思想政治教育评估工作必须坚持整体与局部相融合的原则。

(三)效率与规范相结合

效率与规范两者之间既是相互矛盾的，也是内在统一的。思想政治教育评估工作的效率指的是在单位时间内完成的思想政治教育评估工作的数量。思想政治教育评估工作的规范指的是思想政治教育评估工作中明文规定或约定俗成的标准。思想政治教育评估工作必须将效率与规范相结合，两者不可偏废。只重视效率而忽视规范会影响思想政治教育评估结果的公正性与客观性，同样，只重视规范而忽视效率则会影响思想政治教育评估工作的正常运转。因而思想政治教育评估工作组必须完善评估制度建设，在充分保障评估流程规范性的基础上适当减少一些多余的审核环节，在强调提升评估工作效率的同时注重评估流程的规范性，从而在规定的时间内合格地完成评估任务，真正实现思想政治教育评估工作效率与规范的统一。

思想政治教育评估工作必须遵守静态与动态相统一、整体与局部相融合、效率与规范相结合的重要原则，从复杂多样的现实活动中全面、系统、深入地研究不同主体对思想政治教育工作的不同评价结果。

第二节　思想政治教育评估结果的筛选分析

在评估人员完成思想政治教育评估工作之后，研究人员需要针对评估结果开展进一步的筛选，筛选掉不符合规律、不合乎常理、缺乏研究价值的部分结果，从而在筛选的基础上实现对结果的全面整理与深入分析。研究人员在全面分析评估结果的基础上得出并反复验证评估结论，之后应将准确的结论反馈给相关责任单位以及责任人。

一、以效能性思维对评估结果进行精准化筛选

筛选指的是运用筛具使物料中直径小于筛孔的细粒物料透过筛面，而将直径大于筛孔的粗粒物料保留下来，实现物料粗细分离的过程。思想政治教育评估结果的筛选是通过设置合格标准使达到合格标准的评估结果保留下来，筛选掉不符合标准的评估结果，从而实现评估结果的去伪存真。评估结果的筛选是整理与分析的基础与前提，也为评估结论提供了科学、准确的数据支撑。

（一）根据客观规律对评估结果进行筛选

评估人员在开展评估工作期间很容易受到多种因素影响而形成错误的评估结果，错误的评估结果混淆在其他评估结果中不仅增大了评估的工作量，而且严重影响评估结论的准确性，依据客观规律对评估结果展开筛选是整理与研究

工作的基础与前提。客观规律指的是现实世界中不以人的意志为转移的根本原则，筛选工作的首要步骤是将不符合客观规律的评估结果筛选出去，筛选人员可以直接从评估结果的内容、特征以及表现形式来判断评估结果是否符合客观规律。从评估结果的内容上看，筛选人员可以检查思想政治教育评估结果是否具有充分的评估依据，通过这些评估依据是否可以得出准确的评估结果。从评估结果的特征上看，筛选人员可以检查思想政治教育评估结果是否达到基本要求，是否存在明显的漏洞与问题。总而言之，筛选人员依据客观规律筛选掉不符合基本要求的评估结果，从而有效防止错误的评估结果影响评估结论的科学性与准确性。

(二)根据价值属性对评估结果进行筛选

没有错误的评估结果并非必然就能得到准确的评估结论，在筛选评估结果的过程中既要注重评估结果的正确性，也要聚焦评估结果的价值性。价值性指的是客体对于主体所表现出来的积极意义与作用，价值性的认定具有浓厚的主观色彩，筛选人员应当充分依据评估结论的内容与形式的要求对评估结果进行价值性的筛选，从而通过筛选得出与评估结论关系更直接、逻辑更紧密的评估结果。同时，筛选工作也要有效避免主观筛选的倾向性。主观筛选的倾向性指的是筛选主体具有一个先验性的结论，在筛选工作中依据结论的方向挑选符合自身结论的评估结果，同时筛除掉与自身结论有联系但不相符的评估结果。这种具有倾向性的筛选方法既会影响筛选工作的公正性，也会影响评估结论的科学性。因而筛选工作在注重价值性的同时也要有效避免倾向性，从而成功筛选出客观、公正、科学的评估结果。

(三)根据使用需求对评估结果进行筛选

使用需求是评估结果筛选工作的重要原则之一。不同的研究项目针对评估结果需求的数量与类型都是不同的，因而在筛选过程中筛选人员要充分依据不同研究项目的需求开展筛选工作。例如思想政治理论课教师队伍建设的研究项目需要的是思想政治理论课教师教学效果评估的数据，筛选人员在开展筛选工作的时候要充分依据研究的现实需求展开，从而保证筛选后的评估结果更具有现实针对性。筛选作为获取、整理以及分析评估数据的中间环节，在筛选的过程中同样肩负着满足项目研究评估结果使用需求的职能，因而筛选评估结果同样也要充分依据项目研究的具体使用需求展开。

思想政治教育评估结果的筛选工作是整理工作与分析工作的基础，更是得出准确评估结论的重要前提。筛选人员要严格依据客观规律、价值属性以及使用需求对评估结果进行全面、系统、深入的筛选，从而为研究工作提供精准的评估结果。

二、以统筹性思维对评估结果进行系统化整理

整理指的是对内容零散、层次不清的材料进行条理化、系统化的加工。经过筛选的评估结果虽然在准确性上有了一定的保障，但在条理性、系统性、逻辑性上仍然存在亟待完善的空间，因此，以统筹性思维针对评估结果展开系统化整理对于增强评估结果的条理性与逻辑性，便于评估结果的研究分析具有重要价值。

(一)依据评估时间开展评估结果整理

依据评估时间的顺序整理思想政治教育评估结果是一种常用的整理方式。整理人员以时间为线索，将原本零散、混乱的思想政治教育评估结果依照时间的顺序排列出来，全景呈现思想政治教育评估结果的变化历程，搭建思想政治教育评估结果的时间数据库。在线性的时间序列的整理模式下，思想政治教育评估结果及其变化趋势以时间的逻辑顺序展现了出来。研究人员也便于以时间为索引针对不同时间段的评估结果开展全面的研究与分析。首先，研究人员可以更快速检索到某一个时间段的思想政治教育评估结果，再结合历史背景、现实政策等多种因素形成对于该时间段思想政治教育实践活动的全方位认知。其次，研究人员可以从时间变迁的视角总结思想政治教育评估结果的变化，从而得出思想政治教育评估结果变化的规律。最后，研究人员也可以将不同时间段、不同政策时期的思想政治教育评估结果进行对比，探索影响思想政治教育评估结果的现实因素。

(二)依据评估对象开展评估结果整理

评估对象指的是思想政治教育评估工作所针对的目标群体。不同的目标群体具有不同的教育背景、生活经历以及工作经验，因而对于思想政治教育现实活动也具有不同的态度、观点与看法。思想政治教育现实活动如果不根据目标群体的教育背景、生活经历等情况灵活调整教育内容与方式的话，就很难充分发挥其应有的功能与作用，也很难真正收获良好的效果。以目标群体的视角开展研究更有利于明确不同群体在接受思想政治教育过程中的心理，从而为总结

思想政治教育现存问题、提升思想政治教育质量提供有现实针对性的意见与建议。因而依据评估对象整理评估结果也为思想政治教育目标受众的类别研究奠定了良好的基础。

（三）依据评估人员开展评估结果整理

评估工作作为思想政治教育的关键环节之一，具有不可替代的重要价值。评估人员既是评估工作的实际操作者，也是评估结果的首要负责人。评估人员依据评估方案为思想政治教育现实活动赋予评价结果，评价结果也成为考核思想政治教育工作者工作情况的重要标准。评估人员肩负着评价思想政治教育现实活动的重要职责，对于评估结果负有主要责任。依据评估人员对评估结果进行分门别类的整理，更有利于制作评估工作档案，以便全面、系统、生动地呈现评估人员的工作情况，从而督导评估人员始终以客观公正的态度开展评估工作。同时评估工作一旦出现问题，管理人员也可以快速锁定该项评估工作的主要责任人，调查评估工作档案，如果多次出现类似问题则可以考虑对评估工作人员进行调整与替换。

评估结果的整理工作是分析工作的基础与前提。整理人员依据评估时间线索、评估目标对象、评估工作人员三项原则共同推进整理工作，增强思想政治教育评估数据的系统性与条理性，为思想政治教育评估结果的研究工作打下坚实基础。

三、以研究性思维对评估结果进行深入分析

思想政治教育评估结果的反馈不是简单的数据迁移，而是建立在研究分析基础之上的评估结论的交流共享，因而分析研究成为思想政治教育评估结果反馈过程中的核心工作。研究成果的深度与精度也成为影响反馈工作的重要因素。研究工作的职能就是从纷繁复杂的评估结果中探索总结出客观的结论，从而为思想政治教育工作提供切实可行的方案策略。

（一）系统梳理思想政治教育工作的科学经验

现实的材料是开展科学研究的良好土壤。思想政治教育评估结果呈现的是思想政治教育现实活动的效果评价，其中包含着正面与负面两种类型的评价结果。透过正面评价研究人员可以深入了解获得更高评价的思想政治教育现实活动的实质内容与现实方法，从优秀的思想政治教育实践活动中挖掘获得较高评价的内在机理，最后从内在机理中提炼总结出具有普遍借鉴价值的思想政治教

育工作的科学经验。科学经验的总结既不是内容的直接照搬，也不是方法的简单挪用，更不是形式的全面借鉴，脱离于现实条件的照搬与挪用很难发挥应有的功能与效果，甚至会出现“内在”与“外在”相互抵触的现实问题。科学经验的总结必须从内容、形式、方法的内在机理入手，着力探讨优秀的思想政治教育工作获得较高评价的内在原因，从而全面总结思想政治教育工作的科学经验。

（二）深入剖析思想政治教育工作的现实问题

正如矛盾中孕育着事物发展的动力一样，问题中往往蕴含着推动现实进步的宝贵财富。评估结果中的负面评价揭示了思想政治教育现实活动中的矛盾与冲突，通过负面评价研究人员可以深入剖析当前思想政治教育工作的缺陷与不足。基于现实问题，研究人员可以从中归纳总结出思想政治教育工作应当有效规避的误区以及未来有待完善的地方。问题的研究不能仅仅聚焦于问题本身，更应该深入到问题的形成原因与作用机理中思考提升思想政治教育效果的现实对策。问题的研究如果仅仅聚焦于问题本身或者产生问题的现实状况的话，其研究成果必然缺乏深远的意义与厚重的价值。

（三）全面思考思想政治教育工作的未来趋向

科学的预见必须建立在对现实把握的基础之上。思想政治教育评估结果中蕴含的科学经验为未来的思想政治教育工作提供了现实借鉴，而存在的问题也为思想政治教育工作归纳总结了应当规避的误区。未来趋向的思考只能是宏观方向层面而非微观细节层面的思考。“科学的预见不是把未来发展中的具体细节都能画出来。所处理的对象越是复杂，所预见的时间越是长期，则所能预见的更只是趋势和方向。”①研究人员要立足于思想政治教育评估结果本身，为思想政治教育工作未来的发展趋向提供一些方向性的指引。未来趋向的思考如果不立足于思想政治教育评估结果本身，则只能陷入空谈与假想。

分析工作是思想政治教育评估结果反馈过程中的核心工作。研究人员全面、系统、深入研究思想政治教育评估结果，从而总结科学经验，剖析现实问题，思考发展趋向，最后形成推动思想政治教育工作发展的意见建议，就能为思想政治教育评估结果的反馈工作打下坚实的基础。

① 《胡绳全书》第4卷，人民出版社1998年版，第426页。

第三节　思想政治教育评估结果的精准反馈

在对思想政治教育评估结果完成获取、筛选、整理、分析等流程之后，反馈工作自然而然成为一项水到渠成的过程。分析人员将分析的成果与得到的结论以评估报告、评估结论等形式呈递给相关责任单位或责任人。反馈工作并不是思想政治教育评估工作的终止符，责任单位或责任人在充分吸收评估结果的基础上为思想政治教育工作者提出整改意见并及时监督其完善落实，由此，思想政治教育评估工作才真正发挥出应有的功能与价值。

一、通畅的反馈渠道

反馈渠道是反馈者与接收者之间信息沟通交流的桥梁，反馈者所反馈的信息正是通过反馈渠道传递给了接收者，因而反馈渠道的通畅性是影响反馈工作效率的核心与关键。通畅的反馈渠道可以有效保障信息完整、及时、准确地传输给接收者，相反，闭塞的反馈渠道会严重影响信息传播的效率与质量，甚至滞缓重大决策的制定。

（一）增强信息反馈的通达性

信息反馈的通达性指的是信息从反馈者传输到接收者的通达程度。信息反馈是否通畅受到反馈渠道、反馈方式、反馈方与接收方的沟通程度等多重因素的制约。一个通畅的反馈渠道可以有效减少信息传递的中间障碍，增强信息反馈的通达性，从而全面保障反馈信息准确无误地从反馈者传输给接收者。反之，闭塞的反馈渠道会严重影响信息传播的效率，甚至信息还没到达接收方之前就被提前获取、截留，破坏信息传递的完整性与保密性。完善思想政治教育评估结果的反馈机制，构建通畅的反馈渠道，对于增强信息反馈的通达性具有关键意义与重要价值。

（二）确保信息反馈的时效性

部分信息的价值性依托于传播工作的时效性，在限定的时间范围内完成信息的传输工作才能有效保障所反馈信息的重要价值，同时信息的价值会随着传播时间的延长而逐渐减少。通畅的反馈渠道可以有效缩减反馈信息在传输过程中所花费的时间成本，确保在有限的时间内完成传输思想政治教育评估结果的重要任务，防止评估结果的价值性由于过长的反馈周期而严重流失。部分思想政治教育评估结果涉及重大决策的制定、重大项目的推进、思想政治教育工作成果的评估以及思想政治教育工作者的考核等重大事项，其重要程度决定了信息的传输必须在限定的时间范围内，从而为决策的制定与实施提供更充足的时间。

(三)保障信息反馈的隐蔽性

不同重要程度的信息具有不同层级的隐蔽要求。涉及重要机密的信息在反馈的过程中具有较高的隐蔽要求，在传输过程中需要对信息进行适当的隐藏或加密，从而充分保障反馈信息的安全性与隐蔽性。在通畅的反馈渠道中，思想政治教育评估结果可以实现从反馈者到接收者的快速传输，大大减少传输过程所花费的时间成本。反之，过长的反馈周期极易影响信息反馈的隐蔽性，甚至在信息还未到达接收方之前就被提前截留修改，严重破坏了反馈信息本身的完整性与真实性。

反馈渠道是反馈者与接收者传递信息的重要媒介，也是反馈工作的基础与前提。通畅的反馈渠道是信息反馈通达性、时效性以及隐蔽性的有效保障，也为思想政治教育评估结果反馈工作的顺利进行提供了重要前提。

二、严格的反馈原则

思想政治教育评估结果的反馈工作是涉及思想政治教育现实活动考核评价机制的关键工作，因而必须遵守严格的反馈原则，充分保障反馈内容的准确性、反馈流程的规范性以及反馈方式的互通性，保障思想政治教育评估结果准确无误反馈给责任单位或责任人。

(一)反馈内容的准确性

反馈内容的准确性是反馈工作的重要基础与根本前提，反馈工作实际上是信息的传输工作，因而信息本身的真实性是反馈工作的核心要素。反馈的信息存在不符合实际的虚构内容，即便具有更规范的反馈流程与更完善的反馈机制，反馈工作本身所具有的价值也会受到严重影响。思想政治教育评估结果的真实性也是思想政治教育反馈工作的根本前提，否则既没有履行真实反馈评估结果的职能，更严重影响依据评估结果所进行的重大决策。因而不论是评估人员、筛选人员、整理人员还是分析人员在审核以及运用思想政治教育评估结果时都要经过多次检验审核，明确责任归属，充分保障反馈内容的准确性。一旦反馈内容出现错误情况，需要第一时间对评估结果进行修改并追究相关责任人。在严格的内容审核与责任落实的机制中，反馈内容才能始终保持准确无误。

(二)反馈流程的规范性

规范的反馈流程是反馈工作科学性、有效性的重要保障。反馈工作要充分依据思想政治教育评估方案所规定的具体流程逐步展开，每一项步骤都要明确责任人、责任单位，使整个反馈工作都处于严格的监督审核之下，充分保障反馈流程的规范性。反馈工作中如果出现不规范的流程与步骤，即使没有暴露出现实问题，也要对反馈人员进行严格要求，督促其按照规范、科学的流程反馈思想政治教育评估结果。同时，反馈工作中一旦发现任何问题，在规范的反馈流程下，审核人员更容易快速检查出反馈流程中的问题并及时予以修改，同时也更容易追究到具体的责任单位与责任人。

(三)反馈方式的互通性

思想政治教育评估结果的反馈不只是信息的单向传输，而是反馈者与接收者之间的双向交流。单向的信息传输无法满足评估思想政治教育工作成果的重大任务，相比之下，双向的互动交流更有利于系统全面地反馈思想政治教育评估结果。在信息单向传输的方式中，反馈者对思想政治教育评估结果的描述只能局限于评估的选项或指标，因而评估结果本身就受到了一定的限制，难以生动、形象地展现思想政治教育的现实活动。在双向互动交流的方式中，反馈者可以综合运用多种方式直观地为接收者描述思想政治教育现实活动，全景展现思想政治教育现实活动的图景，同时接收者的疑难问题也得到了反馈者的有效解答，反馈者与接收者之间构筑了交流互通的桥梁。如今，双向交流互动沟通的方式被越来越广泛地运用到思想政治教育评估反馈中，评估反馈方式也因双向沟通取得更加显著的成果。

思想政治教育评估结果的反馈工作要严格遵守反馈原则，充分保障反馈内容的准确性、反馈流程的规范性以及反馈方式的互通性，从而有效避免反馈工作中存在的漏洞与失误，全面推进反馈工作的顺利开展。

三、高效的反馈落实

思想政治教育评估结果从反馈者传输到接收者后，接收者依据评估结果为思想政治教育现实活动制定一些有针对性的优化方案，从而全面推动反馈结果的有效落实。评估工作组将评估结果较好的思想政治教育工作方法进行一定的提炼总结与推广宣传，同时针对评估结果较差的思想政治教育现实活动所暴露出的问题提出科学的解决方案。

（一）坚持鲜明问题导向

“敢于直面问题、勇于修正错误”①是中国共产党干部队伍的显著特征与独特优势。现实问题既是思想政治教育评估工作的宝贵财富，也是提升思想政治教育现实质量的关键切入点与重要着力点。思想政治教育评估结果中评价较差的部分暴露的是思想政治教育现实活动的问题与漏洞。反馈落实首先要聚焦于评估工作中暴露出来的问题与漏洞，坚持鲜明的问题导向，将分析问题、解决问题、填补漏洞作为反馈落实的首要任务。管理机构在对反馈落实情况的督导检查过程中也要着重关注相关责任单位或责任人的问题整改情况，将问题的整改落实作为督导检查的首要任务与关键环节，全面推进思想政治教育活动现实问题的整改与现存漏洞的修补工作。

（二）明确划分责任归属

责任归属的不清晰极易造成部门之间以及部门内部的责任推诿行为，严重影响工作效率，滞缓思想政治教育整改落实工作的进展。思想政治教育评估反馈工作在推动整改落实的过程中要充分依据工作背景、工作经验来明确不同单位、不同部门、不同成员的职能责任，将各项任务细分到人，将完成时间计算到天，全方位督促整改落实工作。同时针对整改工作中暴露出来的态度不积极、业务不熟练以及方法不准确等现实问题，管理部门也可快速将责任落实到具体的单位、部门以及个人，全面提升思想政治教育整改落实工作的效率。

（三）细化各类督导检查

管理部门在出台思想政治教育评估反馈工作的整改落实意见之后要建立完善的巡回督导机制，严格监督思想政治教育评估反馈意见的落实情况。管理部门在进行督导检查时可以定期采取暗访、普查、调研等方式深入了解整改意见落实情况，针对没有及时落实的单位或个人进行批评教育，针对屡次督查都没有整改落实的情况直接进行严肃的处理，从而全面推动整改意见真正落实到基

① 习近平：《在“不忘初心、牢记使命”主题教育工作会议上的讲话》，人民出版社2019年版，第11页。

层、落实到个人。

思想政治教育评估结果的反馈意见落实工作既是完成思想政治教育评估反馈流程的重要环节，也是实现思想政治教育评估工作价值的根本途径。所有的反馈意见只有真正落实到现实活动中才能全面展现其应有的价值。

第六篇　思想政治教育研究方法

思想政治教育研究方法对于增强思想政治教育工作力度，提高思想政治教育现实效果，推进思想政治教育学科建设都具有至关重要的意义。思想政治教育研究者通过科学研究所得出的研究结论既为思想政治教育学习者掌握思想政治教育理论提供了科学的方法，也为思想政治教育工作者把握思想政治教育工作规律提供了现实的路径。思想政治教育研究方法的创新同时也是推动思想政治教育学科规范化、专业化、科学化发展的关键。

第十八章　思想政治教育研究方法的必要性

思想政治教育研究是思想政治教育工作者在认识、剖析思想政治教育活动的基础上归纳总结思想政治教育规律，从而确立思想政治教育理论体系的一种认识与实践活动，在这种研究活动中采取的方法就是思想政治教育研究方法。科学的研究方法的运用既有利于提升思想政治教育工作者的理论水平与实践能力，也有利于思想政治教育学科规范化、专业化的发展。

第一节　快速变迁的经济社会环境要求持续创新思想政治教育研究方法

随着经济社会的快速发展，思想政治教育的教育者、受教育者、教育环境与教育媒介都发生了翻天覆地的变化，当传统的思想政治教育研究方法难以适应快速变迁的经济社会环境、难以解答思想政治教育工作中遇到的复杂难题的时候，思想政治教育工作者对于创新研究方法的迫切愿望便呼之欲出了。

一、快速变迁的经济社会环境

思想政治教育工作者必须随时根据教育环境的变化对教育活动做出相应的调整与优化，从而保障教育目标的实现。从国际来看，世界百年未有之大变局加速演变。一方面，和平与发展仍然是时代主题，人类正在不断推动新一轮科技革命与产业革命的深入发展，努力探索更多未知的科技领域。经济全球化的发展使世界各个国家、民族的联系更加紧密。但另一方面，国际形势的不稳定性不确定性明显增加，战争、饥荒、动乱、疾病在世界各地轮番上演，经济全球化遭遇前所未有的逆流。原本极力倡导经济全球化的国家反而成为抵制经济全球化的最大阻碍，民粹主义、单边主义、霸权主义仍然是威胁世界和平与发展的重要因素。从国内来看，近年来中国经济长期保持高速增长的态势，积累了前所未有的经济实力、科技实力以及综合国力，正处于历史上最接近中华民族伟大复兴的关键时期。面对快速变迁的经济社会环境，思想政治教育工作者必须及时调整教育目标、完善教育内容、优化教育方法，努力应对新环境下思想政治教育工作遇到的新问题，充分满足受教育者在新环境下提出的更高标准的发展需要。

二、传统思想政治教育研究方法的局限性

面对日益复杂的外部环境，传统的思想政治教育研究方法已经具有明显的局限性，难以应对思想政治教育工作中出现的新现象、产生的新问题。传统思想政治教育研究方法的局限性主要体现在内容、途径、视野等多个维度，实现思想政治教育研究方法的创新，必须在认识、分析局限性的基础上明确思想政治教育研究方法未来创新的方向与路径。

(一)研究内容的局限性

传统的研究方法只是从现象构成中分析思想政治教育问题，缺乏对问题实质的深入剖析与准确把握，因而研究所得出的结论缺乏足够的说服力。首先，传统的研究方法更聚焦于宏观教育政策，缺乏对微观教育活动的关注。宏观的教育政策、措施固然重要，但是仅仅局限于宏观政策的演绎会使研究成果缺乏说服力与实用性。其次，传统的研究方法更聚焦于教育者，缺乏对受教育者的关注。教育是一项双向互动的活动，既需要关注教育者传授知识这一端，也需要关注受教育者接受知识这一端。受教育者是教育活动的客体，因而思想政治教育研究必须关注受教育者的反馈问题。最后，传统的研究方法更多聚焦于知识传授，缺乏对于情感认同、价值引领等教育任务的关注。教育者不仅要做受教育者知识传授的“引路人”，更要做受教育者“价值引领”“情感认同”等多个维度的“引路人”。

(二)研究路径的局限性

研究路径是思想政治教育研究者在思想政治教育活动中剖析思想政治教育现象、挖掘思想政治教育问题时所采用的常见的、具体的方式。传统的研究路径对于思想政治教育理论的建构具有不可替代的重要价值，但不可忽视的是，传统的研究路径存在一定的单一性，即一味聚焦于理论的建构，忽视将理论与实践相结合，忽视对受教育者进行至关重要的“知行合一”教育。在当前的经

济社会发展中，社群网络日渐密集，交往方式日渐多元，需要更多理论与实际相结合的研究成果。因此，为了提升思想政治教育活动的质量，必须深入认识思想政治教育研究路径的局限性，并着力推动思想政治教育研究方法顺应时代发展需求，向更贴合实际的方向发展。

(三)研究视野的局限性

思想政治教育研究方法视野指的是在开展思想政治教育研究的过程中，研究者关注思想政治教育活动的范围与程度。思想政治教育研究方法应当针对不同的教育主体、教育客体、不同的教育方式运用不同的研究视角。传统的思想政治教育方法视角对受教育者有明确的划分，依据不同的教育对象开展有针对性的思想政治教育，取得了不错的教育效果。但互联网的发展与普及使社会整体的学习方式与教育模式发生了较大改变，因而思想政治教育研究者必须突破以往的狭隘视野，在研究思想政治教育活动的过程中充分考虑传播媒介的特性、表达方式的艺术、受众群体的情感心理等多方面因素，努力构建更加多维、立体的思想政治教育模型，使思想政治教育研究依旧鲜活，富有说服力与影响力。

三、顺应时代潮流创新思想政治教育研究方法

传统的研究方法对于分析当前思想政治教育工作遇到的新问题所具有的说服力不断降低，在内容、角度、途经等多个维度都难以很好地适应新形势，因而对思想政治教育学科的改革与发展相当不利，甚至严重影响思想政治教育活动的作用效果。研究方法的错位导致的思想政治教育活动的“失语”更容易让受教育者受到不良思潮的影响，甚至进一步威胁到社会的和谐发展与国家的长治久安。因此，创新思想政治教育研究方法迫在眉睫。

推动思想政治教育研究方法的创新，必须把握时代发展主题，紧紧贴合经济社会的发展与个体的变化需求。思想政治教育应该注重因材施教、对症下药，精准分析社会主要矛盾，瞄准不同层次、背景群体的具体问题与需求，让思想政治教育研究方法与经济社会发展的“高质量”要求相结合，点对点高效率地进行思想政治教育的引导，提升思想政治教育活动的有效性。

推动思想政治教育研究方法的创新，必须以创新思维推动研究方法的多维革新。在当前思想政治教育研究中，思想政治教育研究者必须注重将研究方法与时代发展的实际情况相结合，以创新思维推动研究方法在视角、方式、行动上的多维革新，不断实践、试错，最终全面提升思想政治教育的效果。

推动思想政治教育研究方法的创新，必须坚定正确的政治导向。思想政治教育是中国共产党的最大特色与最大优势，是党的全部工作的生命线，必须代表党的集中意志，培养党的接班人。思想政治教育的形式可以复杂多变，但是必须明确思想政治教育的根本目的与核心任务。在教育活动中一味追求创新，却罔顾教育的方向性、内容的客观性则会变成另外一种形式主义。

第二节　日益严峻的意识形态斗争要求不断创新思想政治教育研究方法

习近平总书记强调："意识形态工作是党的一项极端重要的工作。"①在如今意识形态领域斗争日益严峻，渗透力量逐步升级的环境下，中国共产党必须时刻保持头脑清醒，明确意识形态领域的重要性、意识形态工作的艰巨性，积极主动地改善思想政治教育的研究方法，更新陈旧的观念与工作方法，充分保障意识形态领域的安全。

一、当前日益严峻的意识形态斗争背景

随着世界百年未有之大变局的加速演变，中国进入了经济发展的新阶段。互联网技术快速发展使各种思潮不断浮现、不断涌入。面对这种日益复杂的意识形态领域的变化，中国的意识形态领域正遭遇前所未有的挑战。

从国际角度来看，当前国际形势风云多变，各种贸易保护主义与民族宗教主义盛行，国家与国家、民族与民族、宗教与宗教、意识形态与意识形态之间摩擦争端不断。同时，不仅在物质领域存在诸多冲突，在媒体、互联网甚至在思维上都存在着不断的攻防与拉锯战。面对中国的快速崛起与高速发展，西方国家希望通过意识形态领域的"和平演变"阻碍中国发展的目的始终没有改变。意识形态领域的斗争尤其体现在互联网、新媒体的平台上，逐渐呈现爆炸式增长的态势。

从国内角度来说，经济社会的快速发展，多元思潮的喷涌而入，拜金主义、极端个人主义、自由化思潮逐渐占据了一定的思想市场，并且持续影响着年轻一代。中国的主流意识形态受到了前所未有的冲击，一部分群体已然开始动摇，甚至主动攻击意识形态的阵地。面对国外反华势力的步步紧逼，国内也有不少反动势力里应外合、兴风作浪，历史虚无主义思潮与极端主义思想已经

① 《十八大以来重要文献选编(上)》，中央文献出版社 2014 年版，第 464 页。

初现端倪，负面网络舆情时常爆发，意识形态领域的斗争越来越激烈。

二、传统思想政治教育研究方法存在不足

面对日益严峻的意识形态领域斗争，当前广泛采用的思想政治教育研究方法缺乏说服力与解释力，不能很好地适应当下复杂意识形态斗争的环境。思想政治教育研究方法存在时效性不足、应对力不足以及反思借鉴不足的现实问题。

（一）传统思想政治教育研究方法的时效性存在不足

传统的思想政治教育研究方法体系中，多数是针对传统的情况、原有的素材开展研究，但是部分素材、资料已经十分陈旧，难以很好地反映当下社会的新变化。针对当前产生的一些意识形态新问题，传统的思想政治教育研究方法的说服力与解释力存在不足，导致研究的结果严重落后于现实的发展，在一定程度上影响了思想政治教育在应对意识形态斗争中的时效性功能。

（二）传统思想政治教育研究方法的应对力存在不足

传统的思想政治教育研究方法过于注重现实的表象研究而忽视对意识形态问题深层次的思考，使得研究成果体现为以文解文，缺乏具体性、针对性的应对方案。同时当前的应对措施往往都是运用传统的方法来开展教育引导工作，这些方法可以起到一定的作用，但是过于陈旧的手段通常效率较低且难以贴合当下的时代变化发展以及受教育者的现实需求。

（三）传统思想政治教育研究方法的反思借鉴存在不足

传统思想政治教育研究方法存在一定的“闭门造车”现象。很多时候研究方法和内容仅仅局限于马克思主义理论的相关领域范围，并且长期沿用较为传统的研究范式。传统研究范式在效率低下的同时，获得的信息、触及对象的范围都十分有限。思想政治教育研究方法如若不能做到博采众长，拥有跨学科、跨领域、跨文化的思维方式，长此以往就容易落入僵化的、教条的圈套中，难以产生更多有价值的学术成果。

三、创新研究方法应对错综复杂的意识形态问题

传统思想政治教育研究方法在面对纷繁复杂的意识形态问题的时候，不论是研究方法的时效性、科学性以及反思性，都存在或多或少的问题。正所谓

"千里之堤，毁于蚁穴"，研究者如果在已经意识到相关问题的存在而无法及时有效地进行完善与优化的时候，势必会使思想政治教育工作的成效大打折扣，使人民群众与理论、政策之间产生不可跨越的鸿沟。因此，思想政治教育研究方法需要适应时代的发展，不断优化完善，从而全面应对错综复杂的意识形态问题。

创新思想政治教育研究方法应对错综复杂的意识形态问题，首先要正确分析国内外环境、形势，抓住主要矛盾，在意识形态领域保持高度的警惕，自觉抵制、摧毁意识形态领域的攻击，让思想政治教育研究方法找准方向。其次思想政治教育研究方法也要充分学习借鉴不同领域及学科的工作方法、研究方法，取长补短，通过更加适应时代发展要求的方式来开展思想政治教育的方法研究。最后，高校应注重培育一大批专业素养高、专业能力强的思想政治教育研究队伍，及时发现问题、研究问题、解决问题，将最新学术研究成果投入到现实的思想政治教育活动中，全面提升思想政治教育的有效性。

第三节　亟待完善的专业学科建设要求不断健全思想政治教育研究方法

思想政治教育的学术研究与思想政治教育的学科建设是相辅相成、内在统一的。思想政治教育的学科建设通常包括团队建设、组织建设、资金配置等工作。思想政治教育的研究者与管理者在推动学科建设的过程中，必须重视学术研究在学科建设与发展中的作用和地位。思想政治教育专业在不断完善自身学科建设的过程中，必须以科学合理的思想政治教育研究方法与之相配合、相适应，才能使思想政治教育活动更加有的放矢、行之有效。

一、当前思想政治教育学科建设的现状

思想政治教育的学科建设始终是大家关注的重要话题，管理者既从宏观角度确立了思想政治教育学科发展的总体范围、目标任务，也从微观角度确立了思想政治教育学科建设的具体措施与优化策略。

当前思想政治教育的学科建设具有相当丰富的研究成果，但同时也存在很多亟待优化、完善的空间。思想政治教育学科经过 30 余年的发展，已经形成了丰富的研究成果，构建了较为成熟的学科体系，培养了一大批优秀的思想政治教育研究者与工作者。但同时思想政治教育学科发展也存在学科边界不明显、学科发展目标不具体、学科建设任务不明确、学科人才队伍不充足等现实

问题。随着经济社会的发展，这些问题逐渐成为阻碍思想政治教育学科发展甚至思想政治教育工作开展的障碍。推动思想政治教育的学科建设、完善思想政治教育的人才队伍建设逐渐成为迫在眉睫的关键任务。

二、传统研究方法对学科建设的现实影响

传统研究方法对于推动思想政治教育学科的发展具有不可替代的作用，但是当学科发展到一定阶段时，仍然固守于传统的研究方法而不寻求创新的话，那么学科的发展势必会受到许多限制与阻碍。

传统研究方法容易限制学科的视野。传统的研究方法受到方法属性的限制，只能聚焦于思想政治教育学科中的某一领域，将该领域作为学科研究的重心并逐渐积累了较为丰富的研究成果。例如，传统的逻辑推理与经验总结研究方法在一定程度上决定了传统的思想政治教育研究只能诉诸宏大的话语构建而无法真正深入到现实的思想政治教育活动之中。一旦深入到具体的思想政治教育活动之中，宏大的话语体系极易出现“失语”的现实问题，因而传统的研究方法在一定程度上限制了学科研究的视野。

传统研究方法容易固化学科的思维。传统的研究方法容易固化研究者对于思想政治教育研究活动的思维方式。长期经受传统研究方法及其成果熏陶的研究者极易将传统的研究方法视为本学科必然的研究范式。这些研究者在不断形成传统研究成果的同时排斥创新成果，因而研究方法的创新是打破学科思维固化的关键。

传统研究方法容易钳制学科的创新。学科创新发展的关键是研究范式的转变，研究范式的转变推动创新成果的衍生，创新成果的累积进一步形成学科的创新领域，从而推动学科整体的发展。当传统研究方法对学科的发展起到一定的作用时，突破传统的研究方法便成为一件极其艰难的工作。对于研究者而言，运用创新研究方法形成不同于以往的研究成果极易受到传统研究范式的质疑，因而研究方法的创新也是扫清学科发展阻碍的关键。

三、学科建设的现实需要要求推动研究方法的创新发展

思想政治教育的学科建设与思想政治教育学术研究的发展实际上是相互关联、内在统一的。学术研究作为学科建设的基础与核心，在学科建设中始终占据着主导的地位，甚至学科研究的水平与质量在一定程度上决定着学科发展的水平与质量。思想政治教育学科发展的过程同时也是思想政治教育学术研究专业化、科学化、成熟化发展的过程。

思想政治教育学科建设的现实需要要求思想政治教育研究者与工作者关注研究方法的创新发展，以研究方法的创新发展带动学科建设的进步。研究方法的创新发展有利于形成高质量的、突破性的研究成果，而高质量研究成果的形成进一步倒逼更多的研究者采用科学、专业、成熟的研究方法，从而带动整个学术生态的优化与完善。立足于新的历史起点，思想政治教育研究方法应依据思想政治教育出现的新现象与新问题，实现从传统研究方法向现代研究方法的嬗变。当专业化、科学化、成熟化的现代研究方法成为思想政治教育学科的主流之后，思想政治教育学术界也会形成更多有价值性的理论成果与实践成果。

第十九章　思想政治教育研究方法的流程性

思想政治教育研究活动具有完整的、相互连接的步骤与程序，每个步骤分别采取不同的研究方法。随着研究活动的进行，每个阶段都有机地联系起来，形成步骤完整、思路清晰的思想政治教育研究程序。思想政治教育研究活动一般遵循选择研究课题、提出研究设想、开展实证研究、分析调研成果、撰写研究报告和验证研究成果等流程。

第一节　“明确科学研究的目标”：选择研究课题

问题意识是研究者开启科学研究的肇始。研究课题的选取必须建立在问题意识的建立和科学问题的提出上，把握课题选择的重要原则，选取具有重要研究价值的研究课题，是科学研究的首要步骤与关键流程，标志着思想政治教育研究活动的开始。

一、选择研究课题的原则

遵守选择研究课题的几个原则，是研究者开展思想政治教育研究的重要前提。满足以下前提，才能充分体现课题的可研究性。

(一)价值性原则

价值是指主体认定的客体对主体的积极作用。在选择研究课题时，研究者需要满足思想政治教育研究实际问题与理论问题的现实性需要，以问题意识为导向，做到“言之有物”。价值性体现在是否存在理论价值与应用价值上，脱离实际需求的选题是没有意义的。

(二)现实性原则

现实性原则包含两个方面，即针对性与可行性。针对性指的是研究课题的切入点与范围是否包含内在根据的、合乎必然性的存在，可行性体现了选题的现实可能性，即客观条件与主观条件的必要性、研究内容与方法的可执行性等。客观条件的必要性主要包含书籍资料、团队协作、经费保障、设备支持等方面，主要条件的必要性包含研究人员的理论修养、科学水平、实践能力、团队精神等。研究内容与方法的可执行性后文将予以详述。

(三)科学性原则

科学性原则是指判断事物是否符合客观事实的标准富有科学依据。因此，科学选择研究课题要把握两个维度：从实践的角度来说，选题是否来源于实践，是否遵循客观规律，是否坚持用唯物辩证法指导实践，即客观性；从认识的角度看，选题是否具有辩证唯物主义的科学世界观理论，是否坚持马克思主义基本立场、观点与方法，是否坚持马克思主义的指导地位，即逻辑系统性。研究者应把握这两个维度，在科学性原则的范围内确定选题，拒绝选择“伪科学”与“反科学”的研究课题。

(四)创造性原则

任何学科领域都需要研究者在原有范围内有所突破，创造性原则就是指研究者所选的课题在某些方面具有创新价值。重复劳动缺乏现实价值更是对有限资源的严重浪费，研究者要善于发现和寻找尚未解决的新问题甚至别人未曾涉足的新领域，但绝不能脱离原有的学科研究成果凭空捏造，应坚持继承性与发展性的辩证统一。

二、如何选择研究课题

选择研究课题是开启思想政治教育研究活动的重要标志，研究课题的选取确立了研究活动的基本方向，因而，只有选择了有价值的、科学的、可行的研究课题，研究者才能对其开展深入的研究。

(一)以问题意识为导向，明确课题方向

马克思曾指出：“问题就是公开的、无畏的、左右一切个人的时代声音。

问题就是时代的口号，是它表现自己精神状态的最实际的呼声。”①“言之无物”“纸上谈兵”等都是社会科学领域研究工作的大忌，不从社会现实中寻找问题并加以分析解决，而是凭空捏造一个问题出来，这样的研究是毫无现实依据与理论逻辑可言的。问题意识是从发现问题的前瞻性与认识问题的全面性，以及解决问题的实践性三个层次递进而来的，研究者在选取课题的时候要兼顾这三层递进关系，选择有前沿意识的、问题突出的、操作性强的科研课题。

（二）把握时机，敏锐抓住课题研究的关键性时期

在马克思主义理论领域，关键性时期一般可以分为以下几种情况：一是国内外出现重大政治事件，严重影响国际关系甚至牵涉到国家利益时。在重大政治事件的背景下，开展研究要深刻把握当下国际国内形势，选择与世界格局、国际环境、国家利益等方面的课题进行深入研究。二是国内经济社会发展出现重大转变，传统的思想与现实的发展之间产生了一定的碰撞，呈现出变化的状态，从而形成了新的理论问题与现实问题。研究者需要着重关注关键时期，充分留意客观条件发生转化的重要节点。掌握研究的“火候”对于选取思想政治教育研究课题来说是非常重要的。

三、选择研究课题的重要性

研究课题的选择是开展思想政治教育研究的第一步，具有方向性、目标性与基础性作用。选择合适的研究课题会给整个研究活动起到奠基作用，其重要性不言而喻。

思想政治教育研究课题是开展研究活动的大方向与主心骨，任何一项研究活动的开展，都要以研究课题为中心，偏离所选课题或者进行与课题毫无关联的研究活动均不具有科学性与价值性，导致“文不对题”。选定研究课题，会推动研究者的研究工作朝着科学的方向上前进，确保研究的方向性；选定研究课题，会让研究者更清楚自己的研究目的，尽快达到研究的预期目标；选定研究课题，会使研究者更准确地确定所需的研究方法，便于研究活动的顺利进行。

研究课题的选择是研究者日常生活中的问题意识从现实转化到思维的过程。辩证唯物主义认为认识是对客观世界的能动反映，选择研究课题就是将实践转化为认识的过程，研究活动的逐步展开就是将认识再次升华到实践的过

① 《马克思恩格斯全集》第40卷，人民出版社1982年版，第289~290页。

程，人类认识要经历从实践到认识再上升到实践的无限循环。毛泽东说："实践、认识、再实践、再认识，这种形式，循环往复以至无穷，而实践和认识之每一循环的内容，都比较地进到了高一级的程度。"①因此，研究者将尚未解决的科学问题变成研究课题，是人们的认识在发展中不断超越自身的体现。

研究课题的选取既充分反映了研究者的科研能力与科研水平，更为研究者开展研究工作指明了方向。科学的研究课题的提出，既集中体现了研究者的理论素养、研究水平与实践能力，也全面反映了研究者持续掌握学科前沿领域研究动态的过程。因此，选取科学的课题是对研究者知识储备、思维能力、实践能力等多方面的考察与锻炼。

第二节　"描绘科学研究的宏图"：提出研究设想

在确定研究课题后，研究者需要在现有的研究成果与研究经验的基础上对研究方向、研究内容、研究结论等研究环节提出预期的设想，并按照研究设想的流程与步骤开展下一步的研究。提出科学、合理的研究设想是思想政治教育研究活动中必不可少的重要环节。

一、研究设想的来源

研究设想是研究者在现有的研究成果与研究经验的基础上对研究过程及结果的假设。人类思维是客观物质世界的产物，因而研究设想必须从现有的科学理论与现实的研究活动中总结而来。

(一)从现有的科学理论中来

继承与创新是相互依存、相互影响、相互作用、相互渗透的，研究设想往往可以从现有的科学理论中来。研究者可以从现有的科学理论出发，以现实的问题为切入点从而激发出许多与研究课题相关的设想。

(二)从现实的研究活动中来

研究设想可以是对现实生活中部分现象的抽象与概括。认识来源于实践，研究者首先对实践中所产生的问题进行分类，将某种相似的问题整理在一起，然后再将这些内容在头脑中抽象概括、高度总结，形成描述性或解释性的假

① 《毛泽东选集》第1卷，人民出版社1991年版，第296~297页。

设，以反映事物的本质规定和发展存在的脉络。

二、研究设想的作用

研究设想对研究活动具有重要的指导意义。首先，研究设想是研究者在研究活动全面展开前根据客观现实形成的一种认识，但认识未必都是准确的，也有错误的认识，研究设想是探求真理的基石，通过研究活动的科学检验，被证实的设想便是客观准确的，而被推翻的设想则是不成立的。因此，研究设想是推动研究活动进行的重要指南。其次，研究设想在研究活动中起到了导航的作用，为文献资料的筛选工作提供原则性的指导，使研究者的注意力全部集中在与研究设想相关联的资料与论据上，不仅能为研究者节省精力和时间，还能提高科学研究的精准度。最后，研究设想也包括通过实际状况预测事物未来发展的趋势与走向，研究者能不断受到新的启发，在此基础上又能寻找到新课题，使思想政治教育研究焕发新的生机与活力。

第三节 “构筑科学研究的基石”：开展实证研究

开展实证研究是思想政治教育研究活动最关键的一环。马克思主义者历来重视调查研究工作，毛泽东指出：“没有调查，没有发言权。”①因此，开展实证研究是科学研究取得成功的先决条件。所谓实证研究，就是研究者为检验研究设想以及得出研究结果，通过实验或问卷等方式得出统计数据而开展的研究。

一、开展实证研究的必要性

实证研究作为科学研究的基石，其必要性不言而喻。在研究过程中，研究者通过开展案例分析、实地调研、问卷调研等，对有关材料进行充分的梳理，挖掘内在的逻辑联系，才能系统全面地掌握研究对象的基本情况，从而为下一步调研奠定实证基础。

思想政治教育是一门理论性的学科，但增强思想政治教育学科的理论性需要更多科学实践的积淀。在以往的思想政治教育科学研究活动中，研究方法多以思辨、内省与考证等方法为主，采用抽象的定性分析法较多，而运用问卷调查、访谈调研、案例分析等实证方法明显较少，缺乏系统全面的数据分析。为

① 《毛泽东选集》第1卷，人民出版社1991年版，第109页。

了推动思想政治教育学科领域甚至整个社会科学领域研究活动的科学化规范化，研究者需要综合运用多种实证方法，对现实问题进行更深入的分析与更全面的探讨，大大增强思想政治教育学科研究的科学性与规范性。

二、如何开展实证研究

在思想政治教育领域中，实证研究的方法占据了越来越重要的作用。如何开展科学有效的实证研究呢，主要有以下这些方法。

(一)问卷调查法

问卷调查作为社会科学领域的常用调查手段，有着直观性、真实性、易操作性等特点。所谓问卷调查法，是指研究者根据自己的研究所需用控制变量式的测量对所研究的问题进行数据度量，如相关性、动态变化幅度等，从而搜集到真实资料的一种研究方法。

(二)资料研究法

研究者需要对与研究内容相关的文献资料进行全面整理与系统分析。资料通常具有以下几种来源：首先最普遍的是在图书馆、文化馆、电子数据库里查阅到的相关纸质或电子文献，对其进行筛选，并获取与科研内容相关的资料。在思想政治教育领域中，研究者需要多关注近期党和国家领导人的发言、领域内知名专家学者的著作以及高水平期刊收录的论文等，使研究内容的理论基础更有学理性与逻辑性。其次可以通过社会调查的方式，去博物馆、档案室、美术馆等公共设施寻找更多的资料，寻找与研究相关的物品。资料不一定是文字的形式，文物、艺术品等也可以成为研究内容的资料。

(三)实地考察法

实地考察就是研究者到研究中所指定的地方进行调查分析与研究，明了事物的真相、势态以及发展流程。在考察的过程中，研究者要随时对自己观察到的现象进行分析，努力把握研究对象的特点，最后综合加工所收集到的有效资料，避免出现片面性与主观性的问题。

第四节 “横渡科学研究的险关”：分析调研成果

分析调研成果、形成研究结论在思想政治教育研究活动中有着至关重要的地位。完成实证调研后，研究者要“横渡科学研究的险关”，将实证调研的结果进行全面的整理与深入的分析，从而得到研究所需要的结论。

研究者首先要将所收集到的实证研究资料进行系统的整合，筛选出有价值的、与课题关联度高的部分，使研究资料系统化、条理化。针对实证调研得到的数据信息，研究者可以通过数据计算、相关性分析、线性回归等方式进行深入分析，再与相关的参考指标或指数进行对比分析，从而得出科学的研究结论。针对非数据的定性的调研成果，研究者要“经过思考作用，将丰富的感觉材料加以去粗取精、去伪存真、由此及彼、由表及里的改造制作工夫，造成概念和理论的系统”，① 从具体上升到抽象，从认识上升到理论，最终形成准确的研究结论。

准确分析调研结果对整个研究来说是最重要的环节，它能决定这项研究的准确性与科学性，分析的过程是严格按照科研的流程开展的。如果研究过程中出现漏洞，那研究所得出的研究结论与实际情况肯定有所偏差，错误的研究结论甚至会严重影响重大决策的制定与实施。

第五节 “总结科学研究的成果”：撰写研究报告

完成研究分析工作后，在深入分析调研结果的基础上撰写高质量的研究报告至关重要。对于任何一项研究工作，研究者在深入分析调研成果的基础上都要形成一份完整的研究报告，否则既无法将研究的过程记录下来，更无法将研究的结果总结出来。研究报告以学术记录的形式呈现，是思想政治教育研究活动较好的总结方式，能全面反映研究者开展的整个研究活动。撰写一份优秀的研究报告十分考验研究者的学术规范性与分析表达力。

一、撰写研究报告的必要性与重要性

首先，撰写研究报告是思想政治教育研究活动中的重要一环，是任何一项研究工作都必不可少的关键步骤。研究报告是分析研究过程、记载研究步骤、总结研究成果的学术记录，是研究者对所开展的研究活动中理论依据与实践分析的集合。其次，研究报告作为研究活动的呈现形式，便于与相关领域的研究者开展学术交流，其他研究者能通过研究报告在短时间内较为全面地了解到研究活动的意义、过程与成果，研究报告的形式相比研究者口述研究活动等方式

① 《毛泽东选集》第1卷，人民出版社1991年版，第291页。

显得更加直观清晰，也具有更大的传播力与影响力。并且，研究报告对研究者自身来说也十分重要，将研究工作进行文字总结，是对整个研究活动的归纳，也能为今后的研究活动提供重要借鉴。撰写一份优质的研究报告也对研究者提出了较高的要求，能充分考察研究者对这一研究活动的理论水平、分析与解决问题的针对性、对研究方法的熟悉程度、对研究成果提出的严谨科学性，锻炼了研究者的文字表达能力、灵活创造能力与逻辑思维能力，全面培养了研究者的研究能力与研究水平。

二、撰写研究报告的基本框架

学术性较强的研究报告一般包括标题、摘要、正文、结论、参考文献与附录五个部分，这些要素构成了研究报告的基本框架。

标题部分。标题是对研究内容的高度凝练与概括，阅读标题能让人迅速了解研究对象与研究内容，标题需简短，不宜字数过多，精准明确不含糊。标题的写法总的来说可以概括为两种：一种是规范化的标准格式，如："关于×××的研究报告""对×××的研究报告"等；另一种是自由式标题，研究者可根据喜好拟正副题结合标题或是一般陈述性标题。

摘要部分。摘要是对研究报告的整体概括，其位置处于标题下、正文前。在摘要中可以简练精辟地说明选题依据、研究目标、研究内容、理论假设、研究方法、研究成果等，摘要是全篇研究报告的精华部分，不能出现含糊不清、逻辑混乱、繁琐拖沓的问题，一般字数控制在150~300字之间。摘要下方要有关键词，通常是3~5个最核心、出现频率最高、最关键的词语或短语。

正文部分。正文部分呈现的是研究报告的主要内容。正文中包含选题依据、研究目标、研究内容、研究方法、调研论据等，每部分最好分条阐述；要把握研究核心，紧扣研究主题，做到详略得当。理论依据部分要站在正确的立场和观点上，善用事实材料，充分解读调研数据，做到实事求是、说服力强。

结论部分。结论是通过全篇的理论分析与实证考察，以及经过完整的逻辑推理和充分论证后得出的最终结果，是研究者基于研究内容所形成的结果判断。对于结论部分，研究者绝不能夸大其词，盲目扩大研究成果的覆盖范围，也不能过于绝对化，语言要精准恰当，避免出现言过其实、含糊其词等现象。

参考文献与附录部分。参考文献是指研究者在研究过程中所参考引用的文献资料，是研究者对前人研究成果的运用。参考文献包括著作、期刊、论文、报纸等，参考文献的写法也有固定的规范格式。在研究报告最后列出参考文献，是基于两个方面的考虑，一是避免出现抄袭、剽窃他人研究成果的学术不端行为，参考文献的列举可以清晰看到研究报告中参考引用他人成果的部分，是尊重作者的行为与习惯；二是方便读者在阅读研究报告时，对文中作为研究基础引用他人成果的部分有不理解的地方，可以通过看参考文献找到其出处和来源，使读者能深入理解。有些不方便放在正文中的内容，如调查问卷等，或者是详细的图表、大量的实验数据等，都可以放在附录部分，使研究报告更加科学严谨。

三、撰写研究报告的一般步骤

研究报告的撰写可以分为以下四步：首先是撰写准备，要了解研究报告的大致框架，包括标题、摘要、引言、正文、结论、参考文献与附录等部分；要整理思路，在理清调研结果的基础上厘清自己要表达的观点、想法，大致确定研究报告的逻辑顺序；要查阅并收集好相关资料。其次是拟立提纲，对研究报告的框架进行扩充，例如可以拟定好正文中的副标题，确定章节内容分布等，初步形成研究报告的雏形。再次是初稿写作，按照之前拟定的提纲开始写作，完整地完成研究报告的所有部分，在完成初稿后，要检查研究内容是否完整，研究对象是否明确，报告逻辑是否清晰，引用资料是否恰当，调研结果是否准确等。最后是修改定稿。初稿需要反复阅读修改，对于初稿中能自己解决的问题，自己修正完善，改正后可以请专家或者老师对研究报告进行指导与点评，从理论深度、研究创新点、研究方法的可行性、文章总体布局等角度进行指导与完善。全部完成后要通读几遍，检查文章的错别字与病句，完善格式，斟酌用词，做到尽可能科学、规范、流畅。

第六节 “检验科学研究的成效”：验证研究成果

思想政治教育研究活动的最后一个环节就是验证研究成果。有价值的思想政治教育研究报告是需要通过反复检验的，包括社会反响、同行检验、实践验证等。

一、在实践中检验成果

研究者选择的研究课题是以问题意识为导向的，具有现实性和价值性。实践是检验真理的唯一标准，在完成研究报告后，研究者可以把所得出的研究成果放在思想政治教育的日常生活和教学实践中进行检验，验证其是否能用，是否受用，是否管用，是否推动了思想政治教育学科的进步，思想政治教育工作者或被教育者是否从中受益，是否推动了社会的进步与发展。

二、组织认可或投稿发表

研究者在完成研究报告后，可以提交给相关管理部门审核或将研究报告、专著、论文等研究成果投稿至权威出版社、刊物等，并申请专家鉴定与审核。对于优秀课题，出版社要及时刊印，让更多相关研究领域的专家学者或是研究人员充分了解到这一领域最新的研究成果，更快地将科研成果转化为社会价值，增强思想政治教育研究成果的时效性、针对性与价值性。

三、开展成果展示研讨会

完成研究报告后，研究者可以举办成果研讨会，介绍选题依据、研究方法、研究目标与内容以及研究成果等，并邀请领域内相关的专家学者等进行点评与讨论，在研讨中挖掘更深层的学术价值与社会影响力，对专家提出的意见进行优化完善，不断打磨课题，努力达到对思想政治教育研究有突出价值的水平。

四、在研究成果的基础上创新

思想政治教育研究活动永无止境。验收研究成果既是研究课题的结束，也可以是新一轮研究活动的开始与起点。研究者可以在自己的研究成果上继续开拓创新，将自己现有的研究成果作为基础开展新的研究，承上启下、继往开来。思想政治教育研究活动需要不断与时俱进、推陈出新，形成更多高水平的研究成果。

第二十章　思想政治教育研究方法的技巧性

思想政治教育方法的研究不仅具有一定的程序性，而且具有一定的技巧性。技巧性的培养对提升思想政治教育研究者的研究能力具有非常重要的价值。思想政治教育研究者应从前沿意识、机遇意识、经验意识和规范意识四个维度培养研究的技巧与思维模式，以专业的、学术的思维开展思想政治教育研究活动。

第一节　“前沿意识”：积极关注思想政治教育研究领域的前沿问题

前沿问题指的是当前研究领域中亟须解决的、影响学科发展趋势的理论与实践问题。社会发展中产生的新观念以及社会实践推动的新发展等，都会促使研究者积极关注思想政治教育研究领域的前沿问题。研究思想政治教育领域的前沿问题既能不断总结创新成果，也能及时掌握思想政治教育领域的发展趋势与研究方向，更能对当前思想政治教育研究的现有成果提出全新的挑战，进一步推动思想政治教育研究的创新发展。

一、前沿问题：把握思想政治教育研究的发展趋向

前沿问题作为最有价值、最值得关注的问题代表了学科发展的趋势与方向。研究者需要具备深厚的理论功底、充足的学科知识、博大的学术视野、严谨认真的学术态度以及新颖的研究视角与敏锐的问题意识，才能不断跟踪前沿问题，准确把握思想政治教育研究的发展趋向。

在理论建构层面，研究者必须敏锐观察思想政治教育研究的前沿问题，通过对理论前沿的研究，把握思想政治教育的发展趋向，充分彰显思想政治教育

研究的重要价值。研究者总结思想政治教育领域的前沿问题主要可以通过以下几种方式：

首先，思想政治教育研究者要高度关注党和国家的最新会议，认真学习最新的文件精神，深入了解党和国家聚焦思想政治教育的议题，以党和国家的需要为研究方向。其次，思想政治教育研究者要积极关注和参与思想政治教育学科的相关会议与论坛，掌握思想政治教育领域专家学者的最新学术成果，及时关注思想政治教育领域发展的现实问题。最后，思想政治教育研究者要提高对于重要时间节点的敏感度，例如“马克思诞辰200周年”“思想政治教育学科成立40周年”等重要时间点，这些时间点往往会伴随许多新的研究成果的出现，研究的价值性也在时代的发展中孕育而生。这些都是思想政治教育领域研究者需要特别关注的。

思想政治教育活动中迫切需要解决的问题也具有重大价值。问题的迫切性是推动学科发展与研究进步的巨大推动力，思想政治教育研究者要在思想政治教育活动中关注我国社会发展的迫切问题与实际情况，结合一定的历史和社会背景挖掘现实前沿问题，增强思想政治教育研究的实效性。思想政治教育领域涉及面广，各方面的现实问题也各有侧重，如高校思想政治教育理论课、农村思想政治教育、网络思想政治教育等。思想政治教育工作者要在实践中进一步探讨如何坚持和巩固研究的正确方向，与时俱进地推进思想政治教育发展与前沿性问题的解决，使思想政治教育工作更具有针对性和前瞻性，深刻把握思想政治教育发展趋向。

二、方法前沿：掌握研究思想政治教育的最新方法

研究思想政治教育领域中的相关问题，不仅需要注重内容的前沿性，也需要运用科学合理的思想政治教育研究方法进行深入分析。近十年来，思想政治教育学科在提升研究方法的科学性上取得了一定进展，但还有一定的进步空间，传统研究仍然是思想政治教育的主要研究方法，思想政治教育研究者们对该领域最新研究方法的运用程度还有待提高。

（一）传统思辨研究向实证研究转变

思辨研究目前已取代经验研究，逐渐成为思想政治教育研究方法的主流。但从一般方法的研究范式看，实证研究日益受到研究者们的关注。传统的经验研究有利于把握思想政治教育领域的一般规律，指导思想政治教育工作的开展，但科学性、理论性有所欠缺，难以根据客观条件的变化做出相应的调整，

研究的条件性与客观性缺失。随着思想政治教育领域科学化的发展趋势，思辨研究逐步走近研究者的视野，经验研究的比例逐渐下降，目前几乎不被研究者所运用。思辨研究从经验走向理论，更加注重用缜密的逻辑推理、丰富的知识体系、理性的认识能力把握思想政治教育现象的本质，从而构建起科学的学科理论体系。在思想政治教育学界，近十年来用传统思辨研究进行思想政治教育研究的比例大幅增长。

虽然思辨研究仍是思想政治教育研究的主流，但实证研究比例正不断提升，日益得到研究者们的关注。实证研究包括量化研究、质性研究以及混合研究，它是基于观察和实验取得的大量事实、数据，利用系统方法与完整程序，并经过严格检验，对思想政治教育研究对象进行数量分析的一种方法，形成客观真实的结论。它很好地克服了传统思辨研究解释力不足、主观性较强等缺陷，使思想政治教育领域的研究成果具有切实有效的数据支撑，提升了研究的客观性和科学性，有效提升了研究成果的说服力。

（二）多学科研究方法交互运用

近年来，各学科间联系不断加强，学科建构的体系也正在逐步完善，多学科交互方法的运用是必然趋势。思想政治教育与心理学、教育学、社会学、政治学等学科在部分领域相互交织，其他学科研究方法也越来越多地被思想政治教育研究所运用。单一的学科研究方法具有一定的局限性，研究视角也相对狭隘。多学科研究方法交互运用的方式不仅能为研究者提供更广阔的学科视角，还能提供更多的知识积累与经验借鉴，有效补充了思想政治教育的研究方法，进一步增强思想政治教育研究的逻辑性与思辨性，为全面分析思想政治教育问题提供了准确的方法。同时，研究者在解决实际问题的过程中，对于问题的剖析需要借助多学科的研究范式，通过引入新的研究范式来寻找思想政治教育前沿问题的切入点，以提升思想政治教育分析重大理论和现实问题的能力。

第二节 “机遇意识”：善于把握思想政治教育研究领域的关键机遇

思想政治教育研究内容取决于研究者所获取的思想政治教育信息，马克思提出：“观念的东西不外是移入人的头脑并在人的头脑中改造过的物质的东西而已。”①因此脑海里的思想观念或信息是经过人脑加工之后所得到的产物，带

① 《马克思恩格斯选集》第2卷，人民出版社1995年版，第112页。

有主观意志，但人们所获取的信息来源一定是来自现实生活中，即客观物质世界的内容，具有客观性。因此，研究者在确定思想政治教育研究内容时，其来源一定是在客观世界中所获取的思想政治教育信息。

获取思想政治教育信息是研究者开展思想政治教育研究活动的基础。研究者需要在实践中寻找到研究内容与方向，善于获取有价值有意义的思想政治教育信息，注重挖掘日常生活中的思想政治教育研究要素，着力把握国内外重大事件中的思想政治教育研究契机，努力形成具有较强时效性的思想政治教育研究成果。

一、获取思想政治教育信息的有效途径

思想政治教育信息具有客观性，研究者在社会生活中应获取客观、真实的思想政治教育信息，拒绝不切实际的凭空捏造。思想政治教育研究者要从研究对象自身的思想变化、研究对象所处的社会环境与研究对象的人际交往关系三个维度获取思想政治教育信息。

(一)关注研究对象自身的思想变化

客观环境的变迁、主观知识的积累、思维能力的提升都可能导致研究对象的思想观念发生变化，从而产生特定的思想政治教育信息。特定的思想政治教育信息既有利于思想政治教育研究者深入分析引起思想变化的相关因素，也有利于思想政治教育研究者分析思想观念的变化对研究对象的作用与影响。研究者可以通过观察法、访谈法等方式深入了解研究对象的思维与情感，提取出值得分析与研究的信息要素。

(二)关注研究对象所处的社会环境

人在社会生活中会遇到各种社会问题与社会评价，思想政治教育研究者要重点关注研究对象所处的社会环境。不同的社会环境会让人们产生不同的社会心态，社会评价也会改变人们的思想状况从而导致人们做出不同的选择。当今社会各种信息密集传递，社会思潮的涌动不断更迭，科技的发展使人们获取信息更加便利，人们的思维方式与行为习惯都在不断改变。思想政治教育研究者要依托当下的社会环境变化准确把握研究对象的思维，获取丰富的思想政治教育信息。

(三)关注研究对象的人际交往关系

交往是人社会性的生动体现，每个人都不可避免地与他人交往，形成各种

关系，包括血缘关系、经济关系、法律关系、道德关系等，这些关系都是客观而真实的存在。研究对象在与他人交往的过程中，难免会受到他人思维方式或行为习惯的影响，因而分析研究对象的人际交往关系也是深入了解思想政治教育信息的重要途径。

二、把握思想政治教育信息的最佳时机

时机，是指具有时间性的客观条件，特定时间的特殊机会。思想政治教育在教育活动中需要把握历史和现实的统一。从现实角度来说，把握思想政治教育信息的最佳时机往往出现在国内外重大历史事件爆发时期，在特定事件或特定时期，人们的思想观念会有明显变化，例如中国爆发新冠肺炎疫情时，民众的爱国主义思想、民族凝聚力显著高于平时，思想政治教育研究者可充分利用这一特殊时期调查与获取相关的思想政治教育信息。为了能更好地把握现实，研究者往往需要通过回顾历史来把握思想政治教育的最佳时机。

习近平总书记在全国宣传思想工作会议上指出：“要抓住青少年价值观形成和确定的关键时期，引导青少年扣好人生第一粒扣子。”①思想政治教育研究对象是处于不同人生阶段的鲜活个体，因此研究对象在成长与发展过程中有许多关键时期，研究者要及时关注他们在关键时期的心理状态、思想状况等，合理准确地把握时机，取得最佳效果。

第三节 “经验意识”：辩证吸收思想政治教育研究领域的有关成果

思想政治教育领域在30多年的发展中形成了丰富的理论成果与实践经验，研究者对于现有的学术成果要加以辩证吸收，不能盲目地、不分条件地全盘接收，必须把握现有研究成果的时代性与适用性，在继承的基础上发展成果、丰富成果、创新成果。

一、充分认识思想政治教育研究成果的内容与丰富内涵

自1984年思想政治教育学科设立以来，学科建设蓬勃发展，学科体系逐步完善，30多年的发展使思想政治教育领域产生了丰富的研究成果。伴随着思想政治教育理论研究和实践探索的不断发展，思想政治教育研究领域的边界

① 《习近平谈治国理政》第3卷，外文出版社2020年版，第313页。

也在不断扩大。思想政治教育的研究成果主要包括思想政治教育基础理论研究、思想政治教育方法论研究、思想政治教育发展史研究、比较思想政治教育研究、领域思想政治教育研究、思想政治教育重大现实问题研究、思想政治教育跨学科研究等内容。因而思想政治教育研究者在分析现实问题时必须重视现有的研究成果，吸收现有的研究经验。

在当今网络信息化的大背景下，网络思想政治教育也得到了巨大的发展，思想政治教育的研究领域逐渐拓展，新媒体背景下的思想政治教育成为重要的研究内容；心理学等学科的发展，推动了思想政治教育研究的科学性、专业性的提升，通过数据与实验分析，用数据阐述事实，增强了研究的准确性与可靠性；“三全育人”等新观点的提出，使得思想政治教育领域有了新的视角与实践途径，将理论知识运用到现实工作与教育中，是思想政治教育研究的最终归宿。

众多学者不断增强学科规范意识，自觉关注思想政治教育领域的学科话语、研究范式、学科边界、基本范畴等基础理论问题。思想政治教育领域的研究者与学习者必须深入了解领域内的优秀成果，挖掘思想政治教育研究领域的真问题，掌握思想政治教育研究的科学方法，总结思想政治教育领域的相关规律。

二、辩证吸收思想政治教育领域的现有研究成果

思想政治教育学科领域的优秀成果具有一定的时代性。研究者欲想认识其丰富内涵要带着理性与辩证的目光去看待与分析。随着客观条件的转移，不同研究者在不同时间对相同的研究对象进行研究，可能会得出不同的结论。对于学术界优秀的成果在一定的历史条件下是否依然适用，思想政治教育研究者一定要有自己的分析与判断。对于研究方法而言，随着实证研究在思想政治教育领域中运用的比例不断提高，思想政治教育研究的科学性与严谨性不断增强，可能会与之前部分研究者用思辨方法甚至经验总结方法得出的思想政治教育结论有所出入，甚至完全推翻。随着研究方法的逐步完善与科学化，辩证吸收思想政治教育研究领域的成果显得尤为重要。因此，思想政治教育研究者要紧跟时代的步伐，辩证看待前人的研究成果，才能推动思想政治教育的学科化、科学化、规范化和现代化发展。

第四节　“规范意识”：始终牢记思想政治教育研究领域的科学规范

规范指的是明文规定或约定俗成的标准。只有确立起相应的原则规范，事

物才能得到健康有序的发展。在人文社会科学的研究中，一般而言，规范指的是某一学科研究领域内研究者进行一切研究活动所需遵守的基本准则。思想政治教育研究只有遵循一定的规范原则，才能形成更多严谨扎实的研究成果。

一、始终牢记马克思主义在意识形态领域的指导地位

习近平总书记在纪念马克思诞辰 200 周年大会上指出：“马克思给我们留下的最有价值、最具影响力的精神财富，就是以他名字命名的科学理论——马克思主义。”①马克思主义既是中国共产党人立党立国的根本指导思想，也是指导思想政治教育学习与研究的科学指南。马克思主义是随着时代的发展和实践的检验不断丰富与完善的科学的理论体系。思想政治教育学科在初创时期就将马克思主义作为指导学科发展的理论基础。思想政治教育的学习、研究必须以马克思主义理论为基础逐渐成为学界的共识。同时，从学科属性上看，思想政治教育作为马克思主义理论一级学科下的二级学科，必须用马克思主义辩证法、历史观、社会观、世界观等作为解答问题的方法论思维。思想政治教育研究者也应在马克思主义方法论的指导下剖析思想政治教育问题，真正提升思想政治教育研究的逻辑科学性与理论解释力。

二、深刻理解思想政治教育理论创新与实践拓新共同发展的原则

思想政治教育是一门理论与实践相结合的学科，既需要理论建构，也需要丰富实践。理论的生命力在于创新，鲜明的时代性推动思想政治教育的理论创新。历史条件与时代特征不断发展变化，思想政治教育的理论需要及时做出相关回应，用前瞻性的目光捕捉时代的呼声，用创新性的理论回应时代的呼唤。中国特色社会主义进入了新时代，这既是中国发展新的历史方位，也对思想政治教育提出了更高的要求。思想政治教育的研究者要敏锐把握这一历史方位，推动理论创新与实践拓新共同发展。

思想政治教育学科领域中，理论研究成果与实践相脱节的问题依然大量存在。马克思主义始终坚持理论指导实践，理论创新来源于实践，理论最终是为实践服务的，而实践又能为理论创新提供重要依据，使理论更加符合客观现实，并提升人们的理论自觉。因此，在推进思想政治教育创新过程中，要树立实践意识，坚持理论与实践不可分离的原则。思想政治教育研究者在研究问题

① 习近平：《在纪念马克思诞辰 200 周年大会上的讲话》，人民出版社 2018 年版，第 6 页。

时不能过分专注于理论思辨与书本研读，必须关注问题产生的现实原因，从而提出解决问题的现实策略。思想政治教育研究者提出的新的思想理论成果必须经得起实践的检验。思想政治教育理论指导下所关注、研究的实践问题，可划分为宏观和微观两个层面。在宏观层面，思想政治教育的理论创新要根植于中国特色社会主义伟大实践的发展中，这一实践中产生的新情况、新问题蕴涵着丰富的思想理论源泉。在微观层面，思想政治教育工作者在工作中要用思想政治教育理论指导实际工作，在创新实践方式的过程中深化理论认识。

三、准确把握思想政治教育研究科学化与规范化兼备的原则

思想政治教育研究的科学化指的是在马克思主义理论的指导下，以科学的方法开展思想政治教育研究。规范化指的是思想政治教育研究更加重视学科基本原则及规范。思想政治教育研究的科学化与规范化都对增强思想政治教育的有效性和说服力具有重要价值，能有效克服思想政治教育研究中存在的脱离现实的问题。思想政治教育研究的科学化和规范化是新时代思想政治教育高质量发展的必然要求。思想政治教育研究者要逐渐克服现有研究范式中存在的问题，逐渐树立规范化的研究范式，重点关注思想政治教育内容、方法、目标、评价等多维度要素，明确学科研究边界，增强学科理论逻辑与内容规范，使思想政治教育研究朝着科学化与规范化的方向发展，逐渐形成更多高质量的研究成果。

参 考 书 目

（一）著作类

1.《马克思恩格斯文集》第 1 卷，人民出版社 2009 年版。
2.《马克思恩格斯文集》第 2 卷，人民出版社 2009 年版。
3.《马克思恩格斯文集》第 3 卷，人民出版社 2009 年版。
4.《马克思恩格斯文集》第 4 卷，人民出版社 2009 年版。
5.《马克思恩格斯文集》第 5 卷，人民出版社 2009 年版。
6.《马克思恩格斯文集》第 6 卷，人民出版社 2009 年版。
7.《马克思恩格斯文集》第 7 卷，人民出版社 2009 年版。
8.《马克思恩格斯文集》第 8 卷，人民出版社 2009 年版。
9.《马克思恩格斯文集》第 9 卷，人民出版社 2009 年版。
10.《马克思恩格斯文集》第 10 卷，人民出版社 2009 年版。
11.《列宁全集》第 1 卷，人民出版社 1984 年版。
12.《列宁全集》第 2 卷，人民出版社 1984 年版
13.《列宁全集》第 3 卷，人民出版社 1984 年版。
14.《列宁全集》第 4 卷，人民出版社 1984 年版。
15.《列宁全集》第 10 卷，人民出版社 1987 年版。
16.《列宁全集》第 16 卷，人民出版社 1988 年版。
17.《列宁全集》第 17 卷，人民出版社 1988 年版。
18.《列宁全集》第 18 卷，人民出版社 1988 年版。
19.《列宁全集》第 27 卷，人民出版社 1990 年版。
20.《列宁全集》第 28 卷，人民出版社 1990 年版。
21.《列宁全集》第 31 卷，人民出版社 1985 年版。

22.《列宁全集》第35卷，人民出版社1985年版。
23.《列宁全集》第36卷，人民出版社1985年版。
24.《列宁全集》第39卷，人民出版社1987年版。
25.《列宁全集》第42卷，人民出版社1987年版。
26.《列宁全集》第43卷，人民出版社1987年版。
27.《列宁全集》第55卷，人民出版社1990年版。
28.《毛泽东选集》第1卷，人民出版社1991年版。
29.《毛泽东选集》第2卷，人民出版社1991年版。
30.《毛泽东选集》第3卷，人民出版社1991年版。
31.《毛泽东选集》第4卷，人民出版社1991年版。
32.《毛泽东文集》第1卷，人民出版社1993年版。
33.《毛泽东文集》第2卷，人民出版社1993年版。
34.《毛泽东文集》第3卷，人民出版社1996年版。
35.《毛泽东文集》第4卷，人民出版社1996年版。
36.《毛泽东文集》第5卷，人民出版社1996年版。
37.《毛泽东文集》第6卷，人民出版社1999年版。
38.《毛泽东文集》第7卷，人民出版社1999年版。
39.《毛泽东文集》第8卷，人民出版社1999年版。
40.《邓小平文选》第1卷，人民出版社1994年版。
41.《邓小平文选》第2卷，人民出版社1994年版。
42.《邓小平文选》第3卷，人民出版社2001年版。
43.《江泽民文选》第1卷，人民出版社2006年版。
44.《江泽民文选》第2卷，人民出版社2006年版。
45.《江泽民文选》第3卷，人民出版社2006年版。
46.《胡锦涛文选》第1卷，人民出版社2016年版。
47.《胡锦涛文选》第2卷，人民出版社2016年版。
48.《胡锦涛文选》第3卷，人民出版社2016年版。
49.《习近平谈治国理政》第1卷，外文出版社2018年版。
50.《习近平谈治国理政》第2卷，外文出版社2017年版。
51.《习近平谈治国理政》第3卷，外文出版社2020年版。
52. 习近平：《做焦裕禄式的县委书记》，中央文献出版社2015年版。
53. 习近平：《在文艺工作座谈会上的讲话》，人民出版社2015年版。
54. 习近平：《在庆祝中国共产党成立95周年大会上的讲话》，人民出版社

2016 年版。
55. 习近平：《在纪念朱德同志诞辰 130 周年座谈会上的讲话》，人民出版社 2016 年版。
56. 习近平：《决胜全面建成小康社会 夺取新时代中国特色社会主义伟大胜利——在中国共产党第十九次全国代表大会上的报告》，人民出版社 2017 年版。
57. 中共中央宣传部：《习近平新时代中国特色社会主义思想学习纲要》，人民出版社 2019 年版。
58.《十八大以来重要文献选编(上)》，中央文献出版社 2014 年版。
59.《十八大以来重要文献选编(下)》，中央文献出版社 2018 年版。
60.《中共中央国务院关于全面加强新时代大中小学劳动教育的意见》，人民出版社 2020 年版。
61.《胡绳全书》第 4 卷，人民出版社 1998 年版。
62. 顾海良主编：《马克思主义发展史》，中国人民大学出版社 2009 年版。
63.《马克思主义发展史》，高等教育出版社 2013 年版。
64. 郑永廷主编：《思想政治教育方法论》(修订本)，高等教育出版社 2010 年版。
65. 郑永廷、刘书林、沈壮海：《思想政治教育学原理》，高等教育出版社 2016 年版。
66. 张耀灿、郑永廷、吴潜涛、骆郁廷：《现代思想政治教育学》，人民出版社 2006 年版。
67. 萧浩辉：《决策科学辞典》，人民出版社 1995 年版。
68. 赵祥麟、王承绪：《杜威教育论著选》，华东师范大学出版社 1990 年版。
69. [苏]康斯坦丁诺夫：《世界教育史纲》第 1 册，人民教育出版社 1954 年版。
70. [捷克]夸美纽斯：《大教学论》，傅任敢译，人民教育出版社 1979 年版。
71. 柏拉图：《理想国》，郭斌和、张竹明译，商务印书馆 1986 年版。
72. [美]杜威：《民主主义与教育》，王承绪译，人民教育出版社 1990 年版。
73. [瑞士]裴斯泰洛齐：《林哈德和葛笃德》，人民教育出版社 2005 年版。
74. [德]赫尔巴特：《普通教育学》，李其龙译，人民教育出版社 2015 年版。

(二)报纸杂志类

1. 习近平：《健全城乡发展一体化体制机制，让广大农民共享改革发展成果》，《人民日报》2015 年 5 月 2 日，第 1 版。

2. 习近平：《在颁发“中国人民抗日战争胜利70周年”纪念章仪式上的讲话》，《人民日报》2015年9月3日，第1版。
3. 习近平：《在党的十九届一中全会上的讲话》，《求是》2018年第1期。
4.《习近平在全国教育大会上强调：坚持中国特色社会主义教育发展道路 培养德智体美劳全面发展的社会主义建设者和接班人》，《人民日报》2018年9月11日，第1版。
5. 习近平：《推动媒体融合向纵深发展，巩固全党全国人民共同思想基础》，《人民日报》2019年1月26日，第1版。
6. 习近平：《用新时代中国特色社会主义思想铸魂育人，贯彻党的教育方针落实立德树人根本任务》，《人民日报》2019年3月19日，第1版。
7. 习近平：《在“不忘初心、牢记使命”主题教育工作会议上的讲话》，《人民日报》2019年7月1日，第1版。
8. 习近平：《推进党的建设新的伟大工程要一以贯之》，《人民日报》2019年10月3日，第1版。
9. 习近平：《在科学家座谈会上的讲话》，《人民日报》2020年9月12日，第2版。
10. 习近平：《完整准确全面贯彻新发展理念 确保“十四五”时期我国发展开好局起好步》，《人民日报》2021年1月30日，第1版。
11. 习近平：《坚定不移走中国特色社会主义法治道路 为全面建设社会主义现代化国家提供有力法治保障》，《求是》2021年第5期。
12. 习近平：《在庆祝中国共产党成立100周年大会上的讲话》，《人民日报》2021年7月2日，第2版。
13. 习近平：《加强政党合作 共谋人民幸福》，《人民日报》2021年7月7日，第2版。
14. 习近平：《在党史学习教育动员大会上的讲话》，《求是》2021年第7期。
15. 习近平：《把握新发展阶段，贯彻新发展理念，构建新发展格局》，《求是》2021年第9期。

后　记

在人类文明的长河中，有一个人注定不会被遗忘，他就是“希腊三贤”之首、著名的古希腊哲学家苏格拉底。他出生于由伯里克利统治的雅典黄金时期，死于雅典的败落时期。这种炼狱般的经历成就了他百折不挠的信念和坚不可摧的意志，苏格拉底身上的这些禀赋比那些似乎是无敌的物质力量具有更强大的磁力。这种赋能催生了独特的苏格拉底方法，它激发和推动人们追求真知、针砭时事、鞭挞丑恶。苏格拉底把自己看做神赐给雅典人的一个使者，其使命就是用他的独特方法找人攀谈、讨论问题，探求真理和智慧。我们不难看出，苏格拉底方法的空间建构是在市场、运动场、街头等公众场合完成的。问题意识从来都是苏格拉底方法的不二法门，如：何为勇气？何为智慧？何为虔诚？何为民主？何为美德？何为善念？等等。苏格拉底方法在讨论上述问题时，引导人们认识自我、生活和世界，在启发人们勇于寻求正义和公平、敢于改造灵魂、善于拯救城邦的征程上不断刷新高度，铸就了一个耀眼夺目的“精神助产士”和“神圣牛虻”。在此意义上，苏格拉底方法的活性从来没有从人类思想的搏击战中离场，而是一直都在助力人们不断拓展方法研究的时空维度，打开了一扇方法进阶研究的方法论之门。

方法论在哲学的一般意义上是世界观的理论延伸，在实践意义上乃是引领实践、指导实践、评价实践的理论结晶。方法论对于任何学科而言都具有关键的理论意义。总体来看，思想政治教育方法论是思想政治教育学科理论的重要组成部分，兼具理论性与实践性的双重特质。从当前所强调的“课程思政”格局来看，“思想政治教育方法论”课程深度嵌入我国思想政治教育专业人才的培养体系之中，亦与思想政治教育事业高度相融，向来是思想政治教育专业学子专业素养赖以形成与夯实的有机拼图，因而也应是莘莘思政学子们重点关注、重点学习、重点领悟的关键课程。

对思想政治教育方法的理论解读必须奠基于思想政治教育方法论的理论体系之上，一方面，本书得以述毕，与学界先前所作的有益探索与理论开拓关系紧密。“导论”关键在“导”，核心在“论”，欲有成功之“导”，则必先有科学之“论”，若无成熟之“论”，则谈不上合理之“导”。一定意义上而言，导论乃是对特定论域的理论撷英与转化解读，没有丰厚的理论积淀和科学化的理论体系，就不可能产生成熟的导论。因此，不可忽视的是思想政治教育方法论相关理论成果对本书得以面世的重要启发和参考意义。另一方面，《思想政治教育方法导论》的面世亦有着强烈的现实因应。从时代的宏阔视野来看，当前我国正处于百年未有之大变局，多重复杂的现实因素与思想因子交错重叠，在当今社会思潮领域内共同孕育着多元的价值理念、思想观念以及心理状态。立足“大变局”所深刻映照的时代背景，十九大以来，全党上下高度重视思想政治教育工作的开展，对高校思想政治教育工作更是加以重点关注：一系列重要论述先后发表，一系列方针政策相继出台，一系列理论成果接续产生，我国思想政治教育工作也由此迈上了提质增效、格局转换的崭新通途。正如习近平总书记所言：“思想政治理论课是落实立德树人根本任务的关键课程。青少年阶段是人生的‘拔节孕穗期’，最需要精心引导和栽培。”①要上好思想政治教育理论课，做好思想政治教育工作，就需要大批有思想、懂政治、会教育的思想政治教育专业人才。而专业人才的成批培养，必然依托于体系化的培养方案和科学化的课程设计。随着我国思想政治教育专业在多所高校的增设，思想政治教育专业学子的大规模增加已成不争之事实。招生规模的扩大必然对现有的思想政治教育专业课程体系、教材体系产生不小的冲击，势必要求相关的课程体系与教材体系更加具有层次性、针对性。这是遵循客观育人规律和人才成长规律的必然要求。在此背景下，思想政治教育方法论的教材体系、课程体系、理论体系也面临着不小的现实挑战，导论性、通论性的理论成果缺乏，导致在实际教学过程中出现内容难度与学生的认知能力与知识积累不相匹配的现象，从而削弱教学实效、浪费教学资源。因此，思想政治教育方法论的教材体系、课程体系、理论体系理应做出相对应的调整，增加导论性、通论性的教材以适应新

① 《用新时代中国特色社会主义思想铸魂育人 贯彻党的教育方针落实立德树人根本任务》，《人民日报》2019 年 3 月 19 日，第 1 版。

形势下的育人任务，适应不同学生群体的学习要求，同时也适应学界的研究需求。由此看来，《思想政治教育方法导论》响应我国当前思想政治教育专业人才培养的迫切任务，旨在为相应的教材体系、课程体系、理论体系提供有益补充，力争起到抛砖引玉的作用。

当前，思想政治教育学科可谓方兴未艾，欣欣向荣，其中蕴含着中华民族走向伟大复兴的历史逻辑，亦内藏着马克思主义中国化的理论逻辑。在全面建成小康社会，开启第二个百年目标奋进之际，思想政治教育学科的发展既要承续与发扬马克思主义的理论品格，亦要吸收中华优秀传统文化的有益成果，同时还应兼具广阔的国际视野，博采众长，以期继续提高思想政治教育的科学化、学理化水平，从而更好地服务于全面建设社会主义现代化国家需求。拥有强烈的问题意识应是每一位有志于为思想政治教育学科发展做出贡献的思政学者的理论自觉。《思想政治教育方法导论》以马克思主义作为理论基础，广泛借鉴古今中外的理论成果，力图在理论的建构中做到继承与发展的有机统一，承担好“导”的功能，又体现“论”的色彩，为读者提供一个了解思想政治教育方法的有效视角，为学习者提供一点有益的参考，为思想政治教育理论体系的进一步完善提供补充，可谓是此书的目的与旨归。

值得一提的是，本书是在教案基础上加工而成的，其中主体内容在我所开设的思想政治教育方法论(含案例分析)课程中得到过讲授。参与课程学习的不仅有思想政治教育专业的学生，更有经济学、法学、政治学、哲学、历史学、社会学等人文社科其他专业的学生。大家兴趣盎然，踊跃提出问题，积极参加讨论，每一次课可以说既是一场师生间的情感互动，亦是一场师生间的思想共鸣。所以，我要特别感谢雷洲、郭星海、马亚军、聂莹莹、钟婧莹、王云、朱锐婕、李梦怡、丁兆颖、李若童、朱芷萱、陶奕辰、胡晓婷、郭傲、许彦淳、杨琛、张仕豪等同学在搜集资料、分析资料、课堂讨论、校对文稿中做出的有益贡献。同时，感谢骆郁廷教授、沈壮海教授、佘双好教授、罗永宽教授和杨威教授对本书所提的意见和建议。

本书的写作得到了有关学者的指导和帮助。借此机会，感谢武汉大学石云霞教授、武汉大学丁俊萍教授、湖南大学柳礼泉教授、华中师范大学万美容教授、北京师范大学张润枝教授、西南大学白显良教授等，尤其要感谢华中师范大学张耀灿老先生在百忙之中，忍受病痛之苦为本书作序！

在此，还要向武汉大学本科生院、武汉大学马克思主义学院，特别是向武汉大学出版社的领导和老师，尤其是向聂勇军编辑为本书的策划、出版和推介所付出的辛勤劳动表示由衷的感谢。

需要特别说明的是，本书在撰写过程中，参考了由郑永廷先生主编的《思想政治教育方法论》(修订本)一书，在具体成文过程中，还一直得到老先生的悉心指导、殷切关怀，令人感怀，但在本书出版过程中，老人家溘然离世，令人悲痛不已。相信本书付梓面世，可以告慰先生的在天之灵，让我们沿着先生开创的思想政治教育方法论研究的发展方向接续奋斗。

项久雨

2021 年 8 月 28 日于珞珈山